海岛旅游绩效时空特征与
驱动机制研究

——以中国 12 个海岛县（区）为例

高维全　著

文物出版社

图书在版编目（CIP）数据

海岛旅游绩效时空特征与驱动机制研究：以中国12个海岛县（区）为例/高维全著.—北京：文物出版社，2020.10

ISBN 978-7-5010-6710-7

Ⅰ.①海…　Ⅱ.①高…　Ⅲ.①岛—旅游资源开发—研究—中国　Ⅳ.① F592.7

中国版本图书馆 CIP 数据核字（2020）第 099131 号

海岛旅游绩效时空特征与驱动机制研究
——以中国 12 个海岛县（区）为例

著　　者：高维全

责任编辑：李　睿　宋　丹
封面设计：王文娴
责任印制：张　丽

出版发行：文物出版社
地　　址：北京市东直门内北小街 2 号楼
邮　　编：100007
网　　址：http://www.wenwu.com
邮　　箱：web@wenwu.com
经　　销：新华书店
印　　刷：北京京都六环印刷厂
开　　本：710mm×1000mm　1/16
印　　张：13.75
字　　数：260,000 字
版　　次：2020 年 10 月第 1 版
印　　次：2020 年 10 月第 1 次印刷
书　　号：ISBN 978-7-5010-6710-7
定　　价：88.00 元

自　序

　　21 世纪是海洋的世纪，海岛以其独特的资源，优美的环境，受到旅游市场的热烈追捧，旅游开发已经成为海岛地区经济实现转型升级发展的重要途径。但是海岛由于其特殊的地理位置，脆弱的生态环境，在推进海岛旅游产业发展过程中，出现重投入轻产出的倾向，导致海岛旅游依然是粗放型开发状态，海岛资源未合理配置、充分利用。本书以中国 12 个海岛县（区）为例进行研究，虽具有一定的代表性，但是由于海岛所处地理位置、地区经济、交通、资源等条件差异，要做的研究工作还有很多。

　　本书是在我的博士论文基础上加工而成。本人博士就读于辽宁师范大学，这是一个学风端正、底蕴深厚的知名高等学府，"厚德博学、为人师表"的校训时刻激励着我不断前行。我对辽宁师范大学拥有深厚的情谊，自 1997 年考入该校旅游管理专业，至今二十余载。2007 年在此取得硕士学位，2013 年再次回归读博士，历经五年获得博士学位。在这个学术氛围浓郁的知识殿堂，我疯狂的汲取知识养分。经过系统地学习，科研基础逐渐夯实，对专业的理解更进一步，对学术前沿有了更深的认识。博士生导师李悦铮教授对写作给予极大的帮助。李悦铮教授是全国知名的海岛旅游专家，其睿智的思想，高尚的情操，渊博的知识，求实的态度，踏实的作风对我产生极大的影响，时刻鼓舞和鞭策着我努力前行。李悦铮教授不仅仅传授给我知识，其严谨求实的学术态度及宽以待人、宅心仁厚的处世方式为我以后发展树立了榜样。

　　在写作过程中，辽宁师范大学的韩增林教授、王利教授、杨俊教授、狄乾斌教授等诸位老师以及同门车亮亮、俞金国等人，给予我很多的指导和帮助，才使得我能够比较圆满地完成写作任务。特别要感谢我的妻子，在此期间承担家中一切事务，抚育儿子健康成长，既给予我无穷的支持，又给予前进的动力。

拙作即将付梓，但仔细思量，发现研究内容仍有欠缺。在今后研究中，若能结合陆岛一体化建设、淡水供应、基础设施承载力及文化产出等内容进行研究，能够提升海岛旅游绩效的研究水平，对海岛地区旅游发展更具现实意义。

已入不惑，岁月不居，只争朝夕，不负韶华。珍惜美好时光，坚守初心，勤奋努力，默默耕耘，用信念激励自我，用行动追求成功，用执着铸就辉煌，用拼搏开拓未来。

高维全

2020 年 1 月

目　　录

1 绪 论

1.1 研究背景

1.1.1 我国旅游经济发展迅速，旅游产业地位提升

改革开放以来，我国旅游产业经过 40 年的发展，现已形成全球最大国内旅游市场，发展成效举世瞩目。我国旅游产业从早期的计划接待起步，经过逐步成长、提高，现已进入综合发展阶段，注重内涵发展，旅游产业规模不断壮大，旅游经济水平不断提升，旅游产业在国民经济中的地位日益凸显，旅游产业由综合性经济事业发展为国民经济的重要产业，并向战略性支柱产业转型发展。为了鼓励旅游产业发展，2011 年对我国旅游产业具有划时代的意义，国务院将 5 月 19 日确定为"中国旅游日"，预示着我国迎来大众旅游的新时期，旅游成为流行的大众化休闲方式。2013 年，我国《国民旅游休闲纲要（2013—2020 年）》由国务院正式发布，《纲要》明确提出要推行带薪休假制度，为我国旅游产业发展注入发展动力。在经济发展新常态背景下，旅游业的综合关联作用已经受到国家层面的高度关注，采取各种措施促进旅游产业在调整产业结构、稳定经济增长、促进居民消费等众多方面发挥其应有的作用。旅游产业能够加速推进我国经济综合发展，能够整合各方面力量促进我国和谐社会的建设，对于促进我国生态文明建设具有一定的催化作用。旅游产业在我国对外合作交流中起到基础性的保障作用，是扩大中华民族文化影响力的重要平台，彰显我国综合经济实力的重要载体。旅游产业的引擎作

用日益凸显，综合性产业地位越发显要，向多方位、多层面、多维度的大旅游产业时代迈进。在中国特色社会主义建设的新时期，我国开启了向全面小康型旅游强国迈进的伟大进程。旅游经济的活力不断迸发，旅游总收入占我国 GDP 比重逐渐提高，对国民经济增长的贡献不断增加，旅游产业地位不断得以提升（表 1.1）。

表 1.1　全国旅游收入情况

年份	旅游总收入（亿元）	占 GDP 比重（%）	年份	旅游总收入（亿元）	占 GDP 比重（%）
2001	4995	4.506	2009	12900	3.695
2002	5566	4.573	2010	15700	3.801
2003	4882	3.553	2011	22500	4.598
2004	6840	4.226	2012	25900	4.793
2005	7686	4.103	2013	29500	4.956
2006	8935	4.072	2014	37300	5.792
2007	10957	4.055	2015	41300	5.994
2008	11600	3.630	2016	46900	6.303

数据来源：2001-2016 年中国旅游统计公报、中国统计年鉴

2016 年，我国国内旅游市场保持高速增长态势，国内旅游人数达到 44.4 亿人次，旅游综合收入达到 3.94 万亿元，分别比 2015 年增长 11%、15.2%。入境旅游市场增长平稳，入境旅游人数达到 1.38 亿人次，国际旅游收入达到 1200 亿美元，分别比 2015 年增长 3.5% 和 5.6%。出境旅游市场持续火爆，出境旅游人数达到 1.22 亿人次，旅游花费 1098 亿美元，分别比 2015 年增长 4.3%、5.1%。2016 年旅游总收入达 4.69 万亿元，占 GDP 的比重提升到 6.3%。旅游产业规模的扩大，带动就业市场的发展。2016 年旅游直接就业人数达 2813 万，总计有 7962 万人旅游行业直接和间接就业，旅游行业直接和间接就业人口占全国就业总人口的比重达到 10.26%。旅游产业已经成为我国社会经济持续发展的重要引擎，综合性影响逐步扩大。旅游产业是国民经济体系中非常重要的组成部分，产业地位越发重要。

1.1.2 海岛旅游效益凸显，推动海岛产业转型升级发展

进入 21 世纪，海洋已经成为国内外社会高度关注的焦点。开发海洋、经略海洋上升到国家战略高度，建设海洋强国是中国特色社会主义事业的重要组成部分，是实现伟大"中国梦"的重要动力。推动海洋经济发展，使得海岛的独特地位和作用日趋加强。

随着我国旅游产业规模的不断壮大，海岛旅游目的地由于其独特的魅力，远离陆地、环境幽雅、回归自然，受到市场的热烈追捧，成为当前炙手可热的旅游产品，深受旅游者的青睐。海岛旅游开发成为我国海洋经济发展的重要方式，是我国经略海洋战略实现的重要途径。发展海洋经济成为新常态背景下我国经济全面振兴发展的重要途径，对全面建成小康社会，保障国土安全、维护国家权益，实现中华民族伟大复兴具有重大而深远的意义。

在当前经济发展进入新常态的背景下，海岛传统的经济生产方式已经明显不能适应现代化海岛建设的需要。2014 年国务院《关于促进旅游业改革发展的若干意见》提出要树立科学旅游发展观，加快转变旅游发展方式，增强旅游发展动力。旅游产业要从观光游览向度假、休闲转变，满足旅游市场多样化、多层面的消费需求，推动旅游产业转型升级发展，实现提质增效的目标。《意见》同时提出旅游开发要由粗放型开发模式向集约、节约型转变，资源节约和生态环境保护并重，推动旅游产业实现可持续发展。由此可见，提高海岛资源利用效率，注重内涵式发展，提升海岛旅游绩效成为海岛经济转型升级的关键问题。

海岛旅游经济的活力迸发出来，海岛旅游收入占地区国民生产总值比重逐年提升，海岛旅游经济效益越来越大。旅游产业在海岛经济发展中起到举足轻重的作用，海岛旅游产业迅速发展，促进海岛经济结构优化，在海岛经济建设中的地位越来越突出，推动海岛经济产业转型升级发展。旅游产业的快速发展带动海岛其他经济产业协同发展，海岛地区已经明确认识到旅游产业对海岛经济发展的推动作用，对发展旅游产业的重视程度不断提高。充分发挥旅游产业的引擎作用，带动相关产业协同发展，促进海岛经济提质优化，推动海岛经济转型升级。

1.1.3 政策制度体系逐步完善

由于海岛地域的特殊性，财力有限、资源匮乏、交通运输不便，信息沟通相对闭塞，海岛经济发展仍处于比较落后阶段，基础设施建设不够完善。海岛的发展不仅关系到民生，更关系到国防安全。政府部门已经意识到海岛发展旅游业能够改善海岛单一的经济生产形式，对海岛旅游发展给予较多的关注，有关海岛发展的政策制度逐步完善。《海南国际旅游岛建设发展规划纲要》于 2009 年正式获批，同年《关于加快发展旅游业的意见》正式出台，提出建设旅游强国的目标，将旅游产业培育成充分满足人民需求的现代化服务业，旅游产业承担起新的历史使命。2010 年，《中华人民共和国海岛保护法》正式颁布实施。2012 年，《全国海洋功能区划（2011 年~2020 年）》经国务院批准施行，强调要科学合理地利用海岸线、海湾、海岛等重要的旅游资源，大力开发建设全国性海洋度假休闲胜地。2012 年，《全国海洋经济发展"十二五"规划》明确指出要积极推进海洋旅游业发展，科学开发海岛旅游资源，打造具有地域特点的滨海旅游产业。2015 年，《关于进一步促进旅游投资和消费的若干意见》由国务院审议通过，明确提出促进旅游产业投资，完善旅游基础设施建设，海岛旅游开发迎来新的发展契机。同时提出要实施乡村旅游提升计划，提高乡村旅游品质，拓展旅游消费空间，推动乡村旅游产业迅速发展。

随着国家和地方政府对旅游产业发展的重视，各项政策逐渐向旅游产业倾斜，旅游政策环境不断完善，为海岛旅游经济发展提供完善的法律保障、理论指导和实践示范，相关政策制度为海岛旅游发展插上腾飞的翅膀，迎来大开发、大发展的良好契机。良好的政策环境为海岛旅游产业发展起到保驾护航的作用，旅游产业在海岛地区经济发展中的影响力进一步扩大，综合性、关联性作用达到进一步发挥，为海岛地区经济发展注入新的活力。

1.1.4 全域旅游建设为海岛旅游开发提供契机

随着我国经济发展进入新常态，旅游业进入一个崭新的发展时期。党的十八大提出"全面建成小康社会"伟大构想，为我国建设和谐、文明、民主的社会主义现代化国家指明了方向。旅游业由于其独特的属性，成为我国国民经济持续发展的重要推动力，对我国经济发展具有举足轻重的地位。

海岛作为休闲时代重要的旅游目的地，是我国旅游业发展的重要组成部分。全域旅游为海岛旅游开发提供契机，成为海岛旅游开发的现实目标。全域旅游促进海岛旅游由"点"向"面"转变，推动海岛旅游资源合理开发，注重保护海岛生态环境，完善旅游公共服务体系，建立健全政策法规，提高旅游文明素养，促进海岛旅游进行全方位、全要素、全时空的优化提升。全域旅游促进海岛旅游产业供给结构调整，创新旅游产品供给体系，提高海岛旅游产品品质，推动海岛旅游产业向高级化发展，有利于解决当前旅游供给的不平衡不充分的问题。全域旅游推动"旅游 +"功能的发挥，推动海岛旅游产业与相关产业融合发展，形成新的经济形态，实现旅游产业与相关产业协同发展，推动海岛经济综合性发展，有利于建设美丽、生态的现代化海岛。

1.1.5 我国海岛数量众多，生态环境脆弱

我国是世界公认的海岛数量最多的国家之一，大陆濒临渤海、黄海、东海和南海，大陆海岸线总长约 18000 公里，海域面积达 300 万平方公里。按照国家海洋局《2015 年海岛统计调查统计公报》，在广阔的海域中，分布着 11000 多个岛屿，总面积约 8 万平方公里，海岛总面积约占我国国土总面积的 0.8%，岛屿海岸线长 14000 公里。其中列岛和群岛 50 多个，面积在 500 平方米以上的有 6900 多个（不包括台湾、香港、澳门的海岛），台湾岛的面积最大，约为 35759 平方公里，其次为海南岛，面积约为 33907 平方公里，第三位是崇明岛，面积约为 1411 平方公里。

我国海岛分布极不均衡，南北跨越 3 个气候带和 38 个纬度带，东西跨越 17 个经度带，成千上万个岛屿散落在广袤的海域中。海岛数量最多的是浙江、福建和广东三个省份，其他依次是广西、山东、辽宁、海南、河北、江苏、上海和天津。按海域来划分，东海海岛数量占总数 59%，南海海岛数量约占 30%，而黄海和渤海则占 11%，总体分布呈现出南方多北方少的特点。我国海岛类型丰富多样，从地质成因角度可以分为大陆岛、海洋岛。大陆岛是陆地版块延伸

到海中并露出水面的岛屿，如庙岛群岛、舟山群岛、长山群岛、海坛岛等。海洋岛是独立发育生成，与大陆没有联系的岛屿，又分为火山岛、珊瑚岛和冲积岛，澎湖列岛属于火山岛，南海东沙、西沙、南沙及中沙群岛属于珊瑚岛。冲积岛是陆地河流在入海的过程中夹带大量泥沙在河口处沉积下来形成的岛屿，如崇明岛、百里洲等。数量众多、类型丰富的海岛为我国海岛旅游的大发展奠定物质基础。随着海岛旅游休闲度假的盛行，海岛发展旅游业迎来千载难逢的良好契机。充分利用海岛资源，推动海岛旅游产业发展，创新海岛产品供给，促进海岛经济结构调整，对提高我国海洋经济实力具有重要战略性意义。

但是我国海岛大多距离大陆较远，面积比较狭小，地域空间非常有限。海岛在广阔的海洋中形成一个相对独立的生态空间，由于空间狭小，生物多样性指数较小，稳定性也比较差。受"孤岛效应"的影响，海岛生态环境与大陆相比非常脆弱，与大陆、海洋生态系统进行物质、能量交换比较困难，非常容易受到外来破坏。海岛生态环境一旦受到破坏，很难再恢复到初始状态。在特定的环境下，海岛因远离大陆的独特区位，"孤岛效应"明显，海岛形成的生态系统具有独特性，不但与大陆生态系统有差别，而且各海岛之间也有所不同。

海岛优美的自然环境是海岛旅游产业发展的天然宝藏，大力发展海岛旅游会对海岛生态环境带来一定的负面影响，破坏海岛生态环境。需要采取多种措施加大力度保护海岛生态系统避免侵扰，不但要维护特色鲜明的海岛生态系统不受破坏，更要保持海岛生物物种的稳定性，提高海岛生态系统自我恢复能力，提升现代化海洋生态文明建设水平。因此对海岛旅游绩效进行评价，有利于推动海岛旅游集约、节约发展，促进海岛旅游产业实现提质增效、提高竞争力的目标。

1.2 研究意义

1.2.1 理论意义

我国旅游业已经取得较大的成绩，但是各地区存在旅游资源禀赋、社会经济等条件的差异，各地区旅游业发展水平不一，在旅游开发的过程中各种问题层出不穷，比如旅游发展过于注重经济效益、旅游公共服务体系不够完善、生态环境遭到破坏、旅游市场恶性竞争、门票经济等。海岛旅游是旅游领域研究的重点和热点，国内外学者给予极大的关注。海岛旅游的研究涉及旅游经济、旅游文化、旅游市场、旅游产品、环境保护与可持续发展、资源评价、城市化、政府管理体制、无人岛开发等众多方面。随着研究的深度和广度不断拓展，旅游绩效研究成为众多学者关注的焦点，旅游绩效研究是海岛地区旅游产业实现可持续发展的可靠保障。对海岛旅游绩效进行合理评价，能够帮助行政管理部门有效解决旅游业发展过程中存在的问题，提升海岛旅游竞争实力，推动海岛旅游转型升级发展，走集约化、节约化的可持续发展之路。

选取科学可行的海岛旅游绩效评价指标，运用科学的测度方法，将定性分析和定量分析方法相结合，对海岛旅游绩效进行评价，深入剖析海岛旅游绩效时空特征演变及其驱动机制，做到从理论到实证、从抽象到具体、从时间到空间，为海岛旅游可持续发展提供新思路与新方法，丰富海岛旅游研究的理论体系，具有比较重要的理论意义。

1.2.2 现实意义

海岛旅游绩效研究对于推进海岛旅游科学发展，转变海岛旅游增长方式，促进海岛经济转型升级，建设生态、美丽、和谐、富饶的现代化海岛，打造国内外知名的海岛型旅游目的地具有举足轻重的作用。随着海岛旅游研究的深度和广度不断拓展，旅游绩效研究受到众多学者的关注，内容涉及到全国、省市级等宏观和中观角度等方面。

海岛作为休闲度假的重要旅游目的地，受到越来越多旅游者的青睐，海岛旅游目的地在旅游经济中的地位和作用日渐突出。我国海岛众多，大小岛屿11000多个，总面积约 8 万平方公里。丰富的海岛旅游资源，为我国海岛旅游发展奠定坚实的基础。但是由于海岛远离陆地，交通设施不完善，资源禀赋差异较大，经济发展较为落后。在新的经济形势下，对我国 12 个海岛县（区）旅游绩效进行评价，刻画海岛旅游绩效的时空特征及演化趋势，揭示海岛旅游绩效的驱动机制，提出海岛旅游绩效优化的宏观路径，并对提出海岛旅游绩效提升的具体对策，具有一定的针对性，有利于推动海岛经济可持续发展，促进海岛经济转型升级，实现海岛全面发展；有利于建设美丽、富饶的生态型海岛，为我国海岛旅游业持续健康发展提供科学依据，具有较为重大的实践意义。

1.3 研究对象、内容、方法与技术路线

1.3.1 研究对象

旅游绩效是当前国内外学者关注的重点领域，本文从海岛旅游绩效评价着手，从旅游业绩和旅游效率两个方面对长海县、长岛县、崇明区、嵊泗县、岱山县、定海区、普陀区、玉环县、洞头区、平潭县、东山县、南澳县等中国 12 个主要海岛县（区）的旅游绩效进行评价，刻画海岛旅游绩效的时空特征，描述海岛旅游绩效的时空特征和演化趋势。通过识别海岛旅游绩效影响因素的显著性，揭示海岛旅游绩效的驱动机制，提出海岛旅游绩效提升的宏观路径和具体对策。

选取 12 个主要海岛县（区）作为实证对象，主要考虑四个方面：一是海岛既是热门的旅游目的地，又是重要的旅游产品，海岛旅游受到社会各界的广泛关注。二是我国海岛数量众多，分布广泛，海岛地区调查统计体系尚不完善，为了便于获取数据，选择 12 个具有完整独立行政单元的海岛县（区）作为实证对象，具有较强的可行性。三是海岛地区实现可持续发展的需要，经过多年的开发建设，旅游产业是海岛经济转型升级的重要引擎，研究旅游绩效更具针对性。四是海岛地域狭小，生态环境脆弱，研究海岛旅游绩效更具现实性。

1.3.2 内容安排

本文的研究内容大致分为九个部分：

第 1 章为绪论，阐述研究的背景、研究的意义、研究对象、内容、方法

与技术路线，并提出论文的创新点和数据来源。

第2章为国内外研究进展，通过文献分析，梳理国内外有关旅游绩效的研究现状。对旅游业绩、旅游效率及海岛旅游的研究情况进行梳理，在此基础上对现有研究进行评述，为本文研究找到切入点。

第3章为海岛旅游绩效相关概念及研究理论基础，主要对绩效、旅游绩效、海岛旅游绩效进行概念界定，对于旅游绩效相关理论进行阐述，主要包括可持续发展理论、生态环境理论、竞争力理论、区位理论以及系统论，传统的经典理论为本文研究奠定坚实的理论基础。

第4章主要阐述海岛旅游绩效指标体系的构建。海岛旅游绩效从旅游业绩和旅游效率两个方面进行测度，建立海岛旅游业绩指数模型和旅游效率模型。基于国内外有关旅游业绩、旅游效率及海岛旅游评价指标体系的研究现状，从旅游业绩和旅游效率两个层面构建海岛旅游绩效评价指标体系，旅游业绩采用旅游综合收入、旅游接待人数及旅游总收入、旅游接待总人数4项指标，旅游效率采用固定资产投资、第三产业从业人数、旅游综合吸引力3项投入指标和旅游综合收入1项产出指标构建海岛旅游绩效的指标体系。

第5章主要对海岛旅游绩效进行测度并对结果进行评价。旅游业绩指数主要测度海岛旅游业绩水平状况，DEA模型对海岛旅游效率进行测度，然后对测度结果进行定性评价。

第6章主要对海岛旅游绩效时空特征演变进行分析。采用赫芬达尔系数、四象限分类法、变异系数、耦合协调度模型分析海岛旅游绩效时空差异特征；采用马尔科夫链分析海岛旅游绩效空间格局演变概率；利用地理集中指数、系统聚类分析法对海岛旅游绩效发展趋势进行分析；基于海岛旅游业绩和旅游效率的聚类结果总结海岛旅游绩效的发展模式。

第7章主要阐述海岛旅游绩效的影响因素和驱动机制。选取腹地经济发展水平、海岛经济发展水平、海岛产业结构状况、海岛交通条件、海岛旅游服务水平、海岛科技信息水平、海岛生态环境质量、海岛城镇化水平8个指标作为影响因素，借助EVIEWS6.0软件对海岛旅游绩效的8个影响因素进行识别，基于识别结果对海岛旅游绩效的驱动机制进行剖析。

第8章主要对海岛旅游绩效优化路径进行阐述，从生态环境建设、空间优化、全域旅游建设、旅游产品供给改革、旅游产业发展等5个方面提出海岛旅游绩效优化的宏观路径，并针对高值区、较高区、较低区和低值区四种绩效类型海岛县（区）的实际情况提出具体对策。

第9章结论与不足部分，总结了本研究的主要结论，并对研究可能存在的不足进行说明，同时提出未来的研究方向。

1.3.3 研究方法

（1）文献研究

对国内外旅游业绩、旅游效率和海岛旅游的研究进行梳理，对已有研究成果进行评述，掌握旅游绩效领域研究的前沿动态，为本文找到切入点。通过"百度"学术搜索平台获取外文文献，从 Taylor & Francis、Elsevier、CAB Direct、Emerald、OPENISBN、Springer Link、JSTORSAGE、CiNii 等数据库中遴选引用频次较高的外文文献。通过"中国知网"数据库查找影响因子较高期刊及被引频次较高的中文文献，厘清本文研究思路。

（2）静态分析与动态变化相结合

基于海岛旅游业绩和旅游效率的评价结果，对海岛旅游绩效进行静态和动态分析，深入剖析海岛旅游绩效的时空特征和演变趋势。通过静态分析与动态分析相结合，能够更全面地反映海岛旅游绩效的发展状况。

（3）定性分析与定量分析相结合

采用旅游学、经济学、地理学、生态学、统计学等多学科理论，注重定性分析与定量分析相结合。通过旅游业绩指数模型和 DEA 模型，对海岛旅游绩效进行测度，明确海岛旅游绩效的发展程度，充分挖掘海岛旅游发展的潜力和趋势。识别海岛旅游绩效的影响因素，剖析海岛旅游绩效的驱动机理。

（4）比较研究法

比较研究法是把客观事物的相似性或是相异程度加以比较，以达到认识事物的本质、探寻普遍规律并做出客观的评价。根据旅游业绩和旅游效率测

度结果，可以对 12 个海岛县（区）旅游绩效状况进行分类比较，并提出海岛
旅游绩效优化的宏观路径和具体对策。

1.3.4 技术路线

根据前述研究内容，本文技术路线如图 1.1 所示：

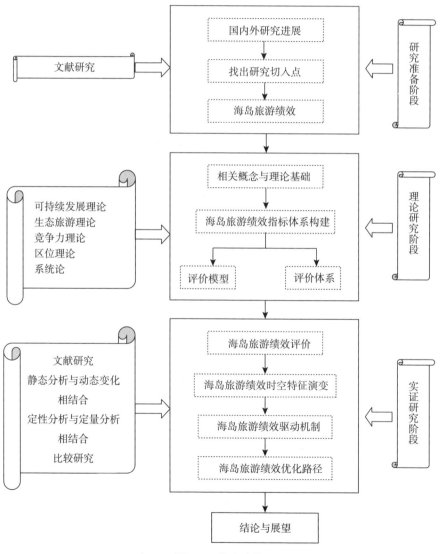

图 1.1 技术路线

1.4 创新点

（1）分析方法具有一定的新意

有关旅游绩效是国内外学者关注的热点问题，以往的研究成果多从旅游业绩和旅游效率单方面对旅游绩效进行分析，缺乏旅游绩效的综合性评价。

本文以中国 12 个海岛县（区）作为研究案例，从海岛旅游业绩和海岛旅游效率两个方面采用旅游业绩评价指数和 DEA 模型首次对海岛旅游绩效进行研究。特别是采用耦合度模型和马尔科夫随机过程等组合方法对海岛旅游绩效的时空特征演变进行刻画，方法上具有一定的创新性，丰富了旅游绩效的评价手段。

（2）构建了海岛旅游绩效评价指标体系

海岛旅游绩效对海岛旅游经济注重内涵式发展、实现提质增效目标极为重要。目前国内外有关海岛旅游绩效的评价指标体系较为少见。本文从海岛旅游业绩和海岛旅游效率两个层面首次构建出海岛旅游绩效的评价指标体系，并用此指标体系测度了我国 12 个海岛县（区）的旅游绩效水平，促进了旅游学科理论体系和内容的拓展与完善，对我国海岛旅游经济转型升级发展具有一定的指导性。

（3）基于全国 12 个海岛县（区）旅游绩效水平的发展现状，提出海岛县（区）旅游绩效的优化路径和具体对策

以往研究更多侧重于某一海岛县、群岛的区域旅游发展研究，本文首次把全国 12 个海岛县（区）作为一个整体研究范围，由于范围广，全覆盖，因而归纳出的特征和探究出的规律更具有可信性和科学性，在此基础上分类、划区，提出的海岛县（区）旅游绩效优化宏观路径和具体对策更具现实性和可操作性。

1.5 数据来源

根据科学性、系统性、综合性、动态性的原则，收集整理 12 个海岛县（区）2001-2015 年共计 15 年的数据，与之相对应的是"十五"、"十一五"和"十二五"

三个五年国民经济和社会发展规划。数据来源于长海、长岛、崇明、定海、普陀、岱山、嵊泗、玉环、洞头、平潭、东山、南澳 12 个海岛县（区）统计年鉴及国民经济与社会发展统计公报，辽宁、山东、上海、浙江、福建、广东及大连、烟台、舟山、台州、温州、福州、汕头的统计年鉴，以及中国统计年鉴、中国县（市）社会经济统计年鉴。部分缺失数据采用趋势外推法补全，以保证本研究地顺利进行。为了增加纵向可比性，在计算之前，基于 2000 年的数据对相关指标采用 GDP 平减法进行处理。

1.6　小结

本章主要基于旅游产业地位、旅游产业作用、政策环境、全域旅游、供给侧结构改革等五个方面提出论文选题的背景，并对论文研究的理论意义和现实意义进行总结。同时对研究对象进行界定，并介绍论文内容安排、研究方法和技术路线，最后提出本文研究的数据来源和可能的创新点。

2 国内外研究进展

旅游绩效是国内外学者关注的热点领域，对旅游绩效的研究多从旅游业绩或是旅游效率单方面展开。通过梳理国内外旅游绩效的成果，结合海岛旅游的研究现状，找到本文研究的切入点。

2.1 国外研究进展

2.1.1 旅游业绩研究

国外学者对旅游业绩的研究主要从旅游业绩发展水平、旅游经济效应及旅游业绩影响因素三方面展开。

2.1.1.1 旅游业绩发展水平

在旅游业绩发展水平方面，学者主要以地区为例进行研究。Milne 对南太平洋的汤加、瓦努阿图、基里巴斯、纽埃、库克群岛等五个岛国从人口规模、资源基础、旅游活动水平等方面旅游发展水平进行比较研究，并对旅游产业在不同国家发挥的作用进行详细地分析[1]。Ivanovic 等人对克罗地亚旅游产业竞争力进行研究，认为克罗地亚旅游产业发展水平与其自然资源条件明显不成正比，克罗地亚旅游产业发展水平落后于欧洲其他国家的主要原因是中小旅游企业生产率较低，因此实现旅游企业规模化经营，提高旅游产品竞争力，加强旅游基础设施建设，才能真正提高克罗地亚旅游产业发展水平[2]。Vodeb 采用竞力评价模型对边境地区旅游竞争力进行研究，通过对斯洛文尼亚和克罗地亚的边境地区旅游供应商对旅游态度、区域竞争力、潜在旅游目的地进行评估，结果表明在规划和管理跨界旅游目的地方面提出战略举措能够提升旅游竞争力[3]。Miral 等人采用案例研究法对伊兹密尔旅游经济发展水平进行定性评价，认为文化团体对旅游发展具有非常重要的作用，并指出文化团体对旅游可持续发展的有利和不利之处[4]。SZABO 从基础设施、接待能力、游客数量、逗留时间长短、旅游税收作用等方面对赫夫纳县旅游发展业绩进行测评，并指出这些因素对匈牙利北部地区旅游业绩发展起到关键性作用[5]。

2.1.1.2 旅游经济效应

国外学者对旅游绩效的效应研究多集中于旅游经济与地区经济增长的关系及旅游对社会、产业部门、环境等方面。

旅游经济与地区经济之间的关系是研究的重点领域，比较有代表性的研究成果如下：Henderson 通过目的地生命周期模型分析马来西亚旅游经济发展情况，并指出旅游经济的发展能够促进其他经济活动发展，对平衡地区经济发展具有重要作用[6]。L Chienchiang 认为旅游产业与地区经济增长之间存在因果关系，并对经合组织国家和非经合组织国家进行实证研究，结果发现撒哈拉以南的非经合组织国家旅游收入对地区经济的影响比经合组织国家的影响更大，这种因果关系在亚洲地区表现稍弱[7]。Melville 基于国家公园的角度，对南非旅游业进行研究，提出旅游业的发展使得国家公园在地区经济发展中扮演重要的角色，不同的管理手段导致国家公园在地区经济中的贡献有所差异[8]。Carmichael 和 Carlsen J 对葡萄酒旅游进行探讨，认为葡萄酒旅游是葡萄酒和旅游融合发展成功的典范，通过发展葡萄酒旅游既刺激葡萄酒贸易又促进旅游经济的发展[9-10]。Olabode OT 等采用格兰杰因果模型检验尼日利亚旅游者数量、旅游收入和经济增长之间的关系，提出发展旅游经济能够吸引投资者、提振股市，促进城市化和工业化进程，提高经济活动的效率[11]。

随着旅游经济的发展，旅游经济对社会的影响成为学者关注的焦点。1999 年，Sparrowhawk J 通过研究旅游和非政府组织对尼泊尔地区贫困人口发展的贡献问题，提出发展社区旅游能够推动尼泊尔经济发展，通过旅游收入对人们进行培训，提高人们的技能水平[12]。Croes 指出世界旅游组织（WTO）

和世界旅行和旅游协会（WTTC）根据游客数量和收入测度地区旅游业发展情况是不够完善的，他提出要基于价值观念评价旅游绩效，能够提供更可靠和有效的信息来提高政策制定和业务决策的质量[13]。EK Vorobei 认为旅游业是俄罗斯联邦最有发展的产业之一，并以克拉斯诺达尔为例，研究旅游业的发展对就业的影响[14]。Assaf 首次通过贝叶斯随机前沿模型对旅游目的地的技术效率和质量性能进行测评，指出旅游绩效测评对旅游目的地建设具有指导意义[15]。Granger C 认为随着人们生活水平的提高和休闲时间的增加，旅游已经成为一种非常普及的活动。旅游业已经是最具活力和增长最快的产业之一，旅游已经触及的社会经济的各个领域，并影响到人的活动，旅游业会影响投资、就业、增加工资及各种业务活动[16]。

旅游绩效对旅游产业部门的影响一直是研究的热点领域。Jeffrey D 采用主成分分析法对英格兰地区海外旅游对酒店产业影响进行分析，认为充分发挥海外旅游的作用，能够减少英格兰地区酒店产业之间的失衡状态，并提出解决对策[17]。Zajicek M 等人对牛津附近的旅游业进行调查研究，提出经济型酒店等小型企业要了解市场需求、市场提供产品才能保持长期绩效，提高企业竞争力[18]。Marcolajara B 等人测度西班牙旅游区度假酒店盈利能力，提出旅游业发展影响商业设施建设，商业集聚程度影响酒店业的利润[19]。Koksal CD 以土耳其 24 家旅行社为研究对象，采用 DEA 模型分析旅行生经营效率，研究表明 79.16% 的旅行社是经营无效率状态，而对于独立经营和连锁经营两种模式来说，在经营效率上没有表现出明显的差异[20]。Darja Topolsek 利用结构方程模型，测算旅游供应链一体化和旅行社之间的关系，结果表明供应链一体化的确对旅行社效率有着积极的影响，深度合作能够促进提高旅行社效率[21]。交通条件是旅游业发展的重要保障，Ng CK 对欧洲和美国的航空公司进行研究，发现航空公司的利润与员工工资存在正向关系，航空公司的收入提高，付给员工工资随着提高[22]。Dana JD 认为旅行者通过互联网查询和购买机票可以减少市场矛盾，而且大大提高航空公司的运输效率，航空公司可以通过提高运输能力满足市场需求，大城市互联网普及率与航空公司载客率是具有明显的相关关系[23]。

为了推进旅游经济可持续发展，旅游绩效对环境的影响受到学者的高度重视。Moore 对环境绩效评价做了描述，提出应采用最新评价体系，加上详细的评价标准，评估当前的环境状况，要对旅游者的活动进行限制，保障环境系统运转良好 [24]。Sun Y Y 研究中国出境旅游对台湾水和碳足迹带来的影响，分析得出中国游客由于高消费、驻留时间长、交通距离短，每名中国游客一美元的直接碳排放和碳足迹总量比其他市场效率高 20%，但是也导致对水的需求量大增，产生大量水足迹 [25]。Nunthasiriphon 认为可持续旅游理念就是经济、社会文化和环境的协调发展，运用可持续旅游理念评价社区旅游，提出社区旅游开发有助于地区经济的发展，同时要保护好社会文化和生态环境 [26]。Stumpf TS 采用数据包络分析法，对太平洋岛国旅游业发展情况进行测度，从微观领域促进旅游企业经营者节约使用环境资源，合理进行开发旅游 [27]。

学者 Lucock M 等认为旅游业能够促进社会文化的发展，而企业的组织文化则在经营策略和经营绩效之间起到调节作用 [28]。Fernandez 采用定性和定量的方法，以圣地亚哥德孔波斯特拉为例，探讨旅游业的发展对宗教文化的影响 [29]。而 Canals P 和 Woodside AG 则对来源于法国、西班牙和葡萄牙的旅游网站的效力进行评价，认为信息数量、网页设计、客户互动的方面是进行评价的关键因素 [30-31]。

2.1.1.3 旅游业绩影响因素

旅游产业与众多产业之间具有较强的关联性，旅游经济的发展受到多方因素的影响，学者的注意力随之转移到旅游绩效影响因素分析上来。国外学者对旅游业绩影响因素分析，多考虑某一因素或部分因素对旅游目的地旅游产业发展的影响。KR Hope 认为在旅游发展过程中政府扮演非常重要的角色，政府要整合旅游资源与其他经济部门协调发展，促进外汇、国民收入及就业的增加，进而指出加勒比地区的国家必须承担起相应的旅游管理责任，控制土地价格高涨，减少社会矛盾 [32]。Teas 通过 P-E 模型检测旅游者对旅游目的地服务质量的期望，服务质量是影响旅游者选择的重要因素，通过修正的服务质量感知模型，能够帮助解决传统旅游服务质量问题 [33]。Hailin 和 Nelson 采用问卷调查的方法测算中国酒店业服务质量对国际游客的影响，研究发现在中国酒店行业有 22 项重要服务是空白的，提出员工技能和服务设施是旅游者影响选择的决定性因素[34]。Lee C 认为旅游目的地的住宿、活动安排及旅游吸引物等都会影响旅游业的发展，也会影响旅游者的消费选择[35]。Prideaux 认为在全球化的背景下，国家减少对旅游贸易进口的控制，双边关系会影响国家旅游业的发展，并指出影响两国旅游流规模的五大类影响因素[36]。Jachmann H 等详细分析野生动物丰度、道路网络、偷猎活动、景点数量、酒店等级、交通距离以及保护区的独特性等方面对旅游业发展的影响[37]。Frederick 基于组织—实施—绩效模型分析新加坡医疗旅游，认为寡头垄断形式能够为医疗旅游者提供良好的服务[38]。Tomic N 展示卡特里娜飓风从开始到结束所有阶段，强调飓风对经济、环境和社会产生的后果，着重研究飓风对旅游业的重要影响[39]。Traianovidiu 认为在过去几年里，通讯设施、交通体系、基础设施的进一步发展以及供给的增加，提高了旅游的消费需求，使得旅游业在国民经济体系中发挥的作用越来越大。并提出服务设施、可进入性、成本、服务质量以及服务差异、技术使用和潜在风险影响旅游业发展[40]。Gossling 认为水资源是旅游业实现可持续发展重要挑战，旅游用水管理是一个完整的运营体系，应该建立一套新颖的旅游用水评价体系，并以度假酒店为例说明水资源管理与成本节约之间具有一定的联系[41]。Akmese H 指出社交媒体的发展影响到旅游产业的运行方式，旅游业不仅通过网站而且通过社交媒体推广旅游产品[42]。Day J 认为天气是旅游目的地的重要组成部分，它影响旅游需求、服务条款和目的地形象，对旅游业的影响非常明显[43]。Sirakaya E 通过偏离 – 份额分析法对南卡罗来纳州的旅游业进行分析，发现由于航空交通不具有区域优势，导致南卡罗来纳州核心旅游业偏离国家旅游产业的核心[44]。Tseng M L 认为旅游需求对旅游业发展产生重要影响，强调旅游价格能够激活旅游需求[45]。Warnken J 对旅游住宿业的水、电消耗进行研究，发现水电的消耗量受到建筑物使用年限、体量、布局以及公共设施、天气等诸多因素影响，因此需要制定绿色执行标准，推进旅游住宿业可持续发展[46]。Sufrauj SB 提出自然资源、旅游需求对偏远小岛旅游开发具有积极的影响，而交通条件对偏远小岛旅游开发则是不利条件[47]。

2.1.2 旅游效率研究

国外关于旅游效率的研究主要从旅游产业要素效率和旅游产业发展效率两方面展开。

2.1.2.1 旅游产业要素效率

有关旅游产业要素效率研究是国外学者非常关注的领域，旅游产业要素效率研究比较早关注的是酒店业。酒店服务、酒店成本、酒店经营、酒店管理是酒店效率的研究主要内容，研究方法比较多，主要有 Tobit 回归分析法、数据包络分析法（DEA）、随机前沿方法（SFA）、Malmquist 指数模型等。Anderson 运用随机前沿技术（SFA）分析酒店管理效率，认为随机前沿分析法能够克服 DEA 的部分局限，使得研究结果更为科学[48]。Shiuhnan 采用 DEA 模型和 Malmquist 指数模型对台湾地区 45 家酒店管理效率进行测算，结果显示由于游客来源和管理风格不同导致酒店管理效率显著差异[49]。Barros 借助 DEA 模型对葡萄牙的连锁酒店效率进行研究，并采用 Tobit 模型对酒店效率驱动程序进行论证[50]。随后 Barros 又借助 DEA 模型对安哥拉 12 家酒店的技术效率进行评价，并通过 Bootstrapping 模型对技术效率的经济驱动力进行分析[51]。Chen 基于随机前沿分析法（SFA）对台湾地区国际饭店成本效率进行测评，研究结果表明台湾酒店平均运行效率为 80%，酒店经营类型明显影响酒店效率，而且连锁酒店效率要高于单体酒店[52]。Assaf 采用 DEA-bootstrap 模型对澳大利亚酒店技术效率进行测评，澳大利亚酒店技术效率逐年改进，研究结果显示酒店年业务的数量、酒店位置、酒店星级和体量大小是影响技术效率的关键[53]。Huang 等人采用 DEWA 模型对中国酒店行业技术效率进行研究，借助动态 Tobit 模型对酒店效率影响因素进行分析，并从突发事件角度酒店经营者、政府决策者、目的地管理机构提出相应策略[54]。Aissa 运用 DEA 模型分析突尼斯 27 家酒店的管理效率，认为酒店地理位置和经营合同是影响管理效率业盈利能力的重要影响因素，同时酒店体量、债务水平、危机事件曝光率、管理人员任期等方面对酒店管理效率和盈利能力也会产生一定影响[55]。

旅行社作为旅游业的重要支柱，学者对旅行社经营效率方面的研究投入较多的精力。国外有关旅行社效率的研究侧重于对区域旅行社效率进行评价。Barros 运用柯布 – 道格拉斯成本前沿模型，选择劳动力价格、经营成本等指标对葡萄牙 25 家旅行社的经营效率进行测度，结果表明成立时间相对较长旅行社的经营效率普遍较高，同时指出旅行社经营效率受劳动力、资本、销售额等因素的影响较为明显 [56]。Barros 又运用 DEA 模型对葡萄牙地区旅行社效率进行深入分析，将旅行社效率分为两个阶段：第一阶段从技术效率和技术变化进行分析，第二阶段借助 TOBIT 模型对低效率进行分析，指出管理政策是造成效率变化的重要原因 [57]。Köksal 运用独立 DEA 模型对土耳其一家由 24 家旅行社组成的旅行社集团经营效率进行评价，他将旅行社分为独立运营和品牌化连锁运营两大类，研究结果发现两类旅行社之间的运行效率并无差异，并建议改善效率得分低的旅行社和经理的等级 [58]。Fuentes 将西班牙阿利坎特地区 22 家旅行社作为研究对象，采用 DEA 和平滑自助模型对旅行社生产效率进行测度，根据测度结果提出旅行社提高生产效率的行动方针，并分析旅行社效率与企业所有制、区位和经验水平等因素之间的关系 [59]。Maria 采用数据包络分析（DEA）模型和 TOBIT 模型对西班牙 34 家旅行社相对效率进行评价，指出西班牙旅行技术效率指数较低，旅行社一体化战略影响微弱 [60]。Ramírez-Hurtado 采用 DEA 模型和 Tobit 模型对西班牙特许经营旅行社效率进行评价，研究表明由于受到旅游行业动态变化影响，大约 50% 的品牌数量是有效的，许多连锁店并不高效 [61]。而 Sellersrubio 以西班牙 567 家旅行社作为样本，对旅行社效率进行研究，最后发现无论是以参数或非参数模型评价旅行社经营效率，均没有优劣差异，每一种评价方法都有其独到之处 [62]。

旅游交通作为旅游产业的重要支柱之一，旅游交通效率研究是国外学者关注的重点内容。Anderson 基于随机前沿技术和线性回归模型建立有效边界，描述企业商务旅行的最低成本分配，如果产生的费用超过有效边界则企业效率低下，研究结果显示企业差旅管理是相对有效的 [63]。Ng 对欧洲 12 家和美国七大主要航空公司生产效率进行实证分析，进一步民营化和对外开放，航空公司生产效率会大幅提升 [64]。Thompson 指出旅游目的地交通实用性和感知体验已经成为游客满意度的重要影响因素，并以大曼彻斯特城市公共交通绩效对海外游客满意度的影响进行分析，结果表明交通的便捷性对目的地满意度的影响超过公共交通效率和安全性[65]。R.Ivče 对兰斯卡县海上客运效率进行阐述，认为客运效率受运输能力、港口、泊位等方面因素的影响[66]。Duval利用 STATA 10.1 软件对新西兰入境游客数量的离散状况进行分析，研究发现区域中心和第三方充足的航空运力，是新西兰入境游客数量增加的重要影响因素[67]。Brida 等人采用 DEA 模型对意大利博尔扎诺索道交通经济效率进行实证分析，结果发现索道交通经济效率相对较低，而且规模报酬呈递减趋势[68]。Currie 等人指出旅游产业对海岛经济发展的驱动作用越来越明显，在此背景下对苏格兰岛旅游交通与旅游产业发展进行探讨，对交通与旅游利益相关者多部门合作的可行性进行论证，认为多部门合作可以增加旅游目的地吸引力、可进入性，实现目的地可持续发展[69]。

随着旅游产业要素效率研究的拓展，旅游景区效率成为研究的重要领域。Bosetti 把公园经营成本和面积作为投入指标，把游人数、公园职工人数、商业点数、生物种类数作为产出指标，采用 DEA 模型对意大利 17 个国家公园资源的利用效率进行评价，并提出针对性的政策建议[70]。Ma 等人通过 DEA 模型对中国 136 个国家公园使用效率进行研究，并分析国家公园的空间差异[71]。Xu J 等基于 DEA 模型人对国家风景区效率进行研究，发现中国国家风景名胜区技术效率较低，社交媒体的普及和操作性能对经营国家风景名胜区经营绩效其明显地决定作用[72]。

2.1.2.2 旅游发展效率

旅游发展效率是国外研究的重点领域，通过研究旅游发展效率，提升旅游经济增长潜力。Gössling 认为旅游产业是世界经济最重要的组成部分之一，旅游发展过程中环境损害和经济收益之间相互作用，生态效率是评价旅游环境和经济业绩的先进工具，能够科学评价旅游产业部门的相对重要性，对于地区经济发展具有重要作用[73]。Cracolici 构建由过夜人数、文化和历史资本、人力资本和劳动力构成的指标体系，利用 SFA 和 DEA 模型对意大利 103 个旅游目的地旅游效率进行研究[74]。Kytzia 构建由经济业绩、劳动力投入、土地投入组成的指标体系，利用投入—产出评价模型，以旅游胜地达沃斯为例，定量分析土地利用效率问题，研究表明旅游的经济影响、居住密度、居民建筑和酒店床位密度对旅游目的地的土地利用效率产生影响[75]。Marrocu 探讨旅游流域旅游效率的关系，以欧盟 15 个成员国再加上瑞士和挪威的 199 个欧洲地区作为样本进行实证，发现旅游流能够提升地区发展效率，在无形资产、基础设施建设和空间溢出等方面起到积极的作用[76]。Medina 以旅游供给、人力资本、国际形象、环境资源作为投入变量，以旅游收入作为产出变量，采用 DEA 模型对西班牙和葡萄牙 22 个阳光和沙滩性目的地旅游效率进行评价[77]。

2.1.2.3 旅游效率的影响因素

Hadad 等人以游客数量和游客人均花费作为产出变量，以劳动力和资本作为投入变量，利用 DEA 模型和排序法对全球 34 个发达国家 71 个发展中国家共计 105 个国家的旅游效率进行比较分析，结果发现全球化、劳动生产率和可达性对旅游效率影响很大[78]。Soteriades 基于大量文献和理论基础采用案头调研的方法，构建由价值链、营销策略、营销组织、电子营销等构成的综合方案，以提高旅游目的地营销的有效性和效率[79]。Barisic 强调绩效审计在提升旅游效率方面具有重要作用，并以欧盟和克罗地亚为例进行实证研究，结果表明克罗地亚人对绩效审计对经济发展水平作用的理解明显落后发达国家，这也影响整个国家经济发展[80]。Zurutuza 采用 DEA 模型对旅游目的地网站效率进行探讨，结果显示应该改善通信信道提高旅游目的地网站运营效率[81]。

2.1.3 海岛旅游研究

国外学者有关海岛旅游的研究多从城镇化、环境保护、目的地演化、旅游资源评价、旅游开发、社会文化、旅游经济等方面展开研究。

S.Burak 认为土耳其政府鼓励城市化建设，高中档酒店爆炸式增长，城市人口拥挤，结果造成较小的海岸线快速城市化，对土地保护不利，而且产生污染[82]。Philip Feifan Xie 等以 Denurau 岛实例说明海岛旅游开发过程中政府部门必须严格实施总体规划，保护滨海旅游资源，阻止盲目开发和扩张，预防因快速城市化而导致的环境破坏[83]。Victor 认为私家车数量的急剧增加以及城市化建设对小海岛的自然环境造成一定程度的破坏，有损旅游型海岛在旅游者心目当中的美好形象。并以太西洋百慕大为例进行实证，提出控制人口增长、积极利用岛外资源保护海岛环境[84]。Andrew Holden 认为旅游产业与自然环境两者之间关系密切，只有建立完善的环境保护体系，才能应对发展旅游产业带来的环境破坏问题[85]。Dexter 刻画了太平洋群岛的旅游目的地演化特征，研究发现因为旅游产业规模大小的原因，夏威夷基本符合 Butler 模型，一些小岛屿的生命周期演化过程表现出波动性。随着海岛旅游需求越来越大，可持续发展成为海岛地区面临的新课题，旅游研究的重点由此转向旅游目的地恢复以及旅游产品开发重组[86]。Shida 等运用旅游地生命周期理论探讨马来西亚的兰卡威岛旅游发展经历，研究发现兰卡威岛旅游业发展经历了四个阶段，每个阶段都有其独特的特点，现在正处于旅游生命周期的整合阶段[87]。Domroes 早在 1985 年就曾建立旅游资源评价体系，对马尔代夫群岛进行了实证评价[88]。Klint 等则从气候变化角度，对瓦努阿图旅游资源开发做出评价，并指出瓦努哈图旅游业要获得长足发展，必须制定适应气候变化的政策[89]。Yumi 认为济州岛亟需改变当前的营销手段来提高游客满意度，并运用结构方程模式（SEM）进行验证游客的旅游决策行为，以提升济州岛旅游业的开发水平[90]。BIRINCHI CHOUDHURY 认为应当鼓励社区参与旅游，尤其是要促进当地企业与旅游产业加强联系，通过这种互动可以减少旅游漏损[91]。学者 Tracy Berno 对 Cook 岛本地居民和旅游者进行分析，指出二者对旅游影响的感知存在明显的差异，如果海岛本地居民和外来旅游者对发展旅游业的认识不同，将会使海岛本地居民因此受到外来文化所产生的较大的负面影响[92]。Carla 认为格林纳达具有独特的经济、政治和历史条件，没有走加勒比地区传统的建设天堂般的美景和具有魅力的空间的做法，而是坚持走本土文化和历史遗产旅游相结合的特殊路径。借鉴国际经验，坚持社区实践和历史文化结合，保持海岛文化的实践性，本土文化没有因为发展旅游而消亡，二者反而实现共同发展[93]。

海岛旅游业对海岛地区经济发展具有举足轻重的作用。Riaz Shareef 认为小岛屿国家资源有限，经常受到自然灾害侵袭。国际金融界将他们看作是危险群体，这些发展中国家经济发展主要依靠外来直接投资。通过对比 6 个小岛屿国家从 1985 年 –2000 年的国家风险评级，分析国家风险与经济增长之间的关系。结果发现国家风险评级与经济增长率之间存在显著的因果关系[94]。Craigwell 从游客数量、游客支出、旅游业对 GDP 的贡献、市场占有率、平均停留天数等方面对小岛屿发展中国家旅游业绩进行分析[95]。Girish 等人从酒店经营者的角度出发，重点研究毛里求斯酒店开发建设对旅游经济发展的影响[96]。Martna 对结构变化与海岛经济增长的关系进行探讨，认为结构变化对海岛旅游经济快速增长具有重要的影响，海岛旅游已经成为海岛经济的重要组成部分，是众多海岛地区的主导经济产业之一，具有良好的市场发展潜力[97]。Deborah 经过研究发现国际旅游收入是斐济最大的外汇收入渠道，国际旅游正在迅速增长，对较远的亚萨瓦群岛和欠发达村庄居民的价值观、生活习惯以及历史文化习俗，产生了较大的影响[98]。Shareef 对 20 个海岛的经济发展情况进行比较分析，认为发展旅游产业会加剧不同产业之间的竞争，进而导致产业重组，并提出旅游产业发展速度越快，经济风险出现的概率就会越高[99]。Schittone 认为在佛罗里达州由于垄断集团经营策略及政府政策的偏好，旅游产业的竞争力比渔业经济强，并认为合理开发旅游，提高管理水平，海岛发展旅游业更有利于海岛地区实现可持续发展[100]。

2.2 国内研究进展

2.2.1 旅游业绩研究

2.2.1.1 旅游业绩发展水平

国内学者有关旅游业绩发展水平的研究多从空间角度出发，对地区旅游业绩发展水平进行评价。采用旅游外汇收入、国内旅游收入、人均旅游收入等测度指标，建立旅游业绩评价指标体系，采用 TOPSIS 法、主成分分析法、因子分析法、系统聚类分析法、层次分析法等对区域旅游经济发展状况进行研究。文艳对中国西部 12 省旅游发展情况进行实证分析，发现西部 12 省旅游业不均衡现象较为突出，但是总体呈现上升发展趋势[101]。徐嘉蕾对我国首批最佳旅游城市——大连、杭州、成都的旅游经济发展水平进行比较研究，根据评价结果有针对性的提出旅游发展战略[102]。方法林等认为旅游人数和旅游收入能够科学反映旅游业绩发展状况，并对长三角地区 16 个城市的旅游竞争力进行评价[103]。李瑞对黔东南苗族侗族自治州 16 个民族县旅游经济发展水平进行定量评价，将 16 个民族县分为四个发展类型[104]。

部分学者从旅游企业业绩发展这一微观就角度研究旅游业绩。董观志构建旅游上市公司业绩评价体系，并选取 20 家上市旅游公司进行实证分析[105]。张慧对我国旅游上市公司经营业绩进行定量分析，结果发现我国旅游上市公司由于竞争较为激烈，经营业绩并不理想[106]。张玉凤则对 10 家酒店及餐饮类公司的经营业绩进行分析，研究结果对酒店、餐饮企业的财务及经营管理，投资者的投资决策提供参考价值[107]。

也有学者从旅游形象、旅游扶贫、旅游创新等角度对旅游绩效进行研究，取得了一些成果。汪宇明构建旅游形象评价指标体系，对长江流域 12 省市的旅游形象绩效进行评价[108]。罗盛锋采用熵权法和 TOPSIS 模型对生态旅游景区的扶贫绩效展开研究，特别强调政府扶持力度对扶贫绩效产生较大影响[109]。姚云浩对旅游产业创新绩效进行深入分析[110]。

2.2.1.2 旅游经济效应研究

在旅游经济的区域效应研究方面，学者主要关注旅游产业对地区经济的影响。选用入境旅游人次、国际旅游外汇收入、国内旅游人次、国内旅游收入等指标进行测度，采用投入产出模型、社会核算矩阵、乘数分析法、旅游卫星账户以及 Granger 因果检验、空间面板计量模型等探讨旅游经济对地区经济发展的贡献。黎洁对江苏省旅游经济发展状况进行定量分析，得出旅游产业对地区经济增长具有较大的影响[111]。康蓉提出运用旅游卫星账户测度中国旅游经济，能够更好的体现旅游产业对经济发展的影响[112]。庞丽通过 Granger 因果检验，验证我国入境旅游对地区经济发展的影响，结果发现我国入境旅游的区域差异非常明显，入境旅游对东部地区经济的影响要大于中部和西部地区[113]。王良健对我国旅游业发展状况进行定量分析，发现我国旅游产业对地区经济发展具有显著影响，同时对临近地区经济发展也会产生影响[114]。曹芳东对泛长三角地区旅游经济效应进行研究，指出旅游经济中心的极核作用越来越显著，趋势有所增强[115]。

随着研究视野的拓展，旅游经济发展对社会、环境等方面的影响研究受到学者的关注。高维全等对海岛旅游产业与城镇化的协调发展进行研究，指出旅游产业发展与城镇化之间存在明显的耦合协调关系，旅游产业发展促进海岛城镇化建设[116]，同时也指出旅游产业对海岛生态环境建设具有一定的推动作用[117]。

2.2.1.3 旅游业绩影响因素

国内学者主要通过构建综合评价指标体系，采用标准差、区位熵、加权变异系数、基尼系数、锡尔系数、PCA-ESDA、耦合度模型、分位数回归模型等方法研究区域旅游经济业绩的影响因素、时空特征和发展机理。方叶林选取旅游经济相关指标，探讨我国省级区域旅游经济差异，提出省际旅游经济集聚的空间依赖性、省际经济发展水平、区位与资源禀赋、政府的政策是省际旅游经济差异的主要影响因素[118]。李振亭对中国西部地区入境旅游流与区域经济协调发展进行探讨，指出入境旅游流对区域经济发展具有明显的促进作用[119]。王洪桥等利用加权变异系数、基尼系数、锡尔系数等方法研究东北三省旅游经济时空差异特征，指出旅游资源禀赋、交通通达性和区位因素是造成旅游经济差异的主要影响因素[120]。赵金金对我国旅游经济发展的影响因素进行深入分析，指出旅游企业固定资产、旅游资源禀赋、旅游院校学生数、市场化指数、旅游交通通达性、地区经济发展水平明显促进各省旅游经济增长[121]。王坤等深入探讨城镇化对旅游经济发展的影响，指出城镇化规模、城镇化质量促进旅游经济发展，本地区城镇化和邻近地区城镇化对旅游经济发展都会产生影响[122]。郝俊卿对陕西省 10 个地级市的旅游经济差异进行研究，并分析其形成机制，特别指出旅游资源禀赋因素、区域经济发展水平因素、旅游交通因素是区域间旅游经济差异的主要影响因素[123]。骆泽顺对河南省旅游经济发展状况进行描述，提出国内旅游发展的差异是造成区域旅游经济差异的主要原因[124]。余菲菲以池州市为例对中小城市旅游经济与交通的耦合协调关系进行实证分析，指出交通发展水平对旅游经济发展具有明显的促进作用[125]。杨立勋通过分位数回归模型对西北五省区旅游绩效的影响因素进行探讨，分析得出旅游资本投入、地区经济发展水平、市场化水平对旅游绩效发展具有较大影响[126]。王坤等对泛长江三角洲城市旅游绩效进行研究，通过空间变差函数和 SDM 分析城市旅游绩效的空间格局及演变规律，并分析城市旅游绩效的影响因素[127]。

2.2.2 旅游效率研究

2.2.2.1 旅游产业要素效率

我国学者对旅游企业效率的评价主要集中于旅行社和酒店的效率研究。李向农等运用数据包络分析法对我国旅行社运行效率进行了测度，并使用灰色关联模型分析旅行生效率的影响因素[128]。胡志毅运用 DEA-Malmquist 模型分析我国旅行社发展效率的总体特征及省际空间差异，指出地区经济发展水平与旅行社发展效率并不存在必然的协调关系[129]。翟向坤采用数理统计的方法，并借助 SPSS 软件，全面分析我国旅行社行业的市场绩效及其影响因素。赵海涛利用 Malmquist 指数对我国旅行社经营效率动态变化进行测度，从技术变化效率和资源配置效率两个方面进行深入的分析[130]。孙景荣采用数据包络分析法和 Malmquist 指数模型对我国旅行社行业效率的空间特征和动态演变规律进行研究，得出我国旅行社业增长态势良好，呈现东西部高、中部低的走势，而且各省旅行社业效率保持增长态势[131]。

酒店效率是旅游企业效率研究的重点领域，研究成果颇为丰硕。彭建军基于 DEA 方法的 C^2R 模型对北京、上海、广东的星级酒店效率进行比较分析[132]。陈浩对北京星级酒店采用数据包络分析法进行相对效率的实证分析[133]。董卫基于 DEA 模型对大型酒店的经济效益与运行成本的相对效率进行论证[134]。吴向明基于非参数 DEA-Malmquist 指数以浙江 11 个地级市的高星级酒店为研究对象，对技术进步与技术效率进行测算[135]。谢春山运用超效率 DEA 模型测度我国五星级酒店效率，研究表明我国五星级酒店效率较低，效率值排序依次为东部、中部、西部、东北，而且规模效率明显比纯技术效率高[136]。张洪采用数据包络分析法对我国东、中、西、东北四个地域的星级酒店效率进行测评，根据研究结果将 31 个行政区的酒店划分为四个类型[137]。

而侯莲莲根据"共谋假说"和"效率假说"的产业经济理论提出我国星级酒店经营效率较低，应该鼓励高效率酒店提高市场占有率，进而提高市场的集中度[138]。

随着旅游企业效率研究的深入，国内学者将研究视野扩展到旅游交通、景区等方面的效率研究。朱桃杏、郭伟探讨高速铁路背景下旅游效率的时空特征[139-140]。曹芳东对国家级风景名胜区旅游效率进行测度，分析其空间特征、作用机制，并对国际级风景名胜区旅游效率与交通可达性内在联系进行深入探讨[141-142]。杜鹏将 DEA 模型和网络分析方法与加权平均出行时间模型相结合对辽宁省国家级风景名胜区旅游效率及可达性进行实证研究[143]。黄秀娟、方琰借助 DEA 模型对森林公园的旅游效率进行测算与比较分析[144-145]。虞虎、王淑新、杨璐等人分别对湖泊型国家级风景名胜区、秦巴典型景区和山岳型景区酒店的旅游效率、生态效率和碳足迹效率进行研究[146-148]。

2.2.2.2 旅游发展效率

旅游发展效率评价是旅游效率研究的重点内容，我国学者投入大量的精力从区域的角度进行研究，取得了较为丰富的成果。梁流涛着重从技术效率的角度对我国旅游产业效率进行研究，指出我国旅游业效率区域不平衡特征明显[149]。王凯对我国 31 个省市旅游产业的部门效率进行评价，并提出旅游产业集聚对旅游效率提升具有较强的积极影响[150]。张广海测度了我国旅游产业效率，并对区域间差异进行了描述[151]。吕志强等人也对我国的旅游产业效率空间特征及差异进行了重点研究[152]。邓洪波对安徽省城市旅游效率进行测度并探讨城市旅游效率的空间特征[153]。梁明珠对广东省 21 个城市的旅游效率进行测度，从珠三角、粤东、粤西、粤北的角度对城市旅游效率的区域差异作了阐述[154]。李会琴应用 BCC 模型将湖北 15 市作为决策单元，对城市旅游效率进行评价和分析[155]。张雍华对甘肃 14 个州市的旅游效率进行测度，并刻画了城市旅游效率的演进模式[156]。方杏村、翁钢民、马晓龙、杨春梅等人对城市旅游效率进行研究[157-160]。

有的学者对旅游生态效率、旅游服务效率、旅游资本利用效率、文化旅游效率、乡村旅游运营效率等方面进行评价和研究[161-165]。

2.2.2.3 旅游效率的影响因素

旅游效率的影响因素是一个复杂的体系，我国学者对其进行了较为深入的研究。吴芳梅认为在环境条件约束下，旅游资源禀赋、交通条件、开放程度及政策因素都对旅游效率提升产生作用[166]。张广海指出旅游资源条件、交通条件、地区经济以及相关产业发展水平是旅游效率的重要影响因素[167]。李亮借助随机前沿分析方法研究得出旅游资源禀赋、旅游产品、城市化、市场化、制度供给、区位条件等对旅游效率具有比较显著的影响[168]。杨春梅经过分析得出旅游投入、旅游资源开发水平、旅游产品同质化、适游期限等因素对冰雪旅游效率产生重要影响[169]。

2.2.3 海岛旅游研究

国内学者对海岛旅游的研究多从开发模式、生态环境、开发与规划、旅游资源评价、社会文化、旅游经济等方面展开。

冯学钢认为采用"桥 – 港 – 景"联动发展模式，更有利于嵊泗群岛的开发[170]。张志宏实地调查长山群岛旅游业发展状况，结合国内外海岛旅游开发的成功经验，提出长山群岛深度开发旅游的策略[171]。刘伟将长山群岛旅游开发划分为前期、中期及远期三个时期，根据长山群岛的空间布局及各海岛发展目标，提出长山群岛的开发模式及实施策略[172]。李悦铮认为陆域面积较小的海岛适合采用吉美（GEME Model）旅游开发模式，即以政府（Government）为主导、注重生态环境（E-cology）、市场（Market）化运作、整岛开发（Entirety）的旅游模式[173]。王恒提出要尽快建立国家海洋公园，把国家海洋公园作为海洋保护区网络的重要节点，为海洋环境保护提供支撑，能够推进保护海岛脆弱的生态环境，维护海岛生物物种的多样性，为海洋生态旅游开发奠定物质基础[174]。张耀光等在阐述三沙市的历史沿革、区位、政区规模以及政区形态特征等基础上，分析了三沙市的渔业资源、油气资源和旅游资源等，以图、表的形式反映了中国提出的油气招标区块的数量、面积和深度。最后提出三沙市应以旅游、水产、油气、水下文物等为重点发展的海洋产业，开发过程中必须重视海洋生态建设和环境保护，使资源开发达到持续、绿色发展的要求[175]。王辉等借鉴马尔代夫、泰国苏梅岛、我国舟山群岛以及放鸡岛等地区无人岛开发成功的案例，提出辽宁省无居民海岛"陆岛联动"的旅游开发模式[176]。张志卫以唐山湾三岛为例，从责任体系、法律体系、适宜性和开发程度等方面对无居民海岛的生态化开发监管体系进行系统研究[177]。杨洁借鉴国外海岛开发的成功经验，提出我国进行海岛旅游开发的建议与对策[178]。李悦铮利用利益相关者理论，对大连长山群岛旅游度假区进行科学规划，以满足多方主体的利益诉求[179]。任淑华总结舟山海岛旅游资源的现状，分析舟山海岛旅游开发存在的优势和劣势，提出舟山海岛旅游开发的措施[180]。龙江智从气候舒适型角度，对长山群岛与国内其他6个群岛进行定量比较，提出辽宁海岛旅游开发的策略[181]。李悦铮等以长山群岛为例，对我国海岛旅游开发与规划做了详细的阐述，为我国海岛旅游开发与规划奠定了坚实的理论和实践基础[182]。海岛旅游资源评价是海岛旅游研究的重点内容。李悦铮根据科学性、实用性等原则，选取58项指标对我国海岛旅游资源进行客观、全面的定量评价，为我国海岛旅游资源评价与分级提供了科学依据，因此又称为"李氏体系"，被运用于西沙群岛旅游资源评价[183-184]。李泽建立由26个指标构成的海岛旅游资源评价体系，并运用层次分析法和投影寻踪模型对我国12个海岛县旅游资源开发潜力进行评价[185]。王恒运用认知心理学分析技术，结合改进后的综合评价模型，对广鹿岛旅游资源开发潜力进行评价[186]。海岛文化兼有陆地文化和海洋文化的特点，是相对封闭的陆地环境中形成的具有海洋特色的文化体系，在海岛旅游开发过程中，海岛文化表现出鲜明的特质，为旅游者带来独特的体验。刘宏明认为海岛文化旅游具有海岛、文化、旅游的共性特点，海岛进行文化旅游开发符合海岛经济可持续发展的需要[187]。熊兰兰等根据徐闻四岛的实际情况，提出充分发掘海岛文化，大力发展海洋文化产业，探索文化和海岛旅游结合的模式，创新文化旅游产品，走内涵式发展道路[188]。

海岛是区位特殊，旅游产业发展模式和路径具有显著的地域特色。国内学者自20世纪90年代开始对海岛经济发展、演化以及转型研究投入较多精力。张耀光通过对我国12个海岛县的经济状况进行分析，提出我国海岛经济区系统框架，以北方海岛县为例对海岛经济区进行划分[189]。随后张耀光基于

"三轴图"对 12 个海岛县三次产业结构进行动态定量研究，据此划分出 12 个海岛县的经济类型[190]。随着我国海洋经济的快速发展，海岛经济三次产业结构发生了较大变化，海岛旅游经济成为研究的热点。张耀光采用定量的方法对我国海岛县经济结构进行深入分析，认为旅游业是海岛经济新的产业支撑，是造成海岛产业布局差异新的影响因素[191]。江海旭等认为中国与塞浦路斯签署《旅游合作协议》后，长山群岛与塞浦路斯进行旅游合作存在较大可能性，以此促进长山群岛旅游经济的发展[192]。王辉等采用区位熵和 Theil 指数对我国 12 个海岛县旅游经济的集中度进行定量研究，发现海岛县旅游经济发展不均衡，集中化程度较低，具有广阔的发展空间，为我国海岛县旅游经济差异化发展提供理论支撑[193]。同时王辉等提出运用"陆岛旅游一体化"的发展思想，能够促进旅游要素合理流动，推动海岛旅游经济的发展[194]。张艳玲等基于低碳旅游的理念，以长山群岛为例，强调海岛地区只有发展低碳旅游，才能促进旅游业的可持续发展，实现海岛经济总体增长[195]。王明舜认为海岛可以采用市场化运作，扩到海岛对外开放程度，吸引外来资金，推动海岛经济建设[196]。朱德洲采用 AHP、熵值法以及耦合模型对我国海岛县生态经济发展模式进行定量研究，提出我国海岛发展生态经济的四种模式，旅游业是海岛生态经济发展的重要领域，对于海岛发展生态经济起到积极的推动作用[197]。向宝惠对我国海洋海岛旅游的发展现状与存在问题进行了描述，深入探讨我国海洋海岛旅游发展的五大战略，并提出了我国海洋海岛旅游经济的发展措施[198]。

2.3 对已有研究的评述

从已有研究来看，国内外有关旅游绩效的研究已经取得较为丰硕的研究成果，这些成果为本文的研究奠定了坚实的基础，为本文研究提供重要的参考价值。而对已有文献进行总结可以看出，国外有关研究要早于国内。研究内容主要集中于微观方面，强调基于真实环境中分析问题，解决问题的针对性较强。国外的研究方法比较复杂，已经将复杂的计量模型应用到旅游绩效研究之中。

受国外相关研究的影响，国内的学者对旅游绩效进行了较为深入的研究，而且研究视野拓展到旅游综合绩效的研究。国内学者有关旅游绩效的研究与国外有所不同，现有研究多从国家、省市的宏观、中观的区域尺度进行研究，侧重对旅游目的地旅游绩效时空特征、演变规律及发展机理进行分析，评价方法多借鉴国外的经济计量模型，比如数据包络分析法、主成分分析法、随机前沿分析法等，分析方法比较单一，与国外相比有较大差距。

虽然国内有关区域旅游绩效的研究成果比较丰硕，涉及内容比较广泛。但是对于县域这一微观尺度的研究相对较少，具体到海岛旅游绩效的评价研究成果更是鲜见。针对国内现有研究的不足，本文以中国 12 个海岛县（区）为例进行实证研究，通过旅游业绩评价指数模型、DEA 模型分析 12 个海岛县（区）旅游绩效发展情况，通过赫芬达尔指数、变异系数、耦合协调度、马尔科夫链、地理集中指数、系统聚类等模型分析中国 12 个海岛县（区）旅游绩效时空格局特征及其演化趋势。运用多元线性回归模型分析海岛县（区）旅游绩效的影响因素，籍此剖析海岛旅游绩效的驱动机制。并提出海岛旅游绩效的优化路径和针对性建议，为海岛县（区）提升旅游绩效发展水平提供借鉴和启示。

2.4 小结

本章主要对国内外有关旅游绩效的文献进行梳理。国内外对旅游绩效的研究主要从旅游业绩和旅游效率两个方面展开。旅游业绩主要从旅游业绩发展水平、旅游经济效应及旅游业绩的影响因素等方面展开研究。旅游效率主要从旅游要素效率、旅游产业发展效率及旅游效率的影响因素等方面展开研究。国外有关旅游绩效的研究理论和方法逐步引入到国内，为国内旅游绩效的研究提供指导。国外研究内容主要集中于微观方面，强调解决实际问题。国内研究多从国家、省市的宏观、中观的区域尺度进行研究，侧重对旅游目的地旅游绩效时空特征、演变规律及发展机理进行分析。同时，本章对国内外海岛旅游的研究成果进行了梳理，为本文写作奠定坚实的基础。

3 相关概念及理论基础

　　海岛是四面被海水包围，在高潮时露出水面的陆地区域。海岛面积基本较小，生态系统构成简单，环境相对陆地比较封闭。但是在长期的发展过程中，海岛形成独特的民俗，加上优美的自然环境、独特的旅游资源，是休闲度假的重要的目的地，旅游市场需求很大。海岛也是人类活动由陆域向海域拓展的桥梁，在海洋旅游发展过程中起到重要作用。海岛旅游研究成为学者密切关注的领域，传统的经典理论为本文研究奠定坚实的基础。

3.1 相关概念

3.1.1 绩效

　　绩效一词来源于管理学，是在一定时期内、一定的资源、环境条件下，组织、团体或是个人完成工作任务的总体表现。从字面意思理解包含成绩和效益两层含义。而实际上绩效应用于不同的研究对象，其内涵理解是有差异的。对于绩效含义的理解一般有三种观点。第一种观点把绩效看作是一种行为，Cmapell 认为对于绩效与行为是一对同义词，绩效就是一种行为，是人们在实际活动中表现出来的、能够被观察到的具体表现。绩效作为一种行为，限定在实现组织目标的有关行动或行为。Cmapell 特别指出行为与结果是不同的，系统内各种因素对结果的产生会有一定的影响，行为与结果应该区别进行理解。第二种观点把绩效看作是结果。Bernadin 等人提出绩效就是某项工作任务完成的结果，结果与诸多因素有关联，比如组织目标、顾客满意度、投资等，结果与这些因素之间存在密切的关系。第三种观点则是综合前两种观点，认为绩效应该包括行为和结果，持这种观点的以 Brumbrach 为代表。Brumbrach 认为行为是人们在具体工作过程中的表现，将工作任务付诸实施。行为是由从事具体工作的人表现出来，在实施工作任务过程中的表现，行为不仅是产生结果的工具，行为本身也是一种结果，是为完成工作任务所付出的脑力和体力的结果，并且能与结果分开进行判断[199]。

绩效评价根本目的不仅要对最终结果进行衡量，而且通过将劳动过程中耗费与成果进行比较，以最大限度地获取劳动效益。因此基于 Brumbrach 对绩效含义的行为和结果双重内涵理解基础，绩效的内涵基本达成一致，即绩效是业绩和效率的统称，业绩是对经济行为的结果评价，效率是对经济行为的过程评价[200-201]。

3.1.2 旅游绩效

旅游产业是一个复杂的综合性产业，涉及范围广、涵盖行业多。旅游业的迅速发展使得旅游经济在各地区越来越受到重视，对于旅游产业评价依然处于不断探索过程中。当绩效应用于旅游产业评价时，便受到学者的普遍关注，对旅游绩效进行研究能够科学评价旅游产业发展状况，有助于提高旅游产业竞争力，具有很强的现实意义。基于绩效概念基础之上，旅游绩效的内涵可以总结为是对旅游业生产活动的过程和结果的综合评价，是旅游业绩和旅游效率的统称。

旅游绩效着重研究的是旅游经济活动过程中所产生的一系列静态和动态的结果。静态结果是指在旅游经济生产活动过程中所产生的经济效益、社会效益和环境效益；动态结果是指在旅游经济生产活动过程中，旅游业内部各部门的投入产出情况。

3.1.3 海岛旅游绩效

21 世纪已经进入海洋的世纪，由陆域经济转向海洋经济已经成为全球性的命题。海岛由于其特殊的地理区位成为陆地与广袤海洋的连接桥梁，也是发展海洋经济的重要平台。海岛旅游产业作为海洋经济的重要组成部分，受到广泛的关注。海岛优美的生态环境、独具特色的旅游资源对旅游者具有独特的魅力。海岛旅游成为当前非常时尚的旅游形式，受到市场热烈的追捧。海岛地区旅游产业既是海岛地区经济的重要组成部分，又能为带动海岛相关产业联动发展。海岛地区过度依赖于旅游资源和基础设施建设的投入，资源要素不能合理利用，可能导致投入产出效果不佳，不能发挥旅游产业的引擎作用，反而对海岛旅游产业起到障碍性作用。海岛旅游绩效从"质"和"量"的角度科学评价海岛旅游产业发展情况，能够更加科学地反映海岛旅游竞争力。

因此，基于绩效和旅游绩效的概念，本文认为海岛旅游绩效的内涵可以总结为是对海岛旅游业生产活动的过程和结果的综合评价，是海岛旅游业绩和海岛旅游效率的统称。将海岛旅游业绩和海岛旅游效率两个方面结合起来，从"量"和"质"两个维度来评价海岛旅游绩效水平，对海岛旅游竞争力提升更具现实意义。

3.2 相关理论

3.2.1 可持续发展理论

二战结束以后，全世界进入相对稳定的快速发展时期，但是人们对经济发展、人口膨胀、资源利用、生态发展不平衡等一系列问题带来的环境压力产生种种疑虑。1962年，美国生物学家 Rachel Carso 的著作《寂静的春天》问世，作者全方位地揭示化学农药所带来的危害，由此有关人类发展观念问题在世界范围内掀起大讨论的热潮[202]。

1972年，联合国人类环境会议在斯德哥尔摩召开，来自全世界 113 个工业化和发展中国家和地区的代表共同商讨环境对人类的影响问题。1980年，《世界自然保护大纲》由联合国环境规划署（UNEP）、国际自然资源保护同盟（IUCN）和世界野生生物基金会（WWF）共同制定，《世界自然保护大纲》中首次提出可持续发展的思想，强调保护与发展之间的密切关系，认为人类通过管理生物圈，使其既能够满足当代人发展的最大需求，又能够满足后代人的发展需求。1987 年在《我们共同的未来》报告中，世界环境与发展委员会第一次明确阐述了可持续发展的概念，认为可持续发展是"既能满足当代人的需要，又不对后代人满足其需要的能力构成危害的发展"。1992 年联合国在巴西里约热内卢召开环境与发展大会（地球高峰会议），在这次大会上 102 个国家首脑共同签署了《21 世纪议程》，可持续发展的理念被广泛接受，成为当前社会发展的重要指南。可持续发展坚持公平性、持续性、共同性三大基本原则，在人与人之间建立平等、互利和公平的关系，在人与自然之间建立协调发展、共同发展和多维发展关系，只有处理好人与人、人与自然这两种关系才能够促使人类文明的传承和延续。

可持续发展是一个系统性、综合性的概念，强调既要满足当代人的需要，又不危害后代人满足其自身发展的需要。20 世纪 90 年代以后可持续发展理论在旅游领域得以应用。旅游可持续发展是可持续发展理念的创新发展，世界旅游组织（WTO）认为旅游可持续发展就是既要能满足当前旅游目的地与旅游者的需要又要能满足未来旅游目的地与旅游者的需要。联合国教科文组织、环境规划署和世界旅游组织于 1995 年在西班牙召开了"世界旅游可持续发展"会议，《旅游可持续发展宪章》和《旅游可持续发展行动计划》两部纲领性文件在大会上予以通过，标志着确定可持续发展模式在旅游业中的主导地位。坚持旅游可持续发展，主要通过以下五条途径：一是坚持旅游的良性发展，二是坚持旅游资源的保护性开发，三是提高旅游项目的监测水平，四是强化旅游领域的人力资源培训，五是坚持技术援助。

可持续发展理论为旅游产业发展带来先进的发展理念，受到众多学者的关注。Cater 认为环境与旅游业发展之间存在四种基本的发展模式，即双赢、赢输、输赢、双输，如果没有充分的保护环境，旅游产业发展前景就会被削弱[203]。Tepelus 等认为实现旅游可持续发展除了要考虑环境绩效指标以外，还要将文化、经济和社会影响综合考虑，才能建立完善的旅游可持续发展评价指标体系[204]。Haukeland 对挪威的两个国家公园进行案例分析，提出只有让各方利益相关者共同参与管理，旅游产业才能实现可持续发展[205]。

可持续发展理论引入中国后，受到社会各界的广泛关注。学术界展开大量讨论，学者借鉴国外研究成果的基础上，结合我国旅游业的实际发展情况，从评价体系、发展能力、低碳旅游、利益相关者等多个角度对旅游可持续发展进行研究，取得丰硕的成果。李悦铮教授运用可持续发展理论以辽宁沿海地区为例描述沿海地区旅游系统可持续发展问题[206]。唐承财等人将可持续旅游、生态旅游进行对比之后，总结出低碳旅游的概念内涵，在此基础上提出我国低碳旅游的发展目标、原则与特点，并从利益相关者理论出发，从四大低碳旅游核心利益相关主体：政府部门、旅游目的地、旅游企业和旅游者，提出我国实现低碳旅游可持续发展的策略[207]。吴国琴运用层次分析法（AHP）对旅游可持续发展的评价指标体系进行探讨，并以豫南大别山区为实证研究对象进行分析，为旅游业可持续发展提供借鉴[208]。

可持续发展理论为海岛型旅游目的地发展提供科学指导和可靠保障。海岛因其特殊性，面临着土地资源紧缺、发展空间受限；生态环境破坏严重，发展能力不足；淡水资源短缺、发展遭遇瓶颈等各种问题，如何实现可持续发展成为海岛旅游目的地的最终发展目标。运用可持续发展理论指导本研究，能够科学分析海岛面临的各种问题，排除海岛发展旅游的各种障碍，提升海岛旅游发展的潜力，进而提高海岛旅游的综合绩效。

3.2.2 生态系统理论

生态系统（ecosystem）一词是英国植物生态学家 A.G.Tansley 于 1935 年首先提出来的。生态系统是一个开放、动态、整体的复杂系统，是在特定的区域内生物与其生存环境之间进行能量和物质交换而形成的生态学功能单位。一般情况下，生态系统具备自动调节能力，在一定程度上能够维持生物与外部环境之间、生物种群之间相互适应、协调和统一，促使生态系统的结构功能、能量物质的输入输出在数量上达到平衡状态，这种状态称为生态平衡[209]。但是近半个多世纪以来，由于人类改造自然的行为不段扩大化，生态破坏和环境污染等问题频出，严重威胁到全世界生物圈的完整与稳定，而且这种破坏已经超过历史上的任何一个时期[210-211]。准确把控生态系统的运行状况，科学的管理生态系统，推动生态系统可持续发展，不断提升人类社会福祉和全社会经济的稳步发展，成为当前人类社会面临的重要课题。1972 年联合国在瑞典斯德哥尔摩召开人类环境大会，会上各国政府代表热烈讨论全球环境问题，审议通过《联合国人类环境会议宣言》，自此环境与发展之间的关系成为全球关注的热点。1991 年，国际生态系统健康学会（International Society for Ecosystem Health，ISEH）成立，其首要目标是研究地球生态系统评价的基础理论和方法，促进人们更多地理解人类活动、生态变化、人体健康之间的重要关系。2012 年联合国环境与发展会议在巴西里约热内卢举行，会议主旨就是推动着全世界共同行动起来保护生态环境。

20 世纪 60 年代开始，学者已经开始注意到旅游活动给对环境带来的负面影响，并运用生态系统理论解决旅游发展所带来的环境污染问题，由此产生旅游生态学。国外学者对旅游生态学早已进行系统研究[212-214]。1980 年，加拿大学者劳德·莫林首次提出生态性旅游（Ecologic Tourism）的概念，随后墨西哥学者谢贝洛斯·拉斯克瑞提出（Ecotourism）生态旅游一词得到国际社会的认可。我国古代春秋战国时期《管子·地员篇》就萌发了生态学的思想，但是直到 1993 年王献溥对生态旅游概念进行描述之后，生态旅游理论才进入国内，至今不过 20 余年，仍是新鲜事物，引起学者热切关注。国内学者从不同角度阐释生态旅游内涵[215-216]，而且生态旅游开发研究一直贯穿始终，张灿深入剖析河北发展生态旅游的必要性[217]。于立新提出深层生态旅游开发的概念，并探讨深层旅游开发的"四体两翼"和"两翼对接"模式[218]。王煜琴等人基于"经济—环境—旅游"耦合系统提出生态旅游开发思路，并提出生态旅游开发的策略[219]。生态旅游市场、生态旅游管理与政策、生态旅游的作用和影响等内容也是国内学者重点部分。

生态系统理论是为本研究提供科学的指导思想。发展生态旅游是海岛旅游开发的重点，是海岛实现可持续发展的保障。发展生态旅游有助于保护海岛生态环境，减少对海岛生态环境的破坏，增强海岛旅游产品对旅游者的吸引力，突出海岛旅游特色。坚持生态旅游与海岛旅游开发协调发展，推进海岛经济转型升级，建设生态、美丽、和谐的现代型海岛，提高海岛旅游综合实力。

3.2.3 竞争力理论

竞争来源于实践,在市场竞争的过程中产生了竞争主体与竞争对手。20世纪80年代,美国出现竞争力讨论热潮,引发社会各界的广发关注。最早对国际竞争力进行了系统深入地研究的是世界经济论坛(WEF)和瑞士洛桑国际管理发展学院(IMD),他们分别并总结出一套有关竞争力的评价体系,并受到广泛的认可。IMD认为一个国家或是一个企业要想保持在国际市场上的竞争力,就要具备能够均衡地生产出比其竞争对手更多财富的能力。WEF是将经济增长作为研究竞争力的前提,认为竞争力就是保持国民经济持续快速增长的能力。1996年,经合组织(OECD)认为竞争力是在面对国际竞争时,在可持续发展的基础上支持企业、产业、地区、国家或超国家区域进行相对较高的要素收入生产和较高要素利用水平的能力。因此,竞争力可以理解为在相互竞争的市场环境中,竞争主体和竞争对手实现竞争目标的能力。竞争力具有比较性、利益性、动态性和过程性的特点。20世纪80年代至90年代初,美国哈佛商学院迈克尔·波特教授对多个国家的竞争力进行研究,于1990年出版《国家竞争优势》一书,书中对国家竞争力进行系统地阐述,提出了著名的"钻石模型"(图3.1)。

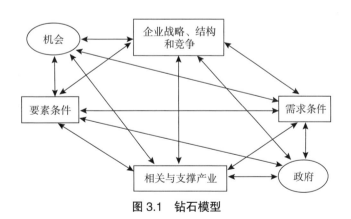

图 3.1 钻石模型

迈克尔·波特认为国家竞争力由6个要素组成:(1)要素条件,指生产某种产品所需要人力资源、自然资源、科技知识等方面的投入,相比较而言,创造的要素比资源禀赋更重要，资源禀赋虽然丰富却会成为限制性条件；（2）需求条件，指市场对某一种产品或某一种服务的需求状况，从国内的需求状况来看主要包括本国需求结构、规模、成长率、高级购买者压力及需求的国际化；（3）相关与支撑产业，指上下游产业之间的相互合作程度，主要包括供给产业与联系密切的相关产业；（4）企业战略、结构和竞争，指国际市场需求的拉力与国内竞争对手的推力，包括企业的发展战略、组织结构、管理方式和竞争方式；（5）政府，指政府为企业参与竞争所提供的资源，创造产业发展的环境，主要包括政府政策；（6）机会，指满足企业发展需求的机遇，主要包括发明创造、技术断层、成本提高、汇率变化及战争等。其中政府和机会是附加要素，对前四个要素产生影响。这六大要素之间相互联系、相互作用，形成一个复杂的竞争力系统[220]。

20 世纪 90 年代 Ritchie 根据波特的"钻石模型"提出旅游目的地竞争力模型，学术界日益关注对旅游竞争力理论的研究。Go 等人对欧洲四国八个不同类型的旅游目的地进行实证研究，描述质量管理在提升旅游目的地竞争力方面所起到的作用[221]。Craigwell 对小岛屿发展中国家旅游竞争力进行探讨，特别指出价格和收入是改善旅游竞争力的关键因素[95]。受国外影响国内对旅游竞争力的研究从 20 世纪 90 年代开始，研究成果较为丰硕，至今相关研究已经比较成熟。苏伟忠等人对城市旅游竞争力概念进行界定，并运用 AHP 模型，对北京、南京、西安与郑州四个城市旅游竞争力进行解析[222]。易丽蓉等人在总结国外旅游竞争力研究成果的基础上，构建了旅游目的地竞争力五因素模型，并通过调查问卷对我国旅游目的地竞争力五个因素进行深入探讨[223]。张洪等运用加权 TOPSIS 法，构建旅游资源区际竞争力比较指标体系，并以长三角 16 个地级市为例进行比较研究[224]。李鹏升通过构建海岛旅游竞争实力综合评价指标体系，运用主成分分析法对中国海岛县旅游综合竞争实力进行分析[225]。徐喆构建旅游发展竞争力评价体系，运用因子分析、方差分析、变异系数等方法研究城市旅游发展竞争力，并以吉林省 9 个地级市为例进行实证研究[226]。包军军等人基于旅游屏蔽理论，运用景区系统种群竞争模型，对甘肃省定西市漳县境内的贵清山、遮阳山进行实证研究，将景区分为侵占、稳定和演变三种屏蔽类型[227]。

提升旅游绩效水平是提高旅游竞争力的重要手段和方式。旅游效率和旅游业绩两个方面综合体现出旅游绩效竞争力的状况。旅游业绩和旅游效率水平越高，旅游经济效益和旅游综合发展能力越强，意味着旅游绩效水平越高，旅游产业的竞争力也就越强。因此，竞争力理论为提升旅游绩效水平提供理论指导，提升旅游绩效水平促进提高旅游竞争力。旅游产业与诸多经济产业之间具有较强的关联性，众多的竞争主体积极参与市场竞争，在竞争中实现优胜劣汰，促进旅游产业规模化、集约化发展。提升旅游绩效不但能够提高旅游竞争力，更能够突显区域优势，打造旅游品牌，进而能够推动旅游经营决策者加大投入力度，不断追求更大的利润。

3.2.4 区位理论

区位理论是关于人类活动空间及空间组织优化的理论，地理学研究的重点内容。区位理论研究经历三个发展阶段。第一阶段是古典区位理论。1826年德国经济学家杜能出版《孤立国》一书，通过设定5个方面的理论前提，对农业区位理论进行了系统阐述，这是世界上有关区位理论的第一部名著[228]。进入工业经济时代后，区位理论有了新的进展，韦伯提出完整的工业区位理论，核心思想就是通过分析和计算运输、劳力及集聚因素相互作用效果，找出工业产品生产成本最少、节省成本最多的地点，作为配置工业企业的理想区位[229]。杜能和韦伯奠定区位理论研究的基础，此后区位理论研究迅速发展，成果颇丰。这一阶段区位理论研究侧重利用静态的局部均衡分析对单个企业进行区位选择，缺乏对动态区位进行分析，属于微观研究阶段。第二阶段是近代区位理论。20世纪30年代诞生了近代区位理论，代表人物是德国的经济地理学家克里斯塔勒（W.Christaller）和廖什（A.Losch）。1933年，克里斯塔勒首先创立了中心地理论，对中心地的数量、规模和分布模式进行系统的阐述，市场原则、交通原则和行政原则是中心地理论形成的基本支撑[230]。中心地理论将区位理论研究的内容从农业、工业扩展到城市，为市场区位理论形成打下基础，也为区域经济学研究奠定了理论基础。1940年，廖什的著作《区位经济学》一书正式出版。廖什在其著作中提出了市场区位论，他认为最佳区位是利润的最大点，即收入和费用之差的最大点。其核心思想是最佳的市场区位是正六边形环绕的面状市场，以此为基础建立市场网络的模型。第三阶段是现代区位理论。进入 20 世纪 50 年代，区位理论受到更多学者的关注，理论研究取得更多的成果。美国经济学家艾萨德（W.Isard）被称为"区域科学之父"，他是新古典区位理论研究的代表人物。1956 年，艾萨德在其《区位和空间经济》一书中，系统总结了杜能、韦伯、克里斯塔勒和廖什等人有关区位的观点，尝试建立一般空间区位理论来弥补以往纯理论研究的不足。20 世纪 60 年代，行为经济学成为区位理论研究的热点。戈林赫特认为在区位选择过程中，由于每个人的行为各不相同，导致区位选择有所差异。由于个人行为的千差万别导致区位选择受到生产成本、市场需求、个人成本、个人收益等诸多因素的影响。20 世纪 70 年代，结构主义拓展了区位理论研究的领域。英国经济学家麻斯（D.Massey）作为结构学派的代表人物，将区域理论做了延伸，她认为空间作用和社会作用之间具有非常密切的关系，空间作用不能离开社会作用，空间作用是有社会意义的空间作用，纯粹的空间动因、空间规律和空间相互作用是根本不存在的。20 世纪 80 年代，以生产方式为主的区位理论研究成为新趋势。斯科特（A.Scott）将交易成本理论运用到区位研究当中，形成新产业空间理论，认为企业区位选择会受到空间成本的影响。如果企业间的交易成本对较高，导致产业的空间集聚。如果企业间的交易成本较低，则会导致产业空间分散。进入 20 世纪 90 年代，兴起以非完全竞争市场结构为主的区位研究，以美国经济学家克鲁格曼（P.Krugman）为代表的新经济地理学研究成就显著。克鲁格曼通过建立数学模型研究产业集聚和空间差异问题，并在其著作《收益递增与经济地理》一文中首次提出了著名的中心—外围模型，运用到区位理论的研究当中，解释了产业集聚的影响因素，为区位理论的一般均衡研究提供了微观经济学的依据。

伴随着区位理论的研究进程，区位理论应用到旅游研究之中。早在 20 世纪 30 年代，克里斯塔勒（W.Christaller）提出的中心地理论，就指出旅游必然会使边远地区受惠，并从城市中心地和其周边旅游地的配置关系的角度作为切入点进行研究。克朗蓬首先将引力模型应用到旅游研究当中，并建立了旅游引力模型，测定客源地和目的地之间的关系[231]。区域理论在我国旅游产业的应用和实践是伴随则我国旅游业发展而逐步引入的。20 世纪 80 年代，学者牛亚菲对我国旅游区位进行探讨[232]。后来王瑛等人运用边际效用模型阐述旅游区位，旅游区位理论研究才初具雏形[233]。吴必虎是国内较早将中心地理论应用到旅游研究中的学者，并首次提出环城游憩带的概念[234]。此后，我国学者对旅游区位的关注越来越多，主要从宏观和微观角度对区域旅游进行研究。贾轶丽等人对旅游区位非优区位进行了描述，并以山西运城为例探讨旅游区位非优区位地区旅游发展的动力机制[235]。王铮等人对先前的旅游区位模型做了修正，并对贵州省进行实证分析[236]。马继刚等人运用 GIS 空间分析方法，以昆明为例描述旅游集散地的区位合理性问题[237]。郭建科等人通过构建景区区位优势度模型，对我国国家级风景名胜区从宏观和微观视角进行比较分析[238]。

区位理论论对于我国旅游业发展具有很重要的指导作用，尤其是其理论有了实质性的进展之后。制定旅游发展策略，划分旅游空间组织层次与规划层次和达到旅游线路设计的最佳组合等都离不开区位理论的指导。因此，深入研究区位理论对于提高海岛旅游目的地的发展水平有着不同寻常的重大意义。海岛地区旅游业正步入高速发展时期，运用区位理论分析海岛旅游发展的特点，找出问题所在，并在此基础上对海岛的旅游产业进行合理规划、科学开发，能够推动海岛提高旅游产业绩效水平，提升旅游竞争力。

3.2.5 系统论

系统论诞生自 1945 年奥地利科学家贝塔朗菲公开发表论文《关于普通系统论》，至今已有 70 余年。1968 年，贝塔朗菲又出版专著《一般系统论：基础、发展和应用》，系统论的学术地位得以显现。贝塔朗菲认为系统是在一定环境条件下，各组成部分之间相互关系形成的总体状况。

经过几十年的发展，系统论的内容和体系不断被补充、完善，系统思想得到广泛的应用，成为学术研究中的重要视角。系统论按其发展历程可以分为经典系统论阶段和现代系统论阶段，经典系统论即贝塔朗菲的一般系统论，主要强调对于整体性的研究；现代系统论则是综合了经典系统论新的发展成果，强调整体和部分关系的研究[239]。我国著名科学家钱学森教授对系统论的应用做出了杰出的贡献，他指出系统是由若干要素以一定的结构形式联结构成的具有某种功能的有机整体，系统强调局部与全部的辩证统一关系[240]。

系统论的基本思路是把研究对象作为一个整体，分析系统内各要素之间相互关系及其发展规律。因此，系统具有整体性、层次性、相关性、动态性、自组织性等特点。系统论拓展了我国学者旅游研究的视野，旅游系统的研究逐渐成为重点领域，学者从不同角度度旅游系统的内涵进行界定。杨振之从旅游地资源、旅游服务及设施及客源市场三大要素对旅游资源系统进行分析，特别指出只有这三大因素保持协调发展，旅游资源系统才能保持良性发展[241]。吴必虎认为旅游活动是一个复杂的系统，应该包括客源市场系统、出行系统、目的地系统和支持系统四个子系统[242]。李悦铮认为旅游系统的范围要大于旅游地域系统，旅游系统由各种具有相互作用的旅游诸要素构成，具有特定功能、结构和不同层次的经济、社会、生态的复合系统[206]。系统论为旅游研究提供新的视角，为旅游研究提供新的理论武器。张树民等人运用系统论总结出我国乡村旅游发展的 5 种模式[243]。虞虎、陆林等人对都市圈旅游系统进行界定，并对都市圈旅游系统的组织结构、形成机制和演化特征进行描述[244]。刘军胜从系统论角度刻画旅游流与目的地两个系统的耦合发展特征，并揭示旅游流与目的地两个系统的驱动机制[245]。

旅游产业自身的综合性特点，与诸多产业之间具有密切的联系，同时海岛旅游产业发展受到诸多内外部因素的影响，从而形成独特的旅游产业系统。海岛旅游绩效作为一个整体系统，其发展既是内部因素相互作用的结果，又受到外部因素的影响。系统论为海岛旅游绩效研究奠定了理论基础，从系统论的角度探讨海岛旅游绩效的影响因素，能够更加清晰地剖析海岛旅游绩效的发展规律，从整体上加深对海岛旅游绩效发展演化的认识，能够更加有针对性地制定海岛旅游绩效的发展对策。

3.3 小结

本章主要对海岛旅游绩效的概念体系进行界定，为后续研究奠定基础。同时对研究需要的相关理论进行梳理，可持续发展理论、生态系统理论、竞争力理论、区位理论以及系统论是论文研究的理论基础，传统的经典理论是本文研究的可靠保障，是文章研究的理论指导。

4 海岛旅游绩效指标体系构建

海岛旅游绩效是海岛旅游经济生产活动的过程和结果的综合评价，是旅游业绩和旅游效率的统称。海岛旅游绩效的核心内容是旅游业绩和旅游效率，因此海岛旅游绩效指标体系包括旅游业绩和旅游效率两大部分。从旅游业绩和旅游效率两个层面构建海岛旅游绩效指标体系，能够科学合理地反映海岛旅游绩效的"量"和"质"。

4.1 海岛旅游绩效测度内容

4.1.1 海岛旅游业绩

业绩具有非常丰富的内涵，广义是指一个组织或单位完成的事业和所取得的功效。在企业管理中首先表现为企业所取得的经营成效，比如营业额、销售额、合同销售额或者回款额等等。对不同企业的不同部门来说，含义又有不同。对于销售部门来说，就是某一特定时期所取得的销售业绩或销售人员个人所取得的销售业绩；对于采购部门来说，是为保障企业正常生产活动所完成的采购业绩；对于财务部门来说，则是产品销售的所收回的款项。一般所说的业绩，多是指企业在某一会计期间的营业额或销售额。在经济学中，业绩是对经济行为的结果评价，是指经济生产活动最终达到的效果。

国内外学者对旅游业绩测评的研究，多从旅游业绩发展水平角度出发，构建测评指标体系，对旅游业绩进行测评。测评的内容非常丰富，包括旅游经济业绩、旅游合作业绩、酒店员工服务业绩等内容。

海岛旅游业绩是反映海岛旅游发展规模的总量绩效指标，表明海岛旅游产业的发展水平，体现了海岛旅业生产活动的效果。海岛旅游业绩作为海岛旅游绩效的重要组成部分，科学测度海岛旅业业绩情况，能够深入分析海岛旅游产业对海岛经济发展的影响，有利于海岛区域明确旅游产业发展状况，能够加强海岛地区间纵向对比，找出旅游经济发展的差距，明确海岛旅游经济发展的症结所在，推动海岛经济转型升级发展，建设美丽、富饶、和谐的现代化海岛。

4.1.2 海岛旅游效率

效率字面理解是在单位时间内所完成的工作量。经济学中，效率是对经济生产活动过程的评价，是指在经济生产活动过程中各种社会资源能够得到最有效地使用，人类的各种目标和需要能够顺利达成。也就是说在投入和技术已定的前提条件下，各种经济资源配置合理，没有产生浪费，对经济资源的利用最大化，也是对配置效率的简化表达。效率通常指一项经济活动在正常运行而不会对其他人利益造成损害的前提下，他人的经济福利不再有可能得到提升的情况下，这项经济活动就会被认为是有效率的。反过来，如果一项经济活动会造成对其他人的利益损害，形成"无法遏制的垄断"，或是"恶性无度的污染"、"没有制衡的政府干预"等等后果，那么就认为经济资源没有得到合理配置，这项经济活动就会被认为是无效率的。萨缪尔森在《经济学》一书中，明确提出效率是不存在浪费的效率，如果不减少某一种物品生产，就不会增加另一种物品的生产，这种经济的运行便被认为是有效率的。如从管理学角度来看，效率则是指在某一特定的时间内各种资源的有效分配程度，即投入产出的比例关系。公共部门的效率通常包括生产效率和配置效率两个方面：生产效率组织在生产或是提供服务过程之中需要的平均成本，配置效率组织所提供的产品或服务是对相关企业或人员不同偏好的满足程度。有的情况下，效率也可以用于衡量产出。

旅游产业具有复杂性和综合性的特点，结合经济学和管理学对于效率的定义，基于我国海岛旅游的发展特征，本文将海岛旅游效率定义为以在特定时间范围内，海岛整体作为独立的旅游经济生产单元，在旅游经济生产过程中各种资源要素投入产出最大化、所有利益相关者得到满足程度最大化的性质。海岛旅游效率的定义具有以下几点内涵：一是将海岛作为独立的旅游经济生产单元，海岛旅游经济活动具有其内在特点。二是海岛旅游效率对海岛旅游经济发展具有一定的推动作用，能够促进海岛经济转型升级发展。三是海岛旅游效率是通过旅游市场投入产出比来衡量其相对优势。

旅游效率测度主要从综合效率角度进行，综合效率是一定规模投入要素水平下的产出结果，产出水平越高效率水平越高。综合效率可以分解为规模效率和技术效率。规模效率，是指用于旅游发展的资源要素投入满足海岛对旅游发展资源需求的程度。当资源投入不能满足旅游需求的时候，海岛旅游发展的能力不能达到最大程度的发挥。从规模上讲，通过增加资源要素投入，海岛旅游发展便可获得更大的收益。技术效率，是指海岛在旅游发展过程中对现有技术水平发挥的程度。通过海岛旅游产业的发展来看，先进技术对提升海岛旅游效率水平具有明显的驱动作用。

4.2 海岛旅游绩效测度方法

4.2.1 海岛旅游业绩评价指数

海岛旅游业绩是海岛对旅游发展规模的总体评价。基于海岛县（区）旅游统计数据的现实情况，主要从经济学角度测度海岛旅游业绩。对于海岛旅游产业而言，利用特定的旅游客流规模所带来的相应的经济收益构建海岛旅游业绩评价指数，用公式表示为：

$$P = \frac{a_i}{b_i} = \frac{x_{it}}{\sum_{i=1}^{n} x_{it}} \left/ \frac{y_{it}}{\sum_{i=1}^{n} y_{it}} \right. \tag{4.1}$$

其中，P 表示旅游业绩评价指数；a_i 表示第 i 个海岛县（区）的旅游收入的市场份额；b_i 表示第 i 个海岛县的旅游接待人数的市场份额；x_{it} 表示第 i 个海岛县（区）在第 t 年的旅游收入；y_{it} 表示第 i 个海岛县（区）在第 t 年的旅游接待人数。旅游业绩评价指数能恰当的反映各海岛县（区）旅游业绩的发展水平，便于各海岛县（区）之间进行比较分析。

根据公式计算结果，当 $0<Q\leqslant0.5$，表示旅游业绩较差，也就是特定规模的旅游客流只能够带来较小规模的资金收益，资金收益规模小于客流规模，经济效益较低，旅游业绩表现较差。当 $0.5<Q\leqslant1$，表示旅游业绩一般，也就是特定规模的旅游客流基本能够带来相应规模的资金收益，资金收益规模与客流规模相当。当 $1<Q\leqslant1.5$，表示旅游业绩较好，特定规模的旅游客流能够带来较大规模的资金收入，资金收入大于旅游客流规模，经济效益较高。当 $Q>1.5$，表示旅游业绩很好，也就是特定规模的旅游客流能够带来很大规模的资金收入，资金收入远大于旅游客流规模，经济效益很高。

4.2.2 海岛旅游效率测度模型

旅游经济评价活动是一项包含着非常复杂的输入、输出要素的活动。数据包络分析法（Data Envelopment Analysis，DEA）是一种对若干同类具有多输入、多输出决策单元（Decision Making Unit，DMU）的相对效率与效益进行比较的有效方法[246]。DEA 模型具有忽略投入产出指标之间线性关系、不需要预设参数、原始数据无需标准化处理等优势，通过选定合理的投入和产出指标，对给定的 DMU 进行评价，以获得有效的评价系数比较决策单元的优劣。具体步骤如下：

（1）确定评价目的。评价目的对于确定 DEA 模型选择起到决定性作用，只有先确定评价目标，才能选择合适的 DEA 模型，进而建立相应的投入产出指标体系，方能获得科学的评价结果。本研究主要对海岛旅游绩效进行评价，海岛旅游效率作为海岛旅游绩效的重要表现，通过对海岛旅游效率评价反映海岛旅游绩效的发展状况。

（2）选择 DMU，即确定参考集。DEA 模型要求 DMU 的类型要相同，也就是说 DEA 模型只有对相同类型的 DMU 进行评价才能决策单元的相对有效性。相同类型的决策单元具有一致的目标和任务、相同的外部环境、相同的投入产出指标体系三个方面的共性特征。

（3）建立输入输出指标体系。输入和输出指标体系是运用 DEA 模型的基础，因此建立输入输出指标体系要注意：输入和输出指标之间存在正向关系、指标要具有真实性和可获得性、指标量度标准要一致，而且指标要具有通用性。

（4）选择 DEA 模型。DEA 模型有多种形式，基于规模报酬不变的 CRS 模型（即 CCR 模型）和基于规模报酬可变的 VRS 模型（即 BCC 模型）是其主要的两种形式。选择哪一种模型要考虑决策单元的经济背景和研究的评价目的。

（5）综合评价结果。根据投入产出指标体系和模型获得旅游综合效率的测度结果，对海岛旅游绩效的过程进行评价和分析。

基于本文研究的需要，选择第一阶段的 DEA 模型，确定基于规模报酬可变的 BCC 模型对海岛旅游效率进行测度。BCC 模型是 Banker、Charnes、Cooper 针对 CRS 模型的缺陷，解决当 DMU 不具备规模报酬不变的条件时所提出的解决方案，即 BCC 模型假设：

（1）决策单元之间是相互独立的，而且决策单元属于同一类型；

（2）各决策单元具有相同的投入指标和产出指标，而且投入指标和产出指标之间存在必然的联系；

（3）规模报酬是处于变化之中的。

BCC 模型是 DEA 方法在分析效率时经常采用的主要模型，是基于规模报酬可变的假设。BCC 模型将技术效率（crste，称综合效率）分解成纯技术效率（vrste）和规模效率（scale）。其中，技术效率表示在给定的技术条件下，对所有先进技术的应用和管理水平差异导致的产出效率进行测度，测度的是规模报酬可变时的技术效率。技术效率不仅反映出 DMU 对先进技术的应用情况，也反映出 DMU 对利用资源要素的程度。规模效率是指在一定的制度、技术及管理水平条件下，现有规模与最优规模之间的差异，测度的是生产过程中没有达到有效生产的程度，反映的是各种投入产出要素的合理配置状况[247-248]，规模效率刻画了 DMU 扩大生产规模以达到提高效率的程度。根据研究需要，本文采用投入导向的 BCC 模型对海岛旅游产业效率进行分析，判断优劣。设有 n 个决策单元 DMU_j，每个策单元有 m 种投入变量 $x_{1j}, x_{2j}, \cdots, x_{mj}$ 和 s 种产出变量 $y_{1j}, y_{2j}, \cdots, y_{ij}$（其中 $x_{ij}>0$，$y_{ij}>0$），j 是各海岛（县）区投入和产出的权向量。对于投入主导型的 BCC 模型而言，每个决策单元 DMU_j 都有相应效率评价指数 θ，满足 [249]：

$$
\begin{cases}
\min \theta \\
s.t \\
\sum_{j=1}^{n} \lambda_j y_j \leqslant \theta x_0 \\
\sum_{j=1}^{n} \lambda_j y_j \geqslant y^0 \\
\sum \lambda_i = 1
\end{cases}
\tag{4.2}
$$

其中，$\lambda j \geqq 0, j = 1, 2, \cdots, n$。

通过式 4.2 可以计算出各海岛县（区）旅游综合效率、技术效率和规模效率。根据 BCC 模型，旅游综合效率可以分解为技术效率和规模效率。因此，旅游综合效率是技术效率和规模效率两部分共同作用的结果。即：

$$\text{综合效率} = \text{技术效率} \times \text{规模效率} \tag{4.3}$$

采用 BCC 模型可以很好地分析海岛旅游产业对各种资源要素的利用状况，能够清晰地反映海岛旅游效率在时间和空间维度上的变动趋势，并能够反映出引起旅游效率变动的主要因素。特别是通过 BCC 模型获得旅游综合效率的测度结果，反映海岛旅游绩效的过程，体现海岛旅游经济生产过程的质量。

4.3 海岛旅游绩效评价指标选择依据

4.3.1 海岛旅游业绩评价指标选择的依据

旅游业绩是对旅游生产活动效果的科学评价，国外学者对此进行较多研究，选择指标包括基础设施、接待能力、游客数量、逗留时间长短、旅游税收、游客支出、旅游业对 GDP 的贡献、市场占有率等指标对旅游业绩进行评价。旅游业绩评价对象比较丰富，既有对区域旅游业进行评价，也有对旅游合作、旅游资源、酒店服务、旅游上市公司等进行多角度的评价（表4.1），评价指标的选取更加综合化，分析方法以定量为主，定量与定性分析方法相结合。

表 4.1 国外旅游业绩评价指标

序号	作者	评价指标	评价对象
1	SZABO（2012）	基础设施、接待能力、游客数量、逗留时间长短、旅游税收	匈牙利赫夫纳县旅游产业
2	Olabode OT, et al（2015）	旅游人数、旅游收入	尼日利亚旅游产业
3	Augustyn M M, Knowles T（2000）	专家准备、潜在目标、发展结构、有效和高效的行动、可持续的伙伴关系	纽约和英国的旅游合作
4	Hawkins D E（2004）	建立利益相关者组织、培育教育团体、战略伙伴关系、联系世界遗产地与较少访问区域、环境管理和认证、监督体系	印度尼西亚世界遗产网络应用
5	Michael D H Keith C J（1996）	口碑效应、服务质量、前台服务、服务价值、客房服务、管家服务、停车服务、行李员服务	酒店员工服务
6	E-Vahdati S, et al（2012）	环境、社区、财务业绩、企业规模、企业年龄	旅游上市公司

资料来源：作者自行整理

随着旅游产业规模的发展壮大，旅游产业在国民经济中的地位不断提高，旅游业绩研究成为我国学者关注的重点内容。受国外研究的影响，我国学者对旅游业绩的研究也从旅游业绩测评、旅游业绩影响因素、旅游经济效应等方面展开。主要通过选取入境旅游收入、入境旅游人数、国内旅游收入、国内旅游人数等指标衡量旅游业绩[250-251]（表4.2），构建旅游业绩评价指标体系。采用投入产出模型、社会核算矩阵、乘数分析法、旅游卫星账户以及 Granger 因果检验、空间面板计量模型等探讨旅游经济对地区经济发展的贡献。有的也学通过构建综合性评价指标对区域旅游业绩进行研究。

表 4.2　国内旅游业绩评价指标

序号	作者	评价指标	评价对象
1	陈浩等 （2011）	入境过夜游客、国内过夜游客、旅游业总收入、旅游创汇	珠江三角洲城市群
2	方法林等 （2013）	旅游者人数、旅游收入	长三角16地级市
3	秦伟山 （2014）	入境旅游者人数、国际旅游外汇收入、国内旅游人数、国内旅游收入、星级饭店数、旅游景区数、旅行社数量、旅游交通密度、第三产业从业人数	东部沿海城市
4	王坤等 （2016）	入境旅游收入、国内旅游收入、入境旅游人次、国内旅游人次	泛长江三角洲城市
5	庞丽等 （2006）	入境旅游收入、来华旅游人数、入境旅游从业人数	中国区域入境旅游

资料来源：作者自行整理

　　也有学者从旅游上市公司、旅游形象、旅游扶贫、旅游创新等方面对旅游业绩进行研究，并取得较为一定的成果。

　　以上分析可以看出，学者根据评价目的的不同，旅游业绩评价指标的选择有所差异，指标多样性明显，既包含定量指标，也包含定性指标。

4.3.2　海岛旅游效率评价指标选择的依据

　　旅游效率是旅游绩效的重要测度内容之一，旅游效率水平对旅游绩效发展具有非常重要的作用。国外关于旅游产业效率的研究从20世纪90年代开始，通过构建旅游效率评价指标体系研究酒店、景区、旅游企业、旅游交通等旅游产业要素效率和旅游产业发展效率两方面（表 4.3）。

表 4.3　国外旅游效率评价指标

序号	作者	投入指标	产出指标	评价对象
1	Morey and Ditman （1995）	服务工资、其他服务费用、经营和运作费用	住宿收入、顾客满意度、市场份额、增长率	美国 54 家酒店

续表

序号	作者	投入指标	产出指标	评价对象
2	Bell and Morey 1995	旅行成本、其他成本、环境因素、工资	提供的服务水平、利用优质与一般表征	31 家旅行社
3	Anderson 等 1999	服务花费、工资、工时、赋税、技术成本、建筑租赁费	旅行人数	家旅行社
4	Coelli 等（1999）	员工数量、资本	营运里程	32 条航线
5	Tsaur（2000）	经营成本、员工数目、客房数目、宾馆入住率、宾馆成本	经营收入、客房销售数目、日均占有率、员工平均生产率	台湾 53 家酒店
6	Hwang and Chang（2003）	员工数目、客房数目、宾馆入住率、经营花费	住宿收入、宾馆收入（餐饮酒水）、其他收入	台湾 45 家酒店
7	Barros（2005）	劳动力、经营成本、员工数量、工资、财富数量	销售额、接待量和过夜人数	葡萄牙 42 家酒店
8	Barros and Matias（2006）	经营成本、员工数目、员工数目、工资、资本	经营收入	葡萄牙 25 家旅行社
9	Marrocu E（2011）	可进入性、人力资本、社会资本、技术资本、	旅游人数	欧盟 15 个成员国 199 个地区

资料来源：作者自行整理

　　受国外学者关于旅游效率研究的影响，旅游效率受到我国学者的高度关注，通过选取不同评价指标，采用定量分析法进行研究，研究内容主要包括旅游产业效率、旅游要素效率等方面（表 4.4）。

　　从国内外学者有关旅游效率的研究当中可以发现，因评价对象有所差异，旅游效率评价指标业有所不同。如 Anderson 等采用服务花费、工资、工时、赋税、技术成本、建筑租赁费作为投入指标，将旅行人数作为产出指标对 31 家旅行社的效率进行评价[63]。Barros 将劳动力、经营成本、员工数量、工资、财富数量作为投入指标，将销售额、接待量和过夜人数作为产出指标对酒店效率进行评价[50]。Marrocu E 将可进入性、人力资本、社会资本、技术资本作为投入指标，将旅游人数作为产出指标对区域旅游效率进行评价[76]。王恩旭等将旅行社数量、星级饭店数量、旅游企业固定资产、旅游从业人员数量、人均城市道路面积、人均绿地面积作为投入指标，将旅游总收入、旅游总人次作为产出指标对区域旅游效率进行评价[252]。李向农等（2014）将固定资产、税金、从业人员、旅行社数量作为投入指标，将营业收入作为产出指标对中国旅行社效率进行评价[253]。钟敬秋等（2016）将全社会固定资产投资、第三产业从业人员作为投入变量，将旅游接待人数、旅游收入作为产出变量对滨海城市旅游效率进行评价[254]。

表 4.4　国内旅游效率评价指标

序号	作者	投入指标	产出指标	评价对象
1	王恩旭等（2010）	旅行社数量、星级饭店数量、旅游企业固定资产、旅游从业人员数量、人均城市道路面积、人均绿地面积	旅游总收入、旅游总人次	中国15个副省级市
2	方创琳（2011）	资本要素、自然要素、信息化要素、人力要素	效率产出、污染产出	中国23个城市群
3	孙景荣等（2012）	产业规模、要素投入	效益产出、效率产出	中国大陆23个城市酒店
4	杨春梅（2014）	冰雪旅游资源吸引力、星级饭店数量、旅行社的数量、	旅游接待人数、旅游总收入	中国冰雪旅游产业
5	李向农等（2014）	固定资产、税金、从业人员、旅行社数量	营业收入	中国旅行社业
6	邓洪波（2014）	第三产业从业人数、宿业与餐饮业固定资产投资、星级饭店客房数	城市旅游总收入	安徽省
7	曹芳东等（2015）	土地面积、固定资产投资与经营支出、景区从业人员	旅游收入、游客人数	国家级风景名胜区
8	钟敬秋等（2016）	全社会固定资产投资、第三产业从业人员	旅游接待人数、旅游收入	中国53个沿海城市
9	刘佳等（2016）	旅游产业资源消耗、旅游产业环境污染	旅游产业经济总量	中国旅游产业生态效率

资料来源：作者自行整理

由此可见，学者在对旅游效率进行评价过程中，受数据可获得性的约束，研究者往往会根据不同的研究目的选用不同指标构建旅游效率评价指标体系，对投入产出系进行评价。在旅游效率评价过程中往往存在变量和指标的多元化，实现多角度评价。总体上看，劳动成本和货币资本是这些研究选择的基础性投入指标，其他投入指标则根据研究角度的不同而表现出一定的相异性，产出指标则一般选取经济收益指标，如旅游收入、旅游人数等，这些研究成果为海岛旅游效率研究变量和指标的选择提供了参考。

4.3.3 国内外海岛旅游评价指标选择

海岛旅游评价的指标体系是学者研究的重点内容，现有研究多从旅游竞争力、资源评价、生态环境、可持续发展等方面展开。已有海岛旅游评价指标体系的研究成果为本文研究提供经验借鉴。

4.3.3.1 国外海岛旅游评价指标

（1）海岛旅游竞争力评价

Yong KS 等人从海岛旅游目的地总体质量、可持续性、行政官员和政治家、旅游者、当地居民五个方面建立了海岛旅游竞争力评价指标体系[255]，如表 4.5 所示。

表 4.5　海岛旅游竞争力评价指标体系

评价领域	评价指标	
海岛旅游目的地总体质量	基础因素	经济水平、商业环境、基础设施、上层设施
	核心因素	全球化水平、旅行环境、投资环境
可持续性	基础（支持）因素	政治方面、技术方面
	核心因素	经济方面、文化方面、生态方面
行政官员和政治家	旅游产业知识	
	前瞻性	
	管理能力	
旅游者	核心因素	自然吸引力、文化吸引力、特殊吸引力

评价领域		评价指标
旅游者	支持因素	旅游促进因素
		旅游安全
		自然环境质量
		费用
		服务质量
当地居民		经济满意度
		环境满意度
		社会文化满意度

（2）海岛旅游可持续性评价

海岛旅游可持续发展评价是海岛旅游研究的重点内容。Lim C C 等人从经济、环境、社会、政策、技术、游客等 6 个维度遴选出 20 个指标构建海岛旅游可持续发展评价体系 [256]，如表 4.6 所示。

（3）海岛旅游自然资源评价

海岛自然景观构成海岛旅游吸引力的基础，海岛自然资源评价对海岛旅游发展具有重要意义。Priskin J 选取吸引力、可达性、基础设施、环境退化程度等四个方面共计 29 项指标，建立海岛旅游自然资源评价指标体系，对西澳大利亚中部海岸地区 65 个自然旅游资源点进行评价 [257]，如表 4.7 所示。

表 4.6　海岛旅游发展状态评价体系

评价项目	评价指标
经济维度	支出、雇员、经济收益
环境维度	生态系统保护、能源管理、气候变化、健康与安全
社会维度	旅游对社区的影响、社区参与旅游的程度、建筑与农业
政策维度	规划和发展政策、政治支持、旅游优先权

续表

评价项目	评价指标
技术维度	交通、通讯、数据管理
游客维度	游客满意度、游客人数、利基市场、产品销售

表 4.7　海岛旅游自然资源评价体系

评价项目	评价因子
吸引力	植被多样性、景观多样性、娱乐几率、冒险几率、海湾、岩石、沙滩、视野广阔度、科技项目、地质特征
可达性	道路类型、交通工具等级
基础设施	厕所设备、餐桌、长椅、烤肉店、垃圾箱、残疾人专用设施、遮阳处
环境退化程度	垃圾量、杂草、疾病、火灾、腐蚀、植被破坏、沙丘破坏、地表侵蚀、足迹、建筑物

4.3.3.2　国内海岛旅游评价指标体系

（1）海岛旅游资源评价

海岛旅游资源评价是海岛旅游开发的重要基础。李悦铮以辽宁沿海地区为例，建立

旅游资源评价体系，为海岛旅游资源评价研究奠定基础[258]。而后李悦铮等人又对海岛旅游资源评价体系进行深度研究，从海岛旅游资源、区域条件、区位特征等方面构建了包含 58 个指标的海岛旅游资源综合评价指标体系[183]，如表 4.8 所示。该体系是当前国内外最具权威性和实用性的海岛旅游资源评价体系，被应用于西沙群岛旅游资源评价，该体系又被称为"李氏体系"[184]。

（2）海岛旅游开发潜力评价

海岛旅游开发潜力评价是海岛旅游开发的基石。李泽等选择资源价值、开发现状、区位交通、环境容量和经济效益等五个方面 26 个指标因子，建立海岛县旅游资源开发潜力评价指标体系，将层次分析法与投影寻踪模型结合对中国 12 个海岛县旅游开发潜力进行评价[185]，如表 4.9 所示。

表 4.8　海岛旅游资源综合评价指标体系

评价综合层	评价项目层	评价因子层
旅游资源条件	地文景观类	岛陆面积、岛滩面积、海滩长度、沙子的粗细、沙子的颜色、沙浴康乐价值、可浴场所数量、海蚀地貌景观价值、海滨山岳景观价值
	水域风光景观类	水温、水色、水透明度、攻击性动物的危险程度、水下观赏性、海浴康乐价值、海上运动适宜性、海钓活动适宜性、海鲜产品美味性
	生物景观类	岛内及周边海域生物种类、植被种类、森林覆盖率、渔业养殖观光价值
	天象与气候景观类	温度、空气的质量、天空颜色、气候舒适度、台风等自然灾害频率、日出、月生观赏价值、海市蜃楼等奇特天象、避暑、避寒地价值、旅游适宜期
	人文旅游资源	历史遗址游览价值、建筑观赏价值、宗教遗址观赏价值、民间风俗吸引力、海岛节庆吸引力
	海岛特色资源	海陆整体特色、海岛科学考察价值、环岛航行可游性
区域条件	自然环境条件	淡水资源条件、周围海域环境质量、垃圾处理条件
	社会经济条件	经济发展水平、政府支持程度、旅游投资水平、居民态度、科技对海岛贡献率、海洋灾害经济损失
	旅游基础设施	岛内交通条件、岛内安全性、住宿、餐饮条件、服务水平
区位特征	交通可及性	与其毗邻沿海城市可达性、与其他海岛通达性、上岛交通用时、上岛交通费用
	与其他地的关系	与周边旅游资源的差异性、与附近旅游地间的距离

表 4.9　海岛旅游资源开发潜力评价体系

目标层	领域层	因素层
旅游资源开发潜力综合指数	资源价值	旅游资源丰度、旅游资源品位度、旅游制约因素、旅游自然资源条件、旅游适游期
	开发现状	旅游市场规模、旅游经济规模效益、外资可进入度、地区受教育程度、开发空间潜力

续表

目标层	领域层	因素层
旅游资源 开发潜力 综合指数	区位 交通	区域依托条件、交通保障基础、旅游基本交通设施、区位自然条件、沟通外界交通运量、交通辅助条件
	环境 容量	生态环境背景、生态环境影响、生态环境基础、近海海域水质、生态环境支持
	经济 效益	经济发展水平、基础设施建设、居民消费能力、对地方经济贡献、居民生活水平

（3）海岛旅游竞争力评价

张耀光等人从海域环境、陆地环境、交通条件、社会经济条件和旅游业状况 5 个方面选取 27 项指标构建海岛旅游综合实力评价体系，对海岛旅游竞争力进行分析[259]，如表 4.10 所示。

表 4.10　海岛旅游综合实力评价体系

目标层	准则层	指标层
海岛旅游 综合实力	海域环境	海岸系数、滩涂面积、海陆比、近海水域 COD
	陆域环境	人均岸线长度、人均淡水资源量、林地面积、森林占有率
	交通条件	连路通道、港口吞吐量、海上货运量、海上客运量、码头数、公路密度
	社会经济条件	人均 GDP、三产占 GDP 比重、财政收入、固定资产投资、进出口总额、专业卫生技术人员
	旅游业状况	入境旅游人数、入境旅游收入、旅游收入占 GDP 比重、旅游收入占三产比重、人均旅游收入、星级饭店数、景点密度

（4）海岛旅游环境承载力评价

随着海岛旅游的发展，海岛旅游环境承载力受到学者的关注。通过对海岛旅游环境承载力的评价，促进海岛旅游健康发展。刘伟首次构建海岛旅游环境承载评价指标体系，包括自然环境承载力、经济环境承载力和社会环境承载力 5 个方面共计 29 项指标，并对长山群岛进行实证分析[260]，如表 4.11 所示。

表 4.11　海岛旅游环境承载力评价指标

第一层	第二层	第三层	第四层
海岛旅游环境承载力	自然环境承载力	自然资源承载力指标	水资源利用效率、年平均气温、年降水量、平均相对湿度、地质地貌条件、土地资源空间承载力
		旅游环境承载力指标	旅游区内水环境质量标准、旅游区内空气环境质量标准、噪声污染标准、生物多样性、植被覆盖率、交通游览工具环保指数、旅游活动方式影响指数
	经济环境承载力	社会经济承载力指标	人均国民生产总值、旅游收入占 GDP 比重、旅游业投入与产出比、交通运载能力、供水能力、卫生医疗条件，住宿、餐饮、购物、文体娱乐接待能力、旅游区内污染物处理率
		管理水平承载力指标	旅游从业人员平均受教育程度、本地居民及游客的环保意识、政府对旅游地的政策支持
	社会环境承载力	社会心理承载力指标	景观美感度、景观敏感度、旅游者与当地居民比率
		社会文化承载力指标	当地居民的旅游经济、社会、文化、环境认知水平，旅游活动对当地生活方式、文化习俗的冲击

（5）海岛旅游生态健康及安全评价

海岛生态健康及安全评价为海岛旅游持续发展提供保障。林明太利用 PSR 模型从压力、状态、响应三个方面选取指标揭示海岛旅游生态健康影响因素及其作用机理[261]。张玉以旅游海岛生态安全概念分析入手，运用 DPSIR 框架理论和方法，以长海县为例建立了旅游海岛生态安全评价指标体系，共包括 23 个指标[262]，如表 4.12 所示。

表 4.12　长海县旅游海岛生态安全评价指标体系

准则	因素	指标
驱动力	经济	城镇化水平、城镇固定资产投资完成额
	社会	环保教育支出、生态技术事业费支出
压力	自然压力	台风灾害指数、中强度土壤侵蚀比例
	经济压力	GDP、人均 GDP、第三产业占 GDP 的比重
	社会压力	人口密度、人口自然增长率、旅游人数与当地人口的比值
状态	资源环境	相对湿度、植被覆盖率、人均可利用总水量、养殖业开发水域、人均耕地面积
影响	污染暴露	空气污染综合指数、海域水质综合指数、海岸带防护林完整度
响应	政策措施	污水处理率、生活及工业垃圾无害化处理率、环保投资占 GDP 比重

（6）海岛旅游与生态环境协调性评价

海岛旅游与生态环境密切相关，生态环境是旅游产业的发展坚实基础，旅游产业对生态环境具有较强的依赖性。海岛旅游与生态环境协调性评价对海岛旅游产业发展具有重要意义。高维全等建立海岛旅游产业与生态环境协调评价指标体系，对长海县进行实证分析[117]，如表 4.13 所示。

表 4.13　旅游产业系统与生态环境系统评价指标体系

系统	评价指标	系统	评价指标
旅游产业系统	国内旅游综合收入	生态环境系统	城镇污水处理率
	旅游接待人数		工业废水排放达标率
	限额以上住宿餐饮从业人员数		工业烟尘排放量达标率
	私营住宿和餐饮业户数		人均公共绿地面积
	港口旅客吞吐量		液化气普及率
	星级宾馆客房数量		功能区噪声质量
	社会消费品零售额		森林面积
	旅游综合收入占第三产业比重		年最高气温

续表

系统	评价指标	系统	评价指标
旅游产业系统	万人公交车数量	生态环境系统	年平均温度
	万人出租车数量		年平均相对湿度
	旅游舒适期		可吸入颗粒物
	公路里程		空气质量优良天数

（7）海岛旅游与城镇化协调性评价

海岛旅游产业与城镇化建设互动作用明显，海岛地区发展旅游产业能够促进城镇化建设，海岛城镇化建设为海岛旅游发展拓展空间。高维全等人以长山群岛为例，构建旅游产业与城镇化协调发展评价体系[116]。

表 4.14　长山群岛旅游产业与城镇化系统评价指标

耦合系统	准则层	指标层	耦合系统	准则层	指标层
旅游产业系统	旅游产出能力	国内旅游综合收入	城镇化系统	人口城镇化	人口城镇化比率
		旅游人数			第一产业占 GDP 比值
	旅游接待能力	限额以上住宿餐饮从业人数		产业城镇化	第二产业占 GDP 比值
		私营住宿和餐饮业数量			第三产业占 GDP 比值
		星级宾馆客房数量		社会城镇化	液化气普及率
		港口旅客吞吐量			国际互联网用户数量
		社会消费品零售额			城镇居民家庭恩格尔系数
	旅游环境条件	森林面积		生态城镇化	城镇污水处理率
		年最高气温			工业废水排放达标率
		年平均相对湿度			工业烟尘排放量达标率
		旅游舒适期			建成区人均公共绿地面积

从以上分析可以看出，海岛旅游评价的指标趋于多样化。国内外学者基于研究目的的不同选取不同的评价指标，以达到最终的研究效果。

综合有关旅游业绩、旅游效率和海岛旅游评价的研究成果表明，学者会基于自身的研究目的选择相应的评价指标，为本研究的指标选择提供科学合理的基本依据。

4.4 海岛旅游绩效评价指标体系建立

通过梳理国内外有关旅游绩效指标体系研究的结果发现，现有研究多从旅游业绩和旅游效率两个角度单方面对旅游绩效进行研究。旅游业绩多选择旅游人数、旅游收入等反映旅游产业规模性指标进行评价。旅游效率研究多将固定资产投资额和人力资本等要素作为投入指标、将旅游收入和旅游人数等作为产出指标进行评价。综合已有研究结果来看，旅游绩效评价指标选取虽有共性，但是由于研究目的不同，选取的指标更多表现出一定的差异性，以达到不同的研究目的。旅游绩效是对旅游经济生产活动的过程和结果进行综合评价，而以往研究多从过程或结果单方面对旅游绩效进行评价，缺乏旅游绩效评价指标体系的研究。这个问题已经引起重视，学者尝试建立复杂的指标体系评价旅游绩效，比如学者曹芳东就从经济、市场、效率、公平四个方面构建绩效综合评价体系，对泛长三角城市旅游业绩效进行综合性评价[200]。也有学者从旅游业绩和旅游效率两方面研究城市旅游绩效空间格局演变，却没有构建城市旅游绩效评价指标体系，也没有对城市旅游绩效进行评价[127]。从海岛旅游评价体系研究结果来看，旅游竞争力、资源评价、生态环境、可持续发展以及海岛旅游与生态环境、城镇化协调发展评价等方面的研究成为重点，缺乏对海岛旅游绩效评价指标体系的研究。而从过程和结果两方面对海岛旅游绩效进行"质"和"量"的综合性评价体系的研究成果更是少见，因此本研究尝试从旅游业绩和旅游效率两个方面选取指标构建海岛旅游绩效评价指标体系，从"质"和"量"的角度对海岛旅游进行评价，弥补现有研究的不足，拓展海岛旅游研究的深度和广度。

4.4.1 海岛旅游绩效评价指标选取原则

4.4.1.1 科学性原则

评价指标的选取要遵循科学发展的原则，因此海岛县旅游绩效评价必须遵循海岛旅游经济发展的内在规律，运用科学的评价方法和评价手段，根据海岛县的实际情况选取合适的评价指标，指标数量在于合理性和客观性，必须能够有利于得出科学结论。分析结果真实、客观的反应旅游绩效发展的演变轨迹，如此才能科学的反应出海岛县（区）旅游绩效的差异特征，推动海岛县（区）旅游产业科学发展。

4.4.1.2 系统性原则

系统性原则又称为整体性原则，它要求在决策的过程中要把决策对象看做是一个系统，因此在选取评价指标时要具有大局观和整体意识，要以海岛县旅游经济可持续发展为准绳。而海岛旅游经济发展受多方面因素影响，海岛旅游绩效评价是一个复杂的整体系统，系统内部各要素相互作用、相互影响，子系统内部各要素同样相互影响，共同对子系统的发展产生影响。因此在指标选取过程中一定要考虑到各方面因素，尽可能选取能够全面反映海岛旅游系统相互作用、相互影响的指标。

4.4.1.3 综合性原则

海岛旅游绩效评价涉及到地理学、经济学、旅游学、物理学、社会学等多门学科的知识理论。在筛选评价指标时，需要通观全局、综合考虑各领域的影响要素，才能对这个复杂的多学科、多领域、多结构的系统进行科学评价，进而才能获得科学、客观的综合评价效果。

4.4.1.4 动态性原则

世界万物都是运动、变化发展的。海岛旅游经济系统是一个复杂的综合性系统，系统内个要素随着社会经济的发展而不断变化，整体系统因此而不断发展变化。所以，海岛县旅游绩效发展评价指标一定要体现出动态、发展的特点。

4.4.1.5 实用性原则

指标数据是对海岛旅游绩效进行评价的重要基础，只有符合海岛实际情况的指标数据，方能真实反映海岛旅游绩效的实际情况。因此在评价海岛旅游绩效是要充分考虑到数据的实用性，否则因数据获取难度较大或是需要量化处理较为困难时，不能真实反映海岛旅游绩效情况，对本研究会造成一定程度的妨碍，不利于研究地顺利开展。

4.4.2 海岛旅游绩效评价指标体系建立

4.4.2.1 评价指标的选取

海岛旅游绩效是对海岛旅游业生产活动的过程和结果的综合评价，是海岛旅游业绩和海岛旅游效率的统称。为了全面、合理地评价海岛旅游绩效，基于科学性、系统性、综合性、动态性、实用性等原则，借鉴国内外有关旅游绩效评价指标体系研究的基础上，结合海岛旅游评价指标体系的研究成果，选取海岛旅游绩效的评价指标。

旅游业绩指标的选择基于充分反映海岛旅游产业发展的个体规模和总体规模，以便于海岛县（区）之间进行对比分析，突出海岛县（区）旅游经济生产活动结果的差异，反映海岛旅游经济生产活动结果的本质。因此选取各海岛县（区）旅游接待人数、旅游综合收入以及 12 个海岛县（区）旅游接待总人数和旅游总收入评价海岛旅游业绩。

旅游效率评价指标选择基于 DEA 模型测度的需要，海岛旅游效率是对海岛旅游经济活动生产过程的评价，其评价指标主要有投入指标和产出指标，通过建立投入产出指标体系，突出海岛县（区）旅游经济生产活动过程的不同，反映海岛旅游经济生产活动过程的质量。旅游产业具有很强的综合性、关联性特点，单一指标明显不能完全反映旅游要素投入规模情况，也不能真实反映海岛旅游活动的实际状况，意味着海岛旅游生产活动涉及到诸多的投入产出指标。

经济学意义上基本的投入要素包括土地、资本、劳动力，旅游用地、旅游资本、劳动力是旅游经济活动的最基本的投入要素。旅游用地是旅游活动的主要场所，但是海岛土地面积普遍较小，旅游业生产过程中土地面积投入很难界定，从以往研究文献来看没有采用此项指标，因此本研究没有纳入该项指标。海岛旅游资本投入要素主要包括海岛旅游服务和基础设施建设以及旅游环境营造等方面的投入，旅游业固定资产是比较合适的旅游资本投入要素表征指标，由于各海岛县（区）并没有相应的官方统计数据，借鉴相关研究，采用固定资产投资来替代旅游资本投入。劳动力要素投入最为直观的表征指标就是旅游从业者人数，而与旅游经济活动相关的直接或间接的劳动力构成非常复杂，海岛县（区）统计数据中并未将此项指标纳入统计，采用第三产业从业人数表征劳动力投入要素。第三产业从业人数几乎涵盖了所有直接或间接与旅游产业相关的就业人数，其范围虽有所扩大，但是 DEA 模型具有强处置性，可以通过要素替代得到合理的结果，因此采用第三产业从业人数作为第二个投入指标是合适的。考虑海岛旅游的特殊性，海岛本身就是一种独具特色的旅游产品，海岛旅游发展方兴未艾，每年以 20%-30% 的速度在增长，海岛的魅力对旅游者具有特殊的吸引力。因此将海岛旅游综合吸引力作为第三个投入指标。产出指标方面，旅游综合收入是海岛旅游生产活动中产出的主要外在表征指标，也是旅游发展效果的综合体现。因此，综合考虑海岛的实际情况，选取固定资产投资额、第三产业从业人数、旅游吸引力作为投入指标和旅游综合收入作为产出指标评价海岛旅游效率。

4.4.2.2 评价指标体系建立

在指标体系建立的过程中，邀请旅游经济、人文地理、经济地理、海岛旅游等领域的专家，对指标的选取征求意见，各领域专家一致认为从旅游业绩和旅游效率两方面构建指标体系评价旅游绩效具有科学性和可行性。最终，确定 8 项指标构建海岛旅游绩效评价指标体系（表 4.15），反映海岛旅游经济生产活动的过程和结果。特别需要说明的是旅游综合收入是旅游业绩和旅游效率评价的共同指标，但其意义却有不同。从旅游业绩角度考虑，旅游综合收入是反映海岛县（区）旅游经济生产活动的结果，是个体规模性指标。从旅游效率角度考虑，旅游综合收入反映的是海岛县（区）旅游经济生产活动的产出效果，满足 DEA 测度模型投入产出指标体系的需要。

表 4.15　海岛旅游绩效评价指标体系

评价目标	评价领域	评价指标	单位	指标类型	指标解释
海岛旅游绩效	旅游业绩	旅游接待人数	万人	个体	反映旅游市场规模
		旅游综合收入	万元	个体	反映旅游经济效益
		旅游接待总人数	万人	总体	反映旅游总体规模
		旅游总收入	万元	总体	反映旅游总体效益
	旅游效率	固定资产投资	万元	投入	反映旅游资本投入状况
		第三产业从业人数	人	投入	反映旅游从业人员数量
		旅游吸引力	分	投入	反映海岛旅游资源吸引力
		旅游综合收入	万元	产出	反映旅游产出状况

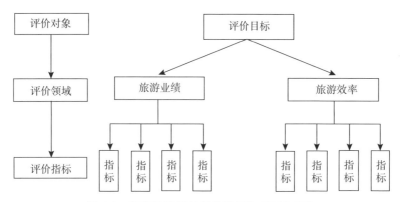

图 4.1　海岛旅游绩效评价指标体系层次框架

　　从评价指标体系的结构上看，包括评价对象、评价领域、评价指标三个层次，海岛旅游绩效是评价的最终目标，处于第一层。评价领域由海岛旅游业绩和海岛旅游效率两个方面构成，处于第二层，海岛旅游业绩和海岛旅游效率自成体系，两个方面相互协调、共同作用反映海岛旅游绩效水平。第三层是指标层，处于指标体系的最末端，是对旅游业绩和旅游效率评价领域的具体分解，具有微观性、针对性、区别性的特点，是评价体系的直观表现。

4.4.2.3 指标体系评价

（1）突显旅游绩效研究的目的

本研究主要是对海岛旅游绩效进行评价，从"量"和"质"的角度对旅游绩效的发展情况进行综合评价，能够真实反映海岛旅游经济的实际状况，便于海岛之间进行对比。评价指标从旅游业绩和旅游效率两个层面进行选取，反映了海岛旅游绩效的系统性和层次性，符合海岛旅游绩效评价研究的目的。

（2）符合海岛旅游产业发展的实际

海岛是一个特殊的地理单元，发展旅游产业是海岛地区经济持续健康发展的重要途径。海岛作为陆地经济向海洋经济过渡的桥头堡，其作用举足轻重。旅游产业具有开放、共享的特点，评价指标选取符合海岛旅游产业发展的现实状况，能客观评价海岛旅游产业发展水平，推动海岛旅游经济实现可持续发展。

（3）体系简洁，易于操作

不同于旅游资源、旅游开发潜力、旅游竞争力等评价体系，需要选择复杂的指标建立体系才能进行有效评价。旅游效率评价恰恰需要避免因指标过多而导致评价结果虚高，从而出现不能真实反映海岛旅游效率的实际情况。指标选取符合旅游效率评价的需要，能够客观反映海岛旅游绩效状况，可操作性强。

（4）个体和总体相结合

海岛县（区）是一个独立的行政单元，经济发展与陆地区域具有明显不同，旅游经济发展具有自身的地域性特点。评价指标的选取既体现了海岛地区旅游产业发展的不同状况，便于对海岛地区旅游产业发展相对情况进行比较。同时又体现海岛旅游产业发展的总体情况，便于掌握海岛旅游产业发展的总体趋势。

4.4.3 指标解释

国内外已有旅游业绩、旅游效率以及海岛旅游的评价指标体系的研究成果为本文海岛旅游绩效评价指标选择奠定坚实的基础。

4.4.3.1 海岛旅游业绩评价指标

旅游业绩是对海岛旅游经济生产活动结果的评价。选取各海岛旅游接待人数、旅游综合收入、旅游总收入、旅游总人数 4 项指标评价海岛旅游绩效的效果。海岛旅游接待人数反映的是各海岛县（区）旅游市场规模，海岛旅游总收入反映的是各海岛县（区）旅游经济效益规模，海岛旅游总收入反映的海岛县（区）旅游经济总体规模，海岛旅游总人数反映的是海岛县（区）旅游市场总体规模。

（1）旅游接待人数

旅游接待人数包括国内旅游人数和入境旅游人数两部分，旅游者是旅游活动的主体，是旅游产业链当中的关键环节，是旅游产业经济收益的主要来源。旅游接待人数规模是衡量海岛地区旅游产业规模的重要标准。随着带薪假期制度完善及居民可支配收入的增加，海岛作为区域性重要的休闲度假胜地，旅游热潮渐兴渐旺，为旅游者竞相追捧，海岛旅游人数逐年增加，海岛旅游市场规模越来越大。海岛旅游人数的增加必然带来海岛旅游综合收入的增加，海岛旅游人数的增加促进海岛地区不断完善基础设施建设，丰富公共服务体系，提高旅游接待质量，对于推动海岛地区建设具有一定的促进作用。海岛旅游接待人数这一指标能够很好的表征海岛旅游市场规模，也是海岛旅游业绩的重要评价标准，用海岛旅游接待人数评价海岛旅游业绩是可行的。

（2）旅游综合收入

海岛由于地理环境特殊，国土面积普遍较小，经济发展空间有限，海岛经济转型升级发展成为海岛持续发展的重要途径。旅游产业由于具有较强的关联性和带动性，成为海岛旅游经济转型发展的重要引擎，大力发展海岛旅游产业受到政府及学术界的高度重视。海岛旅游经济效益水平是衡量海岛旅游产业发展状况的重要标准，也是海岛经济产业发展的重要衡量标准。海岛旅游综合收入是海岛地区旅游经济效益规模的直观体现，是海岛县（区）之间进行比较分析的基础。各海岛地区旅游综合收入占地区生产总值的比例在逐步提高，旅游产业的"引擎"作用明显，旅游产业地位明显提升。因此海岛旅游综合收入作为海岛旅游业绩的评价指标具有合理性。

（3）旅游接待总人数

全世界海岛旅游方兴未艾，每年以 20%–30% 的速度增长，潜力巨大。众多旅游者涌向海岛度假休闲，享受海岛带来的愉悦体验。海岛旅游接待总人数的增加，加上旅游消费水平提升，海岛旅游总收入随之增加，对于促进海岛地区经济发展具有明显的促进作用。旅游者的需求具有多样性、差异性的特点，成千上万的旅游者涌上海岛，促进海岛地区改变海岛旅游产品的供给现状，创新旅游产品设计与研发，推出适合旅游者需要的旅游产品。随着旅游者消费水平和消费需求的提升，高端的休闲度假旅游产品为海岛旅游产品创新提供新的契机。海岛旅游接待总人数能够科学评价我国海岛旅游市场的总体规模，对于海岛旅游产业发展具有重要促进作用。因此用海岛旅游接待总人数评价海岛旅游业绩是合理的，既能体现海岛旅游总体市场规模，又为海岛地区之间进行纵向对比奠定基础。

（4）旅游总收入

我国海岛数量众多，发展海岛旅游业是海岛开发建设的重要途径与方式。海岛旅游总收入能够很好地衡量我国海岛旅游产业发展的经济效益规模，也是衡量海岛旅游产业地位的重要指标。随着我国旅游市场规模的不断壮大，海岛旅游总收入占海岛地区生产总值的比例不断提升，进而海岛旅游产业地位不断提升，促进各海岛县（区）重视旅游产业发展，转变海岛经济发展观念，重视旅游产业的发展，利用旅游产业的联动作用带动海岛相关经济产业发展。海岛旅游总收入能够明确表征我国海岛旅游产业的经济效益总体状况，便于海岛地区旅游经济效益进行纵向对比，也需要以旅游总收入作为重要基础。因此，海岛旅游总收入是一个合理的旅游业绩评价指标。

4.4.3.2 旅游效率评价指标

根据已有文献，结合海岛旅游经济生产活动的实际情况，选择海岛固定资产投资额、第三产业从业人数、旅游综合吸引力三个指标作为投入指标，旅游综合收入作为产出指标，构建投入产出指标体系评价海岛旅游效率。

（1）固定资产投资

固定资产投资是海岛地区在一定经济生产活动时期内，用货币形式表现的建造和购置的固定资产以及建造和购置固定资产工作的总量。海岛固定资产投资额是一项综合性的评价指标，反映了海岛地区固定资产投资的规模、结构和发展速度，是考察工程进展情况和考核投资效果的重要衡量标准。固定资产投资有多种类型，按经济类型可以划分为国有、集体、个体、联营、股份制、外商、港澳台商等；按照管理渠道，全社会固定资产投资总额分为基本建设、更新改造、房地产开发投资和其他固定资产投资四个部分；根据固定资产投资的资金来源不同，分为国家预算内资金、国内贷款、利用外资、自筹资金和其他资金来源；按其工作内容和实现方式分为建筑安装工程，设备、工具、器具购置，其他费用三个部分。

对海岛旅游发展资本变量进行量化较为理想的指标是海岛直接用于旅游服务和基础设施建设以及旅游环境营造等方面的投入，虽然海岛旅游产业发展成为海岛经济转型发展的重要引擎，但是海岛旅游产业仍然是海岛经济建设的一部分。海岛建设是一个系统工程，要求海岛各系统建设要综合考虑到海岛可持续发展的实际情况。因此很难将海岛旅游项目建设与其他的产业项目建设完全剥离，单独考虑海岛旅游投资的效率水平。同时从海岛现有统计数据中来看，没有将旅游投资作为单独的统计项目。所以本研究考虑海岛旅游产业的相关性和数据的可获得性，采用海岛固定资产投资代替海岛旅游直接投资，作为投入指标用于海岛旅游效率的评价。

为了验证固定资产投资作为投入指标的效果，对 2015 年各海岛县（区）固定资产投资与旅游综合收入的相关性进行检验（表 4.16）。

通过固定资产投资与旅游综合收入的相关性分析结果发现，二者之间的相关性达到 0.600，满足在 0.05 的水平上显著正相关，意味着固定资产的增加旅游综合收入会随之增加。采用投入产出比测算 2015 年各海岛县（区）固定资产投资的利用效率，考察固定资产作为单项投入指标的经济效果（表 4.17）。

表 4.16　相关性检验

比较项	参数项	固定资产投资	旅游收入
固定资产投资	Pearson 相关性	1	0.600*
	显著性（双侧）		0.039
	N	12	12
旅游收入	Pearson 相关性	0.600*	1
	显著性（双侧）	0.039	
	N	12	12

*. 在 0.05 水平（双侧）上显著相关。

表 4.17　固定资产投资效果

地区	固定资产投资（亿元）	旅游综合收入（亿元）	投入产出比	相对效率
长海	30.491	10.520	0.345	0.132
长岛	6.582	17.262	2.623	1.000
崇明	135.630	10.000	0.074	0.028
定海	531.739	115.640	0.217	0.083
普陀	292.730	170.120	0.581	0.222
岱山	145.660	56.180	0.386	0.147
嵊泗	74.490	44.392	0.596	0.227
玉环	112.000	65.180	0.582	0.222
洞头	92.500	20.310	0.220	0.084
平潭	343.200	6.550	0.019	0.007
东山	163.470	50.120	0.307	0.117
南澳	14.264	5.684	0.398	0.152

数据来源：各海岛县（区）国民经济和社会发展统计公报。

通过表 4.16 可以看出，各海岛县（区）投入产出效果差异很大，相对效率水平同样存在较大的差异，说明各海岛县（区）固定资产投资产出效果存在较大的差异。固定资产投资的投入产出比越大、相对效率越接近于1，说明固定资产投资的产出效果越好。投入导向的BCC模型是对DMU相对效率的评价，尽管利用固定资产投资代替旅游直接投资，放大了旅游直接投资的规模效应，但是由于DEA模型的强处置性，不影响最终的评价结果。

综上所述，固定资产投资适合用于海岛旅游效率的评价。

（2）第三产业从业人数

旅游产业是第三产业的重要组成部分，本质上依然是劳动密集型产业，发展过程中需大量的高、中、低级的从业人员。根据旅游人力资源的特点，旅游从业人员范围通常包含三个方面：一是旅游主体产业，住宿餐饮、旅行社、旅游景区、旅游交通是旅游产业的主体产业；二是旅游特征产业，主要包括直接为旅游者服务的13种行业；三是旅游经济就业，指与旅游经济发展相关的直接或间接的50多种行业。从旅游就业范围来看，由于旅游业的关联性和综合性特点，旅游产业几乎与第三产业中所有产业类型都直接或间接相关，因此第三产业所有从业者几乎都直接或间接地与旅游产业发生关联，成为旅游经济发展的劳动力投入。

海岛旅游产业是海岛全面发展的重要体现，几乎所有从事第三产业的人员都直接或间接地服务于旅游产业。同时从海岛目前的数据统计情况来看，并未将海岛旅游从业人数作为单列统计项目，因此海岛第三产业从业人数表征海岛劳动力投入是可行的，海岛第三产业从业人数几乎涵盖了所有与旅游产业相关的直接就业和间接就业人数，充分反映了旅游产业的综合性特征，可以作为投入指标用于评价海岛旅游效率水平。

为了辨别第三产业从业人数作为投入指标的效果，对2015年各海岛县（区）第三产业从业人数与旅游综合收入的相关性进行检验（表4.18），二者的相关性达到0.678，并且在0.05的水平上显著相关，说明二者之间存在显著的正向相关关系。

进一步判别第三产业从业人数作为投入指标的效果，依然以2015年海岛县（区）第三产业从业人数与旅游综合收入作为变量，计算投入产出比（表4.19），考察第三产业人数作为单项投入指标的经济效果。

表 4.18 相关性检验

比较项	参数项	第三产业从业人数	旅游综合收入
第三产业从业人数	Pearson 相关性	1	0.678*
	显著性（双侧）		0.015
	N	12	12
旅游综合收入	Pearson 相关性	0.678*	1
	显著性（双侧）	0.015	
	N	12	12

*. 在 0.05 水平（双侧）上显著相关。

从表 4.19 可以看出，第三产业从业人数作为投入指标能够合理的反映各海岛县（区）劳动力投入的产出效果。投入产出比越大、相对效率越接近于 1，说明劳动力投入的产出效果越好。将第三产业从业人数作为投入指标符合 DEA 模型测度的需要。

可见，第三产业从业人数表征劳动力作为投入指标具有可行性。

表 4.19 劳动力投入效果

地区	第三产业从业人数（人）	旅游综合收入（万元）	投入产出比	相对效率
长海	17560	105200	5.991	0.328
长岛	9449	172615	18.268	1.000
崇明	89381	100000	1.119	0.061
定海	69300	1156400	16.687	0.913
普陀	116100	1701200	14.653	0.802
岱山	51800	561800	10.846	0.594
嵊泗	28300	443920	15.686	0.859
玉环	113200	651800	5.758	0.315
洞头	21600	203100	9.403	0.515
平潭	40652	65500	1.611	0.088

续表

地区	第三产业从业人数（人）	旅游综合收入（万元）	投入产出比	相对效率
东山	38765	501200	12.929	0.708
南澳	10430	56839	5.450	0.298

数据来源：各海岛县（区）国民经济和社会发展统计公报。

（3）旅游综合吸引力

海岛旅游综合吸引力反映的是海岛地区旅游资源禀赋对旅游者的综合吸引程度，这也是海岛地区旅游产业发展投入的重要部分。海岛旅游综合吸引力由海岛本身和海岛旅游产业发展过程中评定的A级景区综合表征，主要从以下两个方面考虑：一是海岛独特的地理位置、优美的自然环境、独具特色的民俗、丰富的海洋物产等对旅游者都具有独特的吸引力，现代化海岛建设也对旅游者产生吸引力，也就是说海岛本身对旅游者会产生独特的魅力，因此将海岛本体视为海岛旅游综合吸引力一部分，作为海岛建设过程中的重要投入。二是旅游产业发展过程中评定的A级景区，是各省（市）、区旅游局按照国家旅游景区质量等级评定委员会授权委托，依照《旅游景区质量等级的划分与评定》国家标准进行评审，权威性强，影响力大。

考虑海岛旅游资源的特点，本研究采用海岛本体及国家旅游局审定的A级景区来反映各海岛的旅游综合吸引力。从《旅游区（点）质量等级的划分与评定》（GB/ T17775- 2003）可以得知，1A～5A景区门槛游客数量的要求各有不同，最低游客数量要求分别是3万、10万、30万、50万和60万人次。依据A级景区评定中门槛游客数量的差异，赋予各海岛本体相应的基础吸引力分数，分别为1分、2分、3分、4分、5分，以此来区别海岛本体对旅游者吸引力的差异程度。同时将旅游发展过程中评定的1A～5A级景区分别赋予1分、2分、3分、4分、5分，与基础吸引力分数加总求和，作为海岛旅游综合吸引力投入指标。

为了检验旅游吸引力的实际应用效果，以长海为例将2001-2015年的旅游资源吸引力和旅游综合收入作为变量，检验两个变量的相关性（表4.20）。

表 4.20　相关性检验

比较项	参数项	旅游吸引力	旅游收入
旅游吸引力	Pearson 相关性	1	0.877**
	显著性（双侧）		0.000
	N	15	15
旅游收入	Pearson 相关性	0.877**	1
	显著性（双侧）	0.000	
	N	15	15

**. 在 0.01 水平（双侧）上显著相关。

　　经过相关性检验发现，旅游资源吸引力和旅游综合收入的相关性达到 0.877，并且满足在 0.01 的水平上显著相关，说明两个变量之间存在很强的正向相关关系。由于这种相关性的结论具有普遍的应用性，因此研究结论可以应用到其他海岛县（区）。进一步检验旅游吸引力的实用性，以 12 个海岛县（区）为例，通过 2015 年的投入产出比考察旅游吸引力的产出效果（表 4.21）。

表 4.21　旅游吸引力投入效果

地区	旅游吸引力（分）	旅游综合收入（亿元）	投入产出比	相对效率
长海	15	10.52	0.701	0.073
长岛	19	17.262	0.909	0.094
崇明	33	10.000	0.303	0.031
定海	12	115.64	9.637	1.000
普陀	28	170.12	6.076	0.630
岱山	8	56.18	7.023	0.729
嵊泗	5	44.392	8.878	0.921
玉环	15	65.18	4.345	0.451
洞头	9	20.31	2.257	0.234
平潭	10	6.55	0.655	0.068

续表

地区	旅游吸引力（分）	旅游综合收入（亿元）	投入产出比	相对效率
东山	13	50.12	3.855	0.400
南澳	9	5.6839	0.632	0.066

数据来源：各海岛县（区）国民经济和社会发展统计公报。

从旅游吸引力效果可以看出，各海岛县（区）之间存在较大的差异，意味着各海岛县（区）旅游吸引力效率存在明显的地区性差异。旅游吸引力与旅游综合收入的投入产出比越大、相对效率越接近于1，说明旅游吸引力的产出效果越好。同时也满足 DEA 模型测度的需要。

因此，将旅游吸引力作为投入指标测算海岛旅游效率具有适宜性。

（4）旅游综合收入

海岛旅游综合收入包括国内旅游收入和国际旅游收入两部分，反映海岛旅游经济规模，是海岛旅游产出效果的重要体现。旅游业与众多产业之间具有较强的关联性，根据"乘数效应"原理，旅游产业会带动相关产业联动发展，有利于推动海岛地区经济的全面、综合发展。基于上文构建的变量指标选取原则，由于游客的需求具有多样性、层次性的特点，其旅游体验并非千篇一律，很难用统一的标准对游客满意度进行量化，横向比较非常困难，因此对旅游产出效果进行衡量的时候，旅游收入或旅游接待人次是以往有关旅游效率和生产率研究的多数选择。海岛旅游产出效果最好的体现就是旅游综合收入和旅游接待人数，但是考虑到本文研究的需要，选择海岛旅游综合收入作为产出指标。

通过上文有关固定资产投资、第三产业从业人数、旅游吸引力与旅游综合收入相关性分析可知，作为投入指标的固定资产投资、第三产业从业人数、旅游吸引力与作为产出指标的旅游综合收入之间存在显著的正向相关关系，投入指标数量的增加均能够引起产出指标数量的扩大。而且通过投入产出比的测算结果，旅游综合收入能够反映各单项投入指标的产出效果，也有利于海岛县（区）之间进行比较分析。

因此，将旅游综合收入作为产出指标能够合理反映海岛旅游的经济效果。

尽管投入要素的产出效果不一定会在当年显现出来，但是考虑到时间的连续性和数据的可得性，本研究忽略了投入产出的滞后效应，以保证研究的顺利进行。

4.5 小结

本章首先阐述海岛旅游绩效测度的内容，根据测度的内容确定测度模型，海岛旅游业绩采用旅游业绩评价指数、海岛旅游效率采用模型进行测度。通过梳理旅游业绩和旅游效率测度指标的选择情况，结合海岛旅游评价指标选择情况，为海岛旅游绩效评价指标选择提供依据。根据科学性、系统性、综合性、动态性、实用性等原则选择指标，从海岛旅游业绩和旅游效率两方面构建海岛旅游绩效评价指标体系，并对指标选择情况进行解释。

5 中国海岛旅游绩效评价

通过总结中国 12 个海岛县（区）的基本情况，根据第四章构建的海岛旅游绩效的指标体系，利用旅游业绩指数模型和 DEA 模型对中国 12 个海岛县（区）的旅游绩效进行评价。

5.1 海岛县（区）基本情况

5.1.1 自然地理环境

我国广阔的海域中，分布着 11000 多个岛屿。面积大于 500 平方米的岛屿由 6900 多个（不包含台湾省、香港、澳门的岛屿），岛屿海岸线达 14000 平方公里，海岛总面积达 8 万平方公里，约占我国国土总面积的 0.08%。按照我国行政建制，我国海岛有台湾、海南两个省级建制，香港、澳门两个特别行政区，舟山市、厦门市两个市级建制，还有 17 个海岛县和 190 多个乡镇级建制（表 5.1）。

表 5.1 我国海岛行政建制

行政建制	行政区
海岛省	台湾省、海南省
特别行政区	香港、澳门
海岛市	舟山市、厦门市

续表

行政建制	行政区
海岛县	辽宁长海、山东长岛、上海崇明、浙江定海、普陀、岱山、嵊泗、玉环、洞头、福建平潭、鼓浪屿、东山、广东南澳、海南西沙、南沙办事处、台湾金门与澎湖
海岛镇（乡）	190多个

资料来源：刘真真.基于旅游环境承载力的中国海岛县（区）旅游功能区划分与定位研究[D].青岛：中国海洋大学，2014.

  12个海岛县（区）位于辽宁、山东、上海、浙江、福建和广东6个省份，（图5.1），从北至南依次是长海县、长岛县、崇明区（2016年7月撤县设区）、嵊泗县、岱山县、定海区、普陀区、玉环市（县级）、洞头区（2015年7月撤

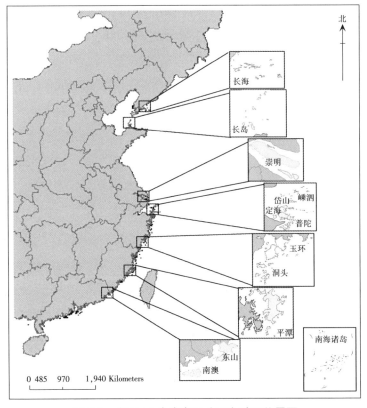

图 5.1　中国 12 个海岛县（区）地理位置图

县设区）、平潭综合试验区（与平潭政区合一）、东山县、南澳县。12个海岛县（区）主要分布在温带和亚热带范围内，部分分布在热带范围内，跨温带、亚热带和热带三个气候带，年均气温在10℃~20℃，年降水量从北至南有递增趋势。

12个海岛县（区）共有土地面积4226.03平方千米，占全国海岛面积的5.1%，占全国土地总面积的0.04%，有居民海岛160多个。2015年12个海岛县（区）年末常住人口304.6万人，其中浙江、福建、广东位居有居民海岛数量的前三位，人口数量最多的依次是上海崇明、福建平潭、浙江玉环三个海岛县（区）。岛陆面积大小依次是崇明、定海、普陀、平潭、玉环、岱山、东山、长海、南澳、洞头、嵊泗、长岛，基本情况如表5.2所示。

表 5.2 中国 12 个海岛县（区）基本情况

序号	区域	隶属省市	地理坐标	岛屿总数	有居民岛屿数量（个）	陆地面积（km²）	户籍人口数量（万人）
1	长海	辽宁	120°58′–123°31′E 38°43′–40°12′N	252	18	119	7.2
2	长岛	山东	120°35′–120°56′E 37°53′–38°23′N	32	10	56	4.2
3	崇明	上海	121°09′–121°54′E 31°27′–31°51′N	3	3	1411	67.2
4	定海	浙江	121°38′–122°35′E 29°55′–30°15′N	127	24	531.06	38.8
5	普陀	浙江	121°56′–123°14′E 29°32′–30°28′N	455	32	458.6	32.2
6	岱山	浙江	121°31′–123°17′E 30°07′–30°38′N	404	16	326.5	18.6
7	嵊泗	浙江	121°30′–123°25′E 30°24′–31°04′N	404	23	86	7.7
8	玉环	浙江	121°05′–121°32′E 28°01′–28°19′N	55	12	378.5	43.0

序号	区域	隶属省市	地理坐标	岛屿总数	有居民岛屿数量（个）	陆地面积（km²）	户籍人口数量（万人）
9	洞头	浙江	120°59′–121°15′E 27°41′–28°01′N	125	14	103.96	13.1
10	平潭	福建	119°32′–120°10′E 25°16′–25°44′N	126	9	393	43.1
11	东山	福建	117°17′–117°35′E 23°33′–23°47′N	31	1	248.3	21.9
12	南澳	广东	116°53′–117°19′E 23°11′–23°32′N	34	1	114.11	7.6

资料来源：王辉等.中国海岛县的旅游经济集中度与差异化[J].地理研究，2013，32（4）：776–784.
其中户籍人口数量来源各海岛县（区）2015年国民经济和社会发展统计公报。

5.1.2 社会环境

我国海岛县（区）由于区位差异，经济发展程度不一，固定资产投资能力差别较大（表5.3、图5.2），导致基础设施建设存在较大地区差异。15年间，定海固定资产投资总额最多，达1841.5亿元，而长岛最少，仅有53.6亿元，定海是长岛的近29倍。平潭和普陀的固定资产投资总额均超过千亿元。固定资产投资的巨大差异，导致海岛地区基础设施完善程度不一，影响海岛旅游产业发展。

表 5.3 2001–2015 年 12 海岛县（区）固定资产投资总额

区域	长海	长岛	崇明	定海	普陀	岱山	嵊泗	玉环	洞头	平潭	东山	南澳
投资额（亿元）	361	53	930	1841	1133	655	695	816	352	1271	537	83

数据来源：各海岛县（区）国民经济和社会发展统计公报。

2015年，定海固定资产投资达到531.7亿元，平潭343.2亿元，普陀292.7亿元，而长海为30.5亿元，南澳为14.3亿元，长岛仅为6.6亿元。固

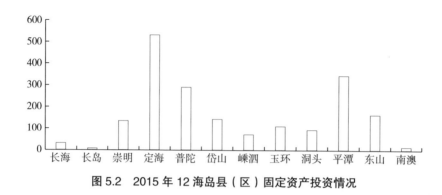

图 5.2　2015 年 12 海岛县（区）固定资产投资情况

定资产投资为海岛地区基础设施建设提供可靠保障，提高海岛旅游接待能力，提升旅游者的体验水平。各海岛县（区）基础设施投资额的差异，对地区基础设施完善程度影响很大，对旅游设施建设起到较大影响。

　　海岛县（区）电力基础设施建设仍然比较落后，电力供应尚不能完全满足海岛的用电需求。截至 2016 年底，全国共 808 个海岛实现电力供应，较 2015 年增长 12%，新增供电的海岛主要采取岛外引电。实现电力供应的有居民海岛 443 个，约占全国有居民海岛总数的 91%，其中 24 小时供电的 408 个，与 2015 年持平；实现电力供应的无居民海岛 365 个，约占全国无居民海岛总数的 4%，较 2015 年增长 30%，其中 24 小时供电的 301 个，较 2015 年增长 34%。供电方式主要以陆地引电为主，自助发电为辅，或是采取两种方式综合的供电方式。

　　海岛交通基础设施正逐步改善。全国海岛已建成码头 1286 个，较 2015 年增加 64 个。其中，客货码头 754 个，较 2015 年增加 35 个；渔港码头 441 个，较 2015 年增加 18 个；公务码头 91 个，较 2015 年增加 11 个。海岛上已建成机场 12 个，较 2015 年增加 3 个；连岛海底隧道 6 条，与 2015 年持平；连岛桥梁 153 座，较 2015 年增加 20 座；岛上等级公路总长度 6223 千米，较 2015 年增加 171 千米。海岛居民的出行条件逐步改善。崇明、定海、普陀、玉环、洞头、平潭、东山、南澳 8 个海岛县（区）已建成跨海道桥和海堤与陆地相连，进出海岛交通大为改观。普陀、长海建有民用机场，普陀山机场年旅客吞吐量已达 80 万人次，有望升格为国际机场。长海机场规模较小，客运量很少。海上航运是海岛的重要交通方式，近年来各海岛县（区）加大港口设施和轮船设施建设，海上运输条件日益完善。海岛县（区）服务设施不仅是海岛旅游的重要吸引物，也是海岛旅游者进行观光游览、休闲度假的重要支撑。近年来，海岛地区不断加强旅游服务设施建设，旅游接待能力不断增强。截至 2015 年年末，长海共有星级饭店 8 家，床位数 500 多张。渔家旅店 492 家，其中星级 60 家，渔家旅店床位共计 2.2 万张。长岛拥有星级酒店（宾馆）6 家，客房 590 间，床位共计 1180 张，拥有星级餐馆 2 家。崇明拥有限额以上住宿、餐饮企业 35 家，星级酒店和农家乐共有客房总数 5058 间，床位数 8720 张。定海共有旅行社 44 家，旅游星级饭店 7 家，渔（农）家乐 87 家。普陀拥有旅行社 67 家，星级宾馆 25 家，其中三星级及以上 16 家，星级宾馆客房数 2830 间，床位数 5309 张。岱山拥有旅行社 7 家，星级宾馆 6 家，客房总数 517 间，共计床位 946 张。嵊泗拥有旅行社 18 家；宾馆数 861 家，其中渔家宾馆 773 家；限额以上住宿餐饮业 11 家。玉环共有旅行社 16 家，旅游星级饭店 4 家，绿色旅游饭店 5 家，社会星级餐馆 1 家。洞头拥有各类餐饮住宿企业共计 30 家，新增民宿 393 家、床位 2230 张。平潭拥有旅行社 26 家，住宿餐饮企业共计 372 家，其中酒店宾馆 98 家，床位 6692 张。东山拥有各级各类住宿餐饮企业 547 家，旅行社 12 家。南澳拥有各类住宿餐饮企业 468 家，旅行社 4 家。

5.1.3 经济环境

5.1.3.1 总体经济情况

12 个海岛县（区）处于海洋经济发展的最前沿，近年来经济增长速度很快，国内生产总值不断提升（表 5.4）。2001 年海岛地区国内生产总值为 389.2 亿元，2005 年为 663.1 亿元，2010 年为 1464.5 亿元，2015 年为 2396.2 亿元。2005 年国内生产总值是 2001 年的 1.7 倍，2010 年是 2005 年的 2.2 倍，2010 年比 2005 年国内生产总值翻了一翻多，2015 年是 2010 年的 1.6 倍，海岛地区经济持续以较快的速度在发展，国内生产总值增加幅度非常大，为海岛地区建设提供可靠的保障。海岛地区的经济发展存在较大的差异，而且这种差异有扩大化倾向。2001 年玉环国内生产总值最大是 87.1 亿元，南澳的国内生产总值最小仅为 5.7 亿元，玉环是南澳的 15.2 倍。定海排名第二位，国内生产总值为 53.5 亿元，与玉环也有很大的差距。2005 年，玉环国内生产总值为 148.5 亿元，是排名第二位定海的 1.3 倍，是排名最后一位南澳的 29 倍。至 2010 年玉环的国内生产总值达到 308.2 亿元，是排名第二位定海的 1.2 倍，是排名最后一位南澳的 32.6 倍。到 2015 年，定海的国内生产总值首次超过玉环，达到 449.2 亿元。排名最后的南澳国内生产总值达到 15.8 亿元，比 2001 年增加 1.75 倍。定海国内生产总值是南澳的 28 倍。说明各海岛地区优于区位条件、交通条件、资源环境等方面差异，导致地区间经济发展出现明显不均衡现象。

表 5.4 海岛县（区）经济发展情况

区域	长海	长岛	崇明	定海	普陀	岱山	嵊泗	玉环	洞头	平潭	东山	南澳	总计
2001	11.8	10.5	57.8	53.5	43.3	23.9	15.5	87.2	10.6	31.7	37.1	5.7	389.2
2002	14.2	11.5	62.5	62.2	49.0	27.0	19.0	100.1	12.2	33.3	33.8	6.0	430.8
2003	15.6	13.8	70.1	76.0	56.9	30.9	23.4	116.3	14.0	33.8	36.4	6.5	493.6
2004	18.6	16.6	85.3	94.0	71.4	37.1	28.8	136.9	16.6	39.7	40.4	7.1	592.4
2005	21.9	20.9	95.7	115.7	88.1	44.8	32.2	148.5	16.9	40.6	32.6	5.0	663.1
2006	25.3	24.2	108.3	139.5	107.8	53.7	37.2	180.2	19.1	45.2	37.4	5.5	783.3
2007	30.3	29.0	122.8	171.6	134.1	66.2	44.1	221.7	21.5	61.8	44.3	6.1	953.8
2008	34.6	35.0	144.1	207.5	163.2	84.6	53.6	242.6	24.3	68.6	51.1	7.3	1116.6
2009	42.1	39.3	170.6	209.6	169.9	102.4	53.4	243.3	30.0	73.6	57.0	8.0	1199.2
2010	53.2	50.0	194.4	254.1	202.4	128.1	58.9	308.2	34.7	95.2	75.8	9.5	1464.5
2011	64.8	55.5	224.1	315.5	247.3	153.1	56.9	361.5	40.3	111.5	101.2	11.2	1742.8
2012	77.2	61.6	236.3	348.7	274.0	164.5	65.9	375.9	45.7	135.5	113.9	12.2	1911.3
2013	84.5	54.8	252.3	380.3	300.0	176.9	69.6	397.8	51.5	155.4	126.8	13.4	2063.2
2014	89.3	58.4	272.2	416.7	328.5	192.3	78.1	422.9	56.4	171.2	139.5	14.7	2240.3
2015	86.9	62.4	291.2	449.2	352.2	206.4	86.0	438.7	61.5	189.6	156.3	15.8	2396.2

数据来源：各海岛县（区）国民经济和社会发展统计公报。

随着国家开发海洋、经略海洋战略的实施，海岛的特殊地位越来越突出。发展经济越来越受到各海岛县（区）的重视，各海岛县（区）充分利用发达的沿海经济区位、交通条件、资源环境以及社会文化优势，积极发展现代渔业、海洋生物制药、海洋交通、临港工业、新型能源产业、海水综合利用和滨海旅游产业，海岛逐渐成为我国国民经济向海洋的延伸桥梁。进入 21 世纪以后，海岛地区经济结构逐步趋向合理化和高级化，海岛地区产业结构有了很大的变化（表 5.5）。2001 年 12 个海岛县（区）第一产业、第二产业、第三产业的比重分别为 39.9%、27.1%、33.0%，2005 年 12 个海岛县（区）第一产业、第二产业、第三产业的比重分别为 19.4%、41.4%、39.2%，2010 年 12 个海岛县（区）第一产业、第二产业、第三产业的比重分别为 26.1%、40.3%、33.6%，到了 2015 年 12 个海岛县（区）第一产业、第二产业、第三产业的比重分别为 13.1%、43.3%、43.5%。2001-2015 年的 15 年间，海岛地区产业结构发生了较大的变化，产业结构由"一三二"经"二三一"，又演变到"三二一"。2015 年海岛地区第三产业比重虽然仅比第二产业比重稍高，但是充分说明海岛地区产业结构正在优化，由传统的"一二三"模式逐渐向高级阶段演化，正在形成新的产业模式，以第三产业为主导的海岛经济生产方式逐步形成规模，海岛产业结构逐步实现优化升级。

表 5.5　海岛地区产业结构状况（单位：亿元）

地区	2001			2005			2010			2015		
	一产	二产	三产	一产	二产	三产	一产	二产	三产	一产	二产	三产
长海	8.0	0.8	3.1	15.8	1.9	3.4	32.9	6.4	13.9	47.0	7.2	32.7
长岛	5.8	0.7	3.9	11.8	2.4	6.1	29.9	5.1	15.1	36.1	3.7	22.6
崇明	13.9	22.1	21.9	16.1	43.9	35.8	18.9	108.3	67.2	22.9	130.7	137.6
定海	5.3	21.0	27.2	6.1	48.1	61.5	8.5	109.9	137.7	12.1	208.5	228.7
普陀	13.0	13.9	16.4	14.9	32.2	36.8	25.1	87.2	87.0	44.5	128.9	178.8
岱山	9.5	6.2	8.0	11.6	14.1	17.4	17.7	71.1	37.4	32.5	106.5	68.6
嵊泗	5.6	3.6	6.6	6.4	15.4	11.7	11.3	31.6	26.2	23.2	13.0	49.8
玉环	14.9	49.7	24.0	12.2	92.0	44.4	19.8	196.7	91.7	29.7	244.0	165.0
洞头	2.9	2.5	5.5	3.1	5.6	8.1	3.3	13.0	18.7	4.4	21.7	35.5

地区	2001			2005			2010			2015		
	一产	二产	三产	一产	二产	三产	一产	二产	三产	一产	二产	三产
平潭	10.1	3.5	14.6	14.9	6.4	19.4	26.4	18.3	46.4	36.0	58.5	95.2
东山	11.3	13.3	12.4	12.5	9.4	10.7	20.1	31.5	24.1	30.9	74.3	51.2
南澳	1.9	1.8	2.0	2.1	1.2	2.8	2.9	3.3	3.2	3.9	5.3	6.6
总计	175.59	119.2	145.3	127.4	272.6	258.0	441.9	682.4	568.6	322.9	1066.9	1072.2

数据来源：各海岛县（区）国民经济和社会发展统计公报和各海岛县所属省、市统计年鉴及中国县域统计年鉴。

　　各海岛县（区）产业结构也存在较大差异，由于海岛地区产业发展依托资源差异，三次产业发展状况不尽相同。2001 年，长海第一产业增加值占 GDP 比重最大为 67.2%，第二位是长岛为 55.7%；最后两位是玉环和定海，分别为 17.4 和 9.9%。其他第三至第十位依次是岱山、平潭、嵊泗、南澳、东山、普陀、洞头、崇明，比重依次是 40.1%、35.8%、35.4%、33.3%、30.5%、30.0%、26.6%、24.0%。2005 年长海第一产业增加值占 GDP 的比重最大为 74.9%，第二位是长岛为 58.1%，最小的两位是玉环和定海，分别是 8.2% 和 5.3%。其他依次是东山 38.3%、平潭 36.6%、南澳 34.4%、岱山 26.9%、嵊泗 19.1%、洞头 18.5%、普陀 17.8%、崇明 16.8%。2010 年，长海和长岛第一产业增加值依然占据前两位，分别为 61.8% 和 59.7%，最后两位是玉环和定海，分别是 6.4% 和 3.3%，第一产业比重有所下降。其他依次是南澳 30.9%、平潭 29.0%、东山 26.6%、嵊泗 16.4%、岱山 14.0%、普陀 12.6%、崇明 9.7%、洞头 9.4%。2015 年，长岛和长海第一产业占 GDP 比重排在前两位，分别为 57.9% 和 54.1%；玉环和定海依然排在最后两位，分别为 6.8% 和 2.7%。其他依次是嵊泗 27.0%、南澳 24.7%、东山 19.8%、平潭 19.0%、岱山 15.7%、普陀 12.6%、崇明 7.9%、洞头 7.1%。

　　从第二产业情况来看，2001 年玉环和定海的比重最大，分别为 56.1% 和 39.3%；长岛和长海的比重最小，均为 6.7%。其他依次是崇明 38.2%、东山 35.9%、普陀 32.1%、南澳 31.6%、岱山 26.2%、洞头 22.9%、嵊泗 22.8%、平潭 12.4%。2005 年，玉环和嵊泗第二产业增加值占 GDP 比重最大，分别为

61.9% 和 46.0%；占比最小的两位是长岛和长海，分别为 11.8% 和 9.0%。其他依次是崇明 45.8%、定海 41.6%、普陀 38.4%、洞头 33.3%、岱山 32.7%、东山 28.8%、南澳 19.7%、平潭 15.7%。2010 年玉环和岱山第二增加值占 GDP 比重最大，分别为 63.8% 和 56.3%；最小的两位是长海和长岛，分别为 12.0% 和 10.21%。其他依次是崇明 55.7%、嵊泗 45.7%、普陀 43.8%、定海 42.9%、东山 41.6%、洞头 37.1%、南澳 35.1%、平潭 20.1%。2015 年，玉环和岱山保持排在前两位，第二增加值占 GDP 比重分别为 55.6% 和 51.3%，长海和长岛排在后两位，分别是 8.3% 和 5.9%。其他依次是东山 47.5%、定海 46.4%、崇明 44.9%、普陀 36.6%、洞头 35.2%、南澳 33.5%、平潭 30.8%、嵊泗 15.1%。

从第三产业占比情况来看，2001 年平潭和定海的比重最大，分别为 51.8%、50.8%；最小的是玉环和长海，分别为 27.1%、26.1%。其他依次是洞头 50.5%、嵊泗 41.8%、普陀 37.9%、崇明 37.8%、长岛 37.5%、南澳 35.1%、东山 33.8%、岱山 33.5%。2005 年，定海和洞头的第三产业增加值占 GDP 比重最大，分别为 53.21% 和 48.20%；最小的是玉环和长海，分别是 29.9% 和 16.1%。其他依次是平潭 48.2%、南澳 45.9%、普陀 43.9%、岱山 40.4%、崇明 37.4%、嵊泗 34.9%、东山 32.8%、长岛 30.0%。2010 年，定海和洞头的第三产业增加值占 GDP 比重依然最大，分别为 53.8% 和 53.4%。最小的是长海 26.1%，其次岱山为 29.6%，比长海稍高。其他依次是平潭 50.9%、普陀 43.7%、嵊泗 37.9%、崇明 34.6%、南澳 34.0%、东山 31.8%、长岛 30.1%、玉环 29.8%。2015 年嵊泗和洞头的第三产业增加值占 GDP 比重最大，分别是 57.9%、57.6%，最小的是东山和岱山，分别是 32.7%、33.0%。其他依是定海 50.9%、普陀 50.8%、平潭 50.2%、崇明 47.3%、南澳 41.8%、玉环 37.6%、长海 37.6%、长岛 36.2%。

从以上海岛地区三次产业结构占 GDP 比重来看，第三产业比重明显不断增大，说明第三产业主导 12 个海岛县（区）产业结构发展变化，第三产业发展的不均衡导致海岛县（区）经济发展的差异性在增加。第二产业是海岛县（区）经济发展差异的重要影响因素，而第一产业对海岛县（区）经济发展差异的影响在逐步减弱。海岛第三产业特别是以旅游业为主体的劳动密集型服务产业对海岛地区经济发展起到重要的引擎作用，海岛旅游产业要依托一定的自然旅游资源、人文旅游资源和社会经济基础，我国12个海岛县（区）地域跨度很大，在自然旅游资源和人文旅游资源禀赋方面存在明显的地区性差异，加上交通条件也不尽相同，第三产业成为海岛县（区）经济差异化发展的主要推动力。

5.1.3.2 旅游经济情况

（1）总体发展趋势较好

随着海岛经济的转型发展，以旅游产业为代表的第三产业成为海岛地区经济发展的主导产业，对海岛地区经济发展的引擎作用越来越明显。在新时期，重点发展旅游产业成为海岛地区的共识，海岛经济的活力激发出来，海岛旅游产业总体规模越来越大，对海岛地区经济发展的贡献越来越明显。利用旅游总收入占GDP的比重揭示海岛地区旅游经济的产业地位（图5.2），海岛地区旅游总收入占GDP的比重由2001年的8.4%逐步提升到2015年的29.3%，仅在2010年由于全球金融危机的影响，海岛旅游经济发展放缓，占GDP比重稍微下降，其他年份均呈逐步提升趋势。15年间海岛旅游总收入占GDP比重提升了近2.5倍，旅游产业在海岛地区经济中的地位越来越重要。

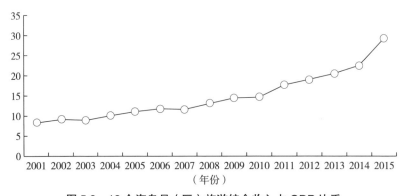

图 5.3 12 个海岛县（区）旅游综合收入占 GDP 比重

海岛地区旅游经济规模和市场规模在不断提升，12个海岛县（区）旅游综合收入和旅游接待人数呈现逐年上升趋势（图5.4、图5.5）。普陀旅游经济水平一枝独秀，2015年旅游综合收入达261.1亿元，旅游接待人数达2388.14

万人次，分别比 2014 年增长 8.9% 和 15.0%，远远超过其他海岛县（区）。定海、玉环、岱山旅游综合收入的相对数量较大，旅游接待人数较多，发展水平较高。2015 年，南澳的旅游接待人数明显增加，达到 456 万人次，比 2014年增加了 3 倍多，旅游综合收入 12.2 亿元，同比增加 187.4%。这主要源于2015 年跨海大桥建成通车，为腹地游客进岛提供了极大的便利，南澳自驾游成为一种热潮。综合比较，平潭、崇明、长海等地区旅游产业发展水平较低，相对其他海岛县（区）来讲比较落后。

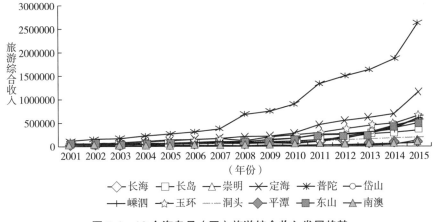

图 5.4　12 个海岛县（区）旅游综合收入发展趋势

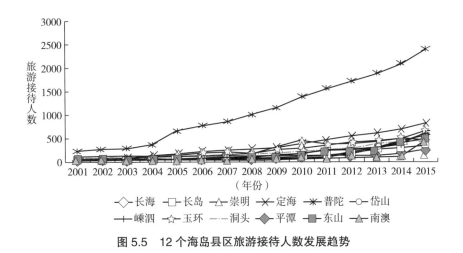

图 5.5　12 个海岛县区旅游接待人数发展趋势

（2）地区间旅游经济不均衡

各海岛县（区）经济产业发展战略定位有较大差异，三次产业结构明显不同，导致海岛旅游产业地位差异较大。由于各海岛县（区）对旅游产业的支持程度不同，旅游产业在国民经济中的地位不同。由于现阶段各海岛县（区）并无海岛旅游产业增加值的数据统计，因此利用旅游产业综合收入占地区 GDP 比重考察海岛旅游产业发展情况。通过 2001 年、2005 年、2010 年、2015 年四个年份各海岛县（区）旅游产业综合收入占地区 GDP 的比重，考察各海岛县（区）旅游经济的发展情况。

表 5.6　海岛旅游收入占 GDP 比重

区域	2001		2005		2010		2015	
	旅游收入（万元）	占 GDP 比重（%）	旅游收入（万元）	占 GDP 比重（%）	旅游收入（万元）	占 GDP 比重（%）	旅游收入（万元）	占 GDP 比重（%）
长海	8700	7.04	17500	7.98	62600	11.77	105200	12.1
长岛	12300	11.70	30000	14.38	187400	21.25	350000	27.65
崇明	9700	1.68	19000	1.98	45000	2.31	100000	3.43
定海	42879	8.01	103000	8.90	349300	10.29	1156400	25.74
普陀	114400	26.40	423900	30.66	894700	35.31	2611200	48.31
岱山	20100	8.39	44100	9.83	179000	13.98	561800	27.21
嵊泗	23400	15.13	52000	16.14	161000	27.34	593900	51.61
玉环	36500	4.19	136400	9.18	239600	7.77	651800	14.86
洞头	8200	7.72	14100	8.33	91600	26.41	203100	33.04
平潭	6057	1.91	9000	2.21	15400	1.62	65500	3.45
东山	32000	8.63	28900	8.86	62600	8.26	501200	32.07
南澳	13270	23.16	17100	33.87	23300	24.65	122000	77.37

数据来源：各海岛县（区）国民经济和社会发展统计公报及所属市统计年鉴。

从各海岛县（区）旅游产业占 GDP 的比重来看，大部分海岛旅游收入在逐年增加，占 GDP 的比重也在逐年提升。2001 年普陀旅游收入占 GDP 的比重最大为 26.40%，南澳次之为 23.16%，嵊泗、长岛排在第三和第四位，比重分别为 15.13%、11.70%，其他海岛区域旅游产业收入占 GDP 比重较小，全部在 10% 以下。平潭和崇明的旅游收入占 GDP 的比重最小，分别为 1.91%、1.68%。至 2015 年各海岛旅游旅游收入占 GDP 的比重明显上升。南澳旅游综合收入占 GDP 比重最大，达到 77.37，嵊泗旅游综合收入占 GDP 的比重为 51.61%，排在第二位。普陀旅游收入占 GDP 的比重为 48.31，排在第三位。洞头、东山旅游收入占 GDP 比重分别达到 33.04%、32.07%，排在第四和第五位。其他县区依次是长岛、岱山、定海、玉环、长海、平潭、崇明。平潭和崇明的旅游收入占 GDP 的比重虽有所上升，但比重依然很小，仅为 3.45% 和 3.43%。从海岛县（区）旅游收入占 GDP 的比重来看，各海岛县区差异很大，说明各海岛县（区）产业发展定位有较大差异。从旅游收入的绝对值来看，2001 年排名第一的普陀旅游收入是 114400 万元，排名最后的平潭旅游收入是 6057 万元，两者之间相差近 18 倍。到 2015 年，排名第一的普陀旅游收入达到 2611200 万元，而排名最后的平潭旅游收入达到 65500 万元，两者之间相差近 39 倍。随着时间的发展，各海岛县（区）旅游产业规模均有所进步，但是海岛县（区）之间的规模差异有扩大倾向，这种情况与海岛县（区）产业发展定位具有莫大的关系，正是各海岛县（区）经济产业发展定位的差异，导致旅游产业发展规模区域间差异越来越大。

（3）旅游者消费水平偏低

从表 5.7 可知，从 2001 年到 2015 年，海岛旅游产业经济规模和市场规模发生较大变化，增长明显。2015 年 12 个海岛县（区）旅游综合收入到达 7022100 万元，旅游接待人数达到 7235.2 万人。2015 年旅游综合收入是 2001 年的 21.75 倍，旅游接待人数是 2001 年的 9.66 倍。2015 年人均旅游消费 970.5 元，是 2001 年的 2.25 倍。旅游综合收入年均增长 24.6%，旅游接待人数年均增长 17.6%，而人均旅游消费年均增长仅为 6%，海岛地区人均旅游消费水平普遍偏低，这与快速增长海岛旅游产业规模明显不相符，说明海岛地区旅游产品相对比较单一，依然是以观光体验为主的旅游形式，缺乏深层次的旅游产品，旅游消费缺乏深度和广度。

表 5.7　12 个海岛县（区）旅游业总体发展情况

年份	旅游综合收入（万元）	游客数量（万人次）	人均旅游消费（元／人）	年份	旅游综合收入（万元）	游客数量（万人次）	人均旅游消费（元／人）
2001	322851	748.62	431.3	2009	1745700	2952.7	591.2
2002	390495	837.89	466.0	2010	2148200	3652.91	588.1
2003	434920	913.18	476.3	2011	3028136	4093.48	739.7
2004	598134	1158.38	516.4	2012	3446004	4624.03	745.2
2005	735700	1623.68	453.1	2013	4219439	5235.28	806.0
2006	891900	1930.85	461.9	2014	4889308	5954.01	821.2
2007	1054272	2182.56	483.0	2015	7022100	7235.2	970.5
2008	1508700	2472.6	610.2	年均增长率（％）	24.67	17.6	6.0

注：人均旅游消费＝海岛地区旅游综合收入／游客数量
数据来源：各海岛县（区）国民经济和社会发展统计公报及各海岛县所属省、市统计年鉴。

从各海岛县（区）的具体情况来看，旅游者的消费水平差别较大，旅游消费水平有较大提升空间。以 2001、2005、2010、2015 年情况为例（表 5.8）：

表 5.8　海岛地区旅游者消费情况比较（单位：元）

区域	2001	2005	2010	2015
长海	228.9	291.7	638.8	958.1
长岛	160.4	260.9	531.5	493.2
崇明	158.7	239.9	104.0	214.2
定海	577.9	609.5	686.3	1425.2
普陀	537.3	411.5	518.6	712.4
岱山	628.1	569.0	935.3	1418.7
嵊泗	554.5	584.3	855.0	1037.3
玉环	743.4	803.9	826.9	1005.2
洞头	390.5	402.9	430.0	453.0

续表

区域	2001	2005	2010	2015
平潭	252.4	298.8	306.3	284.8
东山	463.8	330.3	388.5	997.8
南澳	274.2	312.0	336.6	124.6
平均	425.9	453.2	589.4	970.5
全国	449.3	436.1	598.2	857.0

数据来源：旅游者平均消费支出等于海岛县（区）旅游综合收入除以上岛旅游者人数，全国旅游者平均消费支出数据来自《中国旅游统计公报》。

从表 5.8 可以看出，海岛旅游者消费水平呈现增长趋势，旅游者平均消费有 2001 年的 425.898 元提高到 2015 年的 970.5 元。从各海岛区域来看，定海、岱山、嵊泗、玉环的旅游者消费水平相对较高，旅游者人均消费超过千元，高于其他海岛区域。在四个时期中，大部分海岛县（区）旅游者的消费水平小于海岛旅游者平均消费水平。与全国国内旅游消费平均支出相比，海岛旅游人均消费支出增长较快，2005 年、2015 年海岛旅游人均消费支出水平高于全国平均消费水平，2001、2010 两个年份均低于全国平均消费水平，海岛旅游人均消费水平仍然较低。

中国海岛旅游者主要来自于国内客源，国外游客数量较少。从数据可获得性角度出发，以舟山四岛统计接待国际旅游者人数及收入情况（表 5.9），揭示中国海岛国际旅游者消费情况。从舟山四岛国际旅游者消费情况来看，国际游客人均旅游消费普遍偏低。

表 5.9 2015 年舟山四岛国际游客人均消费情况

区域	定海	普陀	岱山	嵊泗
接待游客人数（人）	75182	196849	38220	12120
旅游外汇收入（万美元）	4457	8450	2512	765
人均旅游消费（美元）	592.8	429.3	658.0	631.2

数据来源：2016 年舟山市统计年鉴

2015 年，国际游客人均消费最高的区域是岱山为 658 美元，最低的普陀人均旅游消费仅有 429.3 美元。而同期新加坡接待国际游客数量 1520 万人，旅游收入 220 亿新元，约合美元 164.56 亿美元，人均旅游消费 1447.4 美元。2016 年到访马来西亚的海外旅客数为 2676 万人次，比 2015 年增长 4%；旅游收入达 821 亿林吉特，同比增长 18.8%，人均消费达 3068 美元。从国际游客的人均旅游消费情况来看，中国海岛旅游者与新加坡、马来西亚旅游者人均消费水平差距很大，影响到中国海岛旅游发展业绩水平的提升，也影响到中国海岛旅游在世界海岛旅游发展中的竞争力。

造成海岛旅游消费水平较低的原因：一是海岛旅游产品较为单一，阳光、沙滩、大海是海岛旅游产品的主要代表，这些旅游产品主要以观光、体验为主，难以吸引旅游游者较大规模消费。同时海岛特色海珍品品牌形象不突出，品牌知名度较弱，旅游消费能力较弱。二是海岛旅游接待主要以渔家乐为主，旅游接待设施层次较低，旅游从业者主要是海岛渔民转型而来，缺乏旅游服务意识，旅游服务质量较差，影响旅游者旅游消费支出的增加。

5.1.4 资源生态环境

5.1.4.1 资源环境

资源环境是海岛旅游赖以发展的基础，也是海岛旅游产业发展地区性差异的重要影响因素。中国海岛分布广泛，纬度跨越较大，气候差异明显，地质、地貌类型不一，形成了独具特色的海湾沙滩、山石奇胜、海珍特产海岛景观。同时由于各海岛县（区）的历史发展、社会经济、人文环境等方面因素的影响，形成众多具有鲜明特色的民俗、节庆、宗教、历史遗迹等人文旅游资源。独特的海岛旅游资源对旅游者具有特殊的旅游吸引性，海岛地区不断增加投入，加强海岛旅游资源开发与建设，不断提升海岛对旅游者的吸引力，提高海岛旅游者的体验水平。经过多年的发展，海岛地区已经打造出内容丰富的旅游景区，为海岛旅游产业发展奠定坚实的基础。

A 级景区作为海岛旅游资源的重要组部分，是海岛旅游资源质量的重要评价标准，是海岛旅游综合实力的品牌标志。经过多年的建设，海岛地区建成一批 A 级景区，大大改善海岛旅游硬件设施，提升海岛旅游管理水平。推出一批具有鲜明特色的海岛旅游景区，提升海岛旅游的形象品味，增强海岛旅游的竞争力，推动海岛旅游产业的大发展。至 2016 年，12 个海岛县（区）共计有 A 级以上景区 40 余家（表 5.10），有力地支撑海岛旅游经济的发展，提升海岛旅游的品质，推动海岛旅游快速发展。

表 5.10　12 个海岛县（区）A 级景区分布

地区	5A	4A	3A	2A	A
长海			大长山（2007）、小水口（2015）	鹰嘴石（2008）、广鹿老铁山（2008）	
长岛		长岛风景区（2015）	林海峰山（2001）、九丈崖旅游景区（2006）	仙境源（2001）、望夫礁景（2001）	
崇明		东平国家森林公园（2002）、前卫生态村（2010）、西沙湿地（2011）、江南三民文化村（2014）	瀛东村（2009）、明珠湖（2009）、高家庄园（2010）、瑞华果园景区（2012）、紫海鹭缘（2015）		
定海				马岙旅游（2006）	小沙旅游区（2001）、钓琅湾休闲农庄（2007）、伊甸园休闲农庄（2015）、天鹅山庄（2015）
普陀	普陀山（2007）	桃花岛（2007）、朱家尖（2009）、舟山国际水产城（2016）	白沙岛（2013）	六横镇（2002）、蚂蚁岛（2003）	
岱山			秀山岛（2007）		
嵊泗					
玉环		大鹿岛（2007）、漩门湾观光农业园（2012）		龙溪动漫花谷（2013）	

续表

地区	5A	4A	3A	2A	A
洞头		洞头（2009）			
平潭			石牌洋（2013）、澳前台湾小镇（2016）	仙人井（2012）	
东山		风动石（2002）、马銮湾（2013）			
南澳		南澳岛（2004）			

资料来源：作者自行整理

5.1.4.2 生态环境

12 个海岛县（区）分布在渤海、黄海、东海和南海四大海域，海岛地形、地貌、水文、植被、气候等表现出明显的差异性，导致海岛地区生态环境具有明显的地域差异。

淡水资源是海岛地区生态环境的重要表征，海岛地区一直缺乏淡水资源。海岛淡水存储和供应方式主要包括水井、水库、雨水收集、管道引水、船舶或汽车运水以及海水淡化。《2016 年海岛统计调查公报》显示，全国已查明有淡水存储或供应的海岛 681 个，其中有居民海岛 455 个，约占有居民海岛总数的 93%；无居民海岛 226 个，约占无居民海岛总数的 2%。已建成水库和大陆引水工程 522 个和 108 个，较 2015 年分别增加 10 个和 7 个。海岛淡水存储和供应能力有所提升，但淡水基础设施建设和保护力度仍需加强。

海水整治是海岛环境恢复的重要体现。经过多年不断的推进海水整治工程，我国海岛所在海域海水质量总体越来越好。在周边有监测站位的有居民海岛中，2016 年海岛周边海域为劣于第四类水质的海岛数量比例 2015 年下降了 16.85%，主要污染物种类为无机氮、磷酸盐和石油类等。与 2015 年相比，水质明显改善。

森林覆盖率和人均绿地面积是海岛生态环境质量的重要衡量指标，2016 年实施监测的 1 万余个无居民海岛植被覆盖面积约为 21,362 公顷，平均植被覆盖率约为 52.4%。据统计，我国海岛地区林地总面积 1992.80 平方千米，林地类型以防护林为主，其次是用材林、经济林、特种用途林和薪炭林。海岛县（区）非常重视海岛绿化工作，通过植树造林、城镇绿化工程塑造良好的海岛生态环境。海岛植被环境表现较大差异，2001–2015 年，海岛森林植被覆盖率和人均绿地面积均有改善，稳中有升，其中长海、长岛、定海、普陀和南澳等区域森林覆盖率超过 50%。而个别海岛地区则由于海岛开发建设，导致人均绿地面积有所下降。

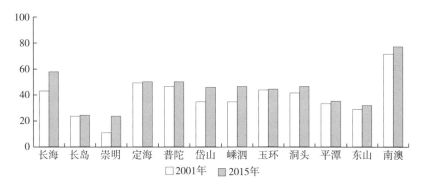

图5.6　12海岛森林植被覆盖率比较

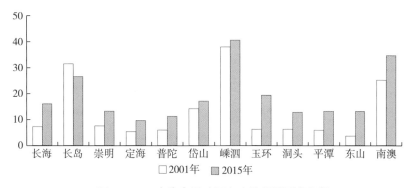

图5.7　12个海岛县（区）人均绿地面积比较

空气质量是区域环境的重要衡量指标，海岛空气质量好坏与海岛生态环境密切相关，对海岛旅游产业发展具有重要影响。总体而言，我国海岛地区空气质量总体良好，根据 2016 年海岛所在县（市、区）空气质量优良天数平均为 300 天，与 2015 年基本持平，高于大陆地区平均水平。但是各海岛县在不同年份表现有所不同，比如崇明 2012 年空气质量优良天数为 354 天，优良率 96.7%；2014 年空气质量优良天数为 288 天，优良率为 78.9%；2015 年为 273 天，优良率为 74.8%。

另外，海岛区域产生的固体废物排放以及污水排放对海岛生态环境产生重要影响。随着海岛地区开发建设水平的提升，固体废物及污水处理成为海岛生态环境建设的重点关注领域。海岛地区逐渐引进先进技术，加强污染物处理设施建设，加强污染防治工作。2015 年，全国海岛上已建成污水处理厂 118 个，污水处理量 25，258 万吨；垃圾处理厂 68 个，垃圾处理量 231 万吨。2016 年，海岛污水处理厂新建 17 个，总数达到 135 个，污水处理量 35,803 万吨；垃圾处理厂数量不变，垃圾处理量 172 万吨。海岛地区垃圾处理和污水处理能力不断增强，对良好的生态环境建设贡献巨大。

5.2 海岛旅游业绩测度结果及评价

根据旅游业绩评价指数模型，计算出 12 个海岛县（区）各年份的海岛旅游业绩及其平均值，具体结果如表 5.11 所示：

表 5.11　12 海岛县（区）旅游业绩情况

年份	长海	长岛	崇明	定海	普陀	岱山	嵊泗	玉环	洞头	平潭	东山	南澳
2001	0.531	0.372	0.368	1.340	1.246	1.119	1.286	1.724	0.905	0.585	1.075	0.636
2002	0.600	0.347	0.385	1.238	1.288	1.137	1.204	1.674	0.859	0.515	1.012	0.638
2003	0.566	0.426	0.321	1.235	1.260	1.176	1.159	1.670	0.838	0.444	1.015	0.538
2004	0.559	0.349	0.376	1.224	1.238	0.988	1.084	1.539	0.775	0.488	1.049	0.605
2005	0.644	0.576	0.529	1.345	1.146	1.256	1.289	1.773	0.889	0.659	0.729	0.689
2006	0.656	0.609	0.529	1.411	1.137	1.255	1.269	1.741	0.866	0.562	0.805	0.687
2007	0.732	0.638	0.509	1.478	1.115	1.277	1.212	1.666	0.828	0.531	0.759	0.657
2008	0.720	0.754	0.393	1.268	1.119	1.054	1.070	1.327	0.657	0.445	0.593	0.528
2009	0.846	0.866	0.211	1.431	1.100	1.138	1.314	1.339	0.679	0.501	0.609	0.577

年份	长海	长岛	崇明	定海	普陀	岱山	嵊泗	玉环	洞头	平潭	东山	南澳
2010	1.086	0.952	0.177	1.558	1.104	1.140	1.118	1.406	0.731	0.521	0.661	0.572
2011	1.099	0.851	0.216	1.324	1.162	1.287	1.160	1.122	0.611	0.369	0.703	0.475
2012	1.176	1.112	0.226	1.326	1.190	1.297	1.266	1.223	0.608	0.323	0.937	0.503
2013	1.105	1.283	0.181	1.258	1.094	1.219	1.184	1.180	0.559	0.304	1.114	0.464
2014	1.106	1.246	0.176	1.233	1.098	1.203	1.193	1.164	0.550	0.306	1.194	0.542
2015	1.087	1.030	0.221	1.468	1.127	1.462	1.430	1.036	0.467	0.293	1.028	0.276
平均值	0.834	0.761	0.321	1.342	1.113	1.200	1.216	1.439	0.721	0.456	0.886	0.559

从海岛县（区）旅游业绩具体表现来看，各海岛县（区）表现各不相同。长海呈稳步上升发展态势，2001 年旅游业绩指数为 0.531，旅游业绩水平最低，而后逐年提升，至 2010 年 –2015 年期间，旅游业绩水平明显提高，在 1 上下小幅波动，达到较好水平。2009 年 11 月，经大连市委、市政府审议通过，《大连长山群岛旅游度假区总体规划》正式实施，《大连长山群岛旅游度假区总体规划》提出在科学发展观引领下，把旅游经济为主导产业，以经济转型和结构调整为主线，通过创新机制体制和整合海岛资源，建构长山群岛旅游避暑度假区与国家海洋公园。自此长山群岛旅游产业进入快速发展的轨道，旅游业绩水平发展良好。长岛旅游业绩在波动中由 2001 年的 0.372 上升到 2013 年的最大值 1.283，2012 年以后旅游业绩指数进入较好阶段，旅游经济效益开始显现。崇明旅游业绩指数仅在 2005 年和 2006 年达到 0.529，其他年份均小于 0.5，旅游业绩最差。这与崇明经济产业发展定位有很大关系，2005 年上海市政府颁布《崇明三岛总体规划》，明确提出崇明要着力于环境和谐优美、资源集约利用、经济社会协调发展"生态岛区"建设，旅游产业带来的环境破坏与崇明发展定位出现冲突，旅游产业发展受限，旅游业绩水平很差。2009 年，长江隧桥建成通车，上岛游客数量激增，对生态岛建设带来较大的压力。十一五期间，崇明共接待上岛游客 996.8 万人次，十二五期间上岛游客数量达 2089.9 万人次，同比增长 109.7%，而旅游综合收入同比增长

131.2%，即便如此急速增长的旅游客流没有带来相应的旅游收益，导致旅游业绩水平很差。定海旅游业绩表现较好，常年保持在1.0以上，2010年更是达到最高点1.558，达到很好水平，旅游业绩水平远远大于其他海岛县（区）。截止2015年末定海全区有星级宾馆（饭店）7家，旅行社44家，AA级旅游景区1个，A级旅游景区4个，农（渔）家乐项目87家，旅游设施较为完善，旅游经济发展势头很好。普陀旅游业绩指数常年保持1.0以上，旅游业绩水平较好，旅游经济收益水平较高。普陀旅游资源丰富，"佛岛"普陀山、"侠岛"桃花岛、"沙岛"朱家尖等一批文化主题岛屿成为普陀闻名世界的旅游品牌，是12个海岛县（区）中旅游规模最大的区域。2015年上岛游客数量达到2388.14万人次，旅游综合收入261.1亿元。普陀旅游产业规模很大，发展比较平稳，旅游业绩水平仍有较大提升空间。岱山呈现波动上升态势。岱山旅游业绩表现非常突出，旅游业绩指数仅2004年稍微小于1，其他年份一直在1.0以上，旅游业绩指数较高。但是受2003年"非典"和2008年"金融危机"的影响，旅游业绩指数稍微向下波动，总体而言，岱山旅游业绩水平发展较好。嵊泗的旅游业绩指数同样一直保持在1.0以上，旅游业绩较好。旅游业绩指数总体上呈波动发展趋势，2015年达到最高点1.430，接近于优质业绩水平。嵊泗旅游业绩同样受到2003年非典和2008年金融危机的影响，出现小幅下滑。玉环旅游业绩呈波动下降趋势，最大值为2002年的1.784，最小值为2015年1.036，旅游业绩水平在所有海岛县（区）中发展最好。其中2001-2007年期间旅游业绩进入很高水平，处于业绩水平很好阶段。2008年受到金融危机的影响，旅游业绩指数呈现下滑趋势，依然处于较好阶段。在"十二五"期间由于各海岛加大旅游投入，旅游设施不断完善，临近海岛竞争力增强，削弱玉环海岛旅游的吸引力，旅游业绩水平下滑。洞头的旅游业绩指数除去2015年小于0.5以外，其他年份处于0.5-1之间，而且呈平稳下滑发展趋势，旅游业绩一般。洞头第三产业占据绝对优势，三次产业结构由2001年的33.6：30.0：36.4逐步调整为2015年的7.1：35.2：57.7，而旅游产业则是第三产业的绝对支柱，2015年旅游综合收入占第三产业增加值的57.3%。但是洞头旅游业绩指数仍然处于一般水平，说明洞头旅游经济收益能力较差。平潭的旅游业绩表现较差，最大值为 2005 年的 0.659，最小值为 2015 年的 0.293，2001-2005 年期间旅游业绩指数平均值为 0.539，2006-2010 年期间旅游业绩指数平均值为 0.511，而 2011-2015 年期间旅游业绩指数平均值为 0.319，总体上呈小幅下降趋势，而且受 2003 年非典和 2008 年金融危机等特殊事件影响旅游业绩指数下降明显。平潭素有"千礁岛县"之称，被誉为"海蚀地貌博物馆"，是我国第五大岛，扼台湾海峡要冲，地理位置非常特殊。长期以来，平潭由于产业定位问题制约旅游产业的发展，旅游产业规模很小。2009 年 7 月，根据国务院《关于支持福建省加快建设海峡西岸经济区的若干意见》精神，福建省委决定设立平潭综合实验区，打造具有特色及竞争力的国际旅游休闲目的地成为平潭综合试验区的主要任务之一，自此平潭旅游迎来旅游产业发展的春天。2010 年 11 月 30 日，平潭海峡大桥建成通车，改变传统的交通模式，极大方便游客上岛。迅速扩大的游客规模并未产生相应的旅游经济效益，导致平潭旅游业绩指数依然很低。东山旅游业绩波动较大，2001-2004 年期间，旅游业绩在 1 之上，旅游业绩较好。2005-2011 年旅游业绩进入低潮发展期，旅游业绩指数小于 1，旅游业绩较差。2013-2015 年旅游业绩指数有大于 1，旅游业绩较好，发展趋势看好。2008 年受金融危机影响，旅游业绩指数下跌到最低点。2013 年后，上岛游客数量迅速增加，相应旅游综合收入增加幅度较大，旅游业绩指数提升明显。南澳旅游业绩较差，一直在 0.5 上下波动，2015 年出现大幅下滑，旅游业绩指数快速下降到 0.276。这与南澳大桥开通具有莫大的关系，上岛游客数量由 2014 年的 94.4 万人次迅速激增到 456 万人次，旅游接待人数增加了 3.8 倍，旅游总收入仅增加了 1.9 倍，迅速增加的旅游人数并未产生相应的经济收益，导致旅游业绩指数下降幅度明显。

从 2001-2015 年各海岛县（区）旅游业绩指数平均值来看，玉环的平均值最大为 1.439，其次是定海、嵊泗、岱山和普陀，旅游业绩平均值均大于 1，小于 1.5，属于较好水平，处于第一梯队，说明这 5 个区域旅游客流基本能够带来相应的旅游收入，旅游业绩较好。东山、长海、长岛、洞头、南澳 5 个海岛县（区）旅游业绩指数平均值在 0.5 至 1 之间，处于第二梯队，说明这 5 个区域旅游业绩一般。而平潭和崇明两地旅游业绩指数平均值小于 0.5，旅游业绩指数较低，处于第三梯队，说明这两个区域旅游经济效益较差。各海岛县（区）旅游业绩水平相差很大，排名第一的玉环是最后一位崇明的近4.5倍，排名第五的普陀是崇明的近3.5倍。说明12个海岛县（区）旅游业绩发展状况不一，地区性差异较大。

从海岛旅游业绩评价指数发展趋势来看，旅游业绩评价指数平均值变化较为明显。2001-2010年旅游业绩指数平均值出现小幅波动，最大值为2010年的1.017，最小值为2004年的0.885，波动幅度为0.132。2003-2004年、2007-2008年海岛旅游业绩平均值出现明显的波动，可能的原因是2003年由于"非典疫情"和2008年世界金融危机的影响，海岛旅游业绩平均水平下滑严重，充分说明旅游产业的发展容易受到特殊事件的影响，产业脆弱性特征明显。2011-2015年，旅游业绩平均值比较平稳，没有出现明显波动，说明海岛旅游业绩进入平稳发展时期，海岛旅游市场需求稳定。从图5.8也可以看出，定海、岱山、嵊泗、玉环、普陀5个海岛县（区）旅游业绩指数一直大于全部海岛县（区）的平均值，说明这五个海岛县旅游业绩水平高于海岛平均水平。传统上的旅游竞争力最强的普陀，由于庞大的旅游客流规模并未产生相应的经济效益，导致旅游业绩水平与人们传统认识相左。但是总体而言研究期限内普陀旅游业绩平均值为1.113，大于其他7个海岛县（区）旅游业绩平均值，基本符合人们的预期。长海、长

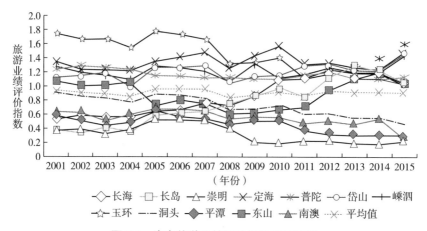

图5.8　海岛旅游业绩评价指数发展趋势

岛和东山的旅游业绩指数在部分年份大于1，高于全部海岛平均水平，说明这三个海岛旅游业绩水平波动较大，并且发展趋势越来越好。崇明、洞头、平潭、南澳的旅游业绩低于全部海岛平均水平，旅游业绩水平存在较大的提升空间。

5.3 海岛旅游效率测度结果及评价

DEA 方法运用的条件之一就是选取指标的数量一般不能超过 DMU 决策单元的三分之一，避免因指标数量较多导致 DMU 的有效性增加[263]。因此本研究选择旅游综合收入、第三产业从业人数、固定资产投资、旅游综合吸引力四个指标评价海岛旅游效率状况，符合 DEA 评价的功能要求。同时考虑到投入和产出滞后的同时性，忽略了滞后效应对海岛旅游效率的影响。

5.3.1 综合效率分析

运用 DEAP2.1 软件，采用投入导向的 BCC 模型，计算出 2001–2015 年 12 个海岛县（区）的旅游综合效率（表 5.12），并将旅游综合效率分解为技术效率和规模效率，以此为基础探讨海岛县（区）旅游效率状况。

表 5.12　海岛旅游综合效率测度结果

年份	类型	长海	长岛	崇明	定海	普陀	岱山	嵊泗	玉环	洞头	平潭	东山	南澳	平均值
2001	crste	0.311	0.673	0.164	0.655	1.000	0.527	0.824	0.957	0.799	0.800	1.000	1.000	0.528
	vrste	0.692	0.888	0.411	0.717	1.000	0.901	0.994	1.000	1.000	1.000	1.000	1.000	1.000
	scale	0.450	0.758	0.400	0.914	1.000	0.585	0.829	0.957	0.799	0.800	1.000	1.000	0.528
2002	crste	0.854	0.659	0.082	0.752	1.000	0.516	0.681	0.794	0.797	0.227	1.000	1.000	0.452
	vrste	1.000	0.747	0.255	0.762	1.000	0.880	0.967	1.000	1.000	1.000	1.000	1.000	1.000
	scale	0.854	0.883	0.323	0.987	1.000	0.586	0.704	0.794	0.797	0.227	1.000	1.000	0.452
2003	crste	1.000	0.678	0.096	0.812	1.000	0.585	0.677	1.000	0.770	0.170	0.845	0.939	0.474
	vrste	1.000	0.714	0.333	0.861	1.000	1.000	1.000	1.000	1.000	1.000	0.949	1.000	1.000
	scale	1.000	0.950	0.288	0.943	1.000	0.585	0.677	1.000	0.770	0.170	0.891	0.939	0.474

续表

年份	类型	长海	长岛	崇明	定海	普陀	岱山	嵊泗	玉环	洞头	平潭	东山	南澳	平均值
	crste	1.000	0.610	0.097	0.713	1.000	0.432	0.625	1.000	0.532	0.148	0.850	0.883	0.454
2004	vrste	1.000	0.695	0.341	0.919	1.000	0.925	0.832	1.000	1.000	1.000	0.905	1.000	1.000
	scale	1.000	0.878	0.285	0.776	1.000	0.467	0.751	1.000	0.532	0.148	0.939	0.883	0.454
	crste	0.590	0.495	0.079	0.555	1.000	0.332	0.420	1.000	0.255	0.113	0.271	0.626	0.388
2005	vrste	1.000	0.816	0.371	0.858	1.000	0.807	0.830	1.000	1.000	1.000	0.674	1.000	1.000
	scale	0.590	0.606	0.214	0.646	1.000	0.411	0.506	1.000	0.255	0.113	0.403	0.626	0.388
	crste	0.218	1.000	0.083	0.525	1.000	0.582	0.572	1.000	0.933	0.112	0.308	0.526	0.408
2006	vrste	0.845	1.000	0.365	0.779	1.000	0.970	0.983	1.000	1.000	1.000	0.735	1.000	1.000
	scale	0.258	1.000	0.229	0.673	1.000	0.600	0.582	1.000	0.933	0.112	0.420	0.526	0.408
	crste	0.264	1.000	0.102	0.595	1.000	0.730	0.638	0.713	0.721	0.117	0.258	0.401	0.456
2007	vrste	0.687	1.000	0.386	0.745	1.000	1.000	1.000	0.839	1.000	1.000	0.723	1.000	1.000
	scale	0.385	1.000	0.265	0.799	1.000	0.730	0.638	0.850	0.721	0.117	0.356	0.401	0.456
	crste	0.269	1.000	0.093	0.625	1.000	0.616	0.690	0.389	0.716	0.107	0.225	0.369	0.406
2008	vrste	0.573	1.000	0.375	0.770	1.000	1.000	1.000	0.625	1.000	1.000	0.663	1.000	1.000
	scale	0.470	1.000	0.249	0.812	1.000	0.616	0.690	0.622	0.716	0.107	0.339	0.369	0.406
	crste	0.309	1.000	0.093	0.866	1.000	0.969	0.847	0.768	0.546	0.129	0.231	0.329	0.493
2009	vrste	0.684	1.000	0.319	0.899	1.000	1.000	1.000	0.948	1.000	1.000	0.743	1.000	1.000
	scale	0.452	1.000	0.292	0.964	1.000	0.969	0.847	0.811	0.546	0.129	0.310	0.329	0.493
	crste	0.356	1.000	0.066	0.976	1.000	1.000	0.900	0.744	0.581	0.108	0.239	0.304	0.476
2010	vrste	0.673	1.000	0.322	0.985	1.000	1.000	1.000	0.894	1.000	1.000	0.741	1.000	1.000
	scale	0.530	1.000	0.206	0.991	1.000	1.000	0.900	0.832	0.581	0.108	0.322	0.304	0.476
	crste	0.303	1.000	0.049	0.844	1.000	0.538	0.992	0.675	0.540	0.085	0.257	0.240	0.426
2011	vrste	0.667	1.000	0.254	0.881	1.000	0.625	1.000	0.679	0.941	1.000	0.681	1.000	1.000
	scale	0.454	1.000	0.192	0.959	1.000	0.861	0.992	0.994	0.574	0.085	0.376	0.240	0.426
	crste	0.388	1.000	0.046	0.898	1.000	0.532	0.849	0.588	0.479	0.073	0.370	0.251	0.437
2012	vrste	0.773	1.000	0.220	0.957	1.000	0.626	1.000	0.678	0.817	0.732	0.662	1.000	1.000
	scale	0.502	1.000	0.207	0.939	1.000	0.849	0.849	0.866	0.586	0.100	0.559	0.251	0.437

续表

年份	类型	长海	长岛	崇明	定海	普陀	岱山	嵊泗	玉环	洞头	平潭	东山	南澳	平均值
	crste	0.372	1.000	0.052	1.000	1.000	0.602	1.000	0.686	0.502	0.082	0.543	0.242	0.445
2013	vrste	0.796	1.000	0.241	1.000	1.000	0.625	1.000	0.727	0.818	0.714	0.708	1.000	1.000
	scale	0.467	1.000	0.217	1.000	1.000	0.963	1.000	0.944	0.614	0.115	0.767	0.242	0.445
	crste	0.345	1.000	0.062	0.966	1.000	0.823	1.000	0.682	0.505	0.092	0.686	0.281	0.494
2014	vrste	0.746	1.000	0.249	1.000	1.000	0.839	1.000	0.749	0.809	0.721	0.827	1.000	1.000
	scale	0.462	1.000	0.247	0.966	1.000	0.980	1.000	0.910	0.624	0.127	0.829	0.281	0.494
	crste	0.326	1.000	0.075	0.811	1.000	0.591	1.000	0.636	0.418	0.072	0.575	0.331	0.493
2015	vrste	0.686	1.000	0.237	0.951	1.000	0.625	1.000	0.674	0.819	0.593	0.650	1.000	1.000
	scale	0.476	1.000	0.317	0.853	1.000	0.946	1.000	0.943	0.510	0.121	0.884	0.331	0.493

从海岛旅游综合效率平均值结果来看，海岛旅游综合效率水平较低，没有达到 DEA 最优水平，距离 DEA 最优水平还有较大差距。技术效率发展趋势和综合效率发展趋势基本一致。规模效率和技术效率水平高于综合效率，说明规模效率和技术效率共同推动综合效率提升，规模效率的推动作用明显强于技术效率。具体表现情况如图 5.9 所示。

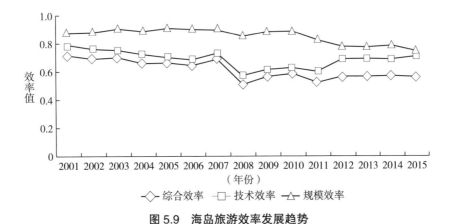

图 5.9　海岛旅游效率发展趋势

从图 5.9 可以看出，海岛旅游综合效率平均值较低，最大值为 2001 年的

0.716，最小值为 2008 年的 0.513。2001-2005 年期间，综合效率在平缓发展的过程中有小幅度下降，说明在此期间，资源要素配置不够合理，总体产出效果有所降低。2006-2010 年期间，综合效率表现出剧烈的波动趋势，综合效率水平表现较差，主要原因可能是受到 2008 年全球金融危机的影响，海岛旅游资源要素配置和利用不够充分，旅游产业规模缩小，产出效果较差。2011-2015年期间，综合效率发展平缓，并有所提升，说明在此期间，海岛资源配置趋向合理化，资源和要素配置利用水平有所回升，旅游投入满足需求的能力逐步增强，先进管理技术运用到旅游产业，旅游综合效率发展水平趋向较好。

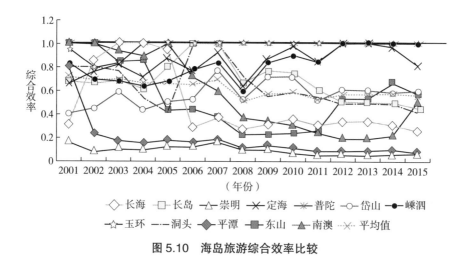

图 5.10　海岛旅游综合效率比较

从各海岛旅游综合效率具体表现来看（图 5.10），海岛之间差异较大。长海仅在 2002-2005 年高于平均水平，其他年份保持低于平均水平发展，说明长海资源要素投入不合理，先进技术运用能力较弱，产出效果较差。长岛在 2001-2004 年低于平均水平，2005 年之后高于海岛平均水平，2006-2015 年保持 DEA 最优水平发展，说明长岛资源要素投入能够满足旅游发展的需求，先进技术运用能力较强，产出效果较好。崇明旅游效率值很低，最大值为 2001年的 0.164，保持低水平发展，产出效果较差。定海仅在 2001 年度旅游综合效率值低于平均水平，其他年份高于平均水平，说明定海资源要素投入能够满足旅游发展的需求，先进技术运用能力较强，产出效果较好。普陀保持 DEA 最优水平，旅游综合效率水平最高，说明普陀资源要素投入能够满足旅游发展的需求，先进技术运用能力很强，产出效果最好。岱山 2001-2006 年和 2011 年旅游综合效率值低于全国平均水平，其他年份高于平均水平，说明岱山旅游资源投入不够均衡，技术运用能力存在差异，产出效果差异较大。嵊泗在 2002 和 2004 年两个年度旅游综合效率值低于平均水平，其他年份高于全国平均水平，2012-2015 年期间达到 DEA 最优水平，说明嵊泗资源投入要素满足旅游需求的能力不断提升，先进技术运用能力不断增强，产出效果较好。玉环 2001-2011 年期间旅游综合效率高于于全国平均水平，而 2012-2015 年期间综合效率下降到平均水平以下，说明玉环资源投入要素发挥作用在逐步减弱，先进技术运用能力在逐步下降，产出效果明显下降。洞头旅游综合效率在平均水平上下波动，波动幅度较大。在 2004-2005 年、2009-2010 年、2012-2015 年三个时期低于平均水平，其他年份均高于平均水平，说明洞头资源要素投入不够合理，各年度产出效果存在较大差异。平潭旅游综合效率在 2001 年达到 0.800，其他年份效率值很低，除 2002 年以外旅游综合效率值均在 0.200 以下，与海岛平均水平差距较大，说明平潭满足旅游需求的能力很差，产出效果很差。东山旅游综合效率波动很大，2001-2004 年效率值高于全国平均水平，2005-2013 年期间保持低于平均水平运行，2014-2015 年发展到高于全国平均水平，说明东山大部分年份产出效果较差，但是发展趋势较好。南澳 2001-2006 年旅游综合效率值高于平均水平，由 DEA 最优水平下降到 0.715，仍保持高于海岛平均水平，2007-2015 年完全低于海岛平均水平，产出效果呈现下滑趋势。

总体而言，旅游综合效率普陀最优，其次长岛、定海、嵊泗旅游综合效率水平较高，综合效率平均值在 0.800 以上。说明普陀、长岛、定海、嵊泗旅游要素投入合理，技术方法先进，意味着这四个海岛县（区）旅游产出效果由于其他海岛县（区）处于第一梯队。玉环和洞头旅游综合效率平均值在 0.600-0.800 之间，说明这两个海岛县（区）旅游产出效果较好，处于第二梯队。长海、岱山、南澳、东山四个海岛县（区）旅游综合效率水平较低，综合效率平均值在 0.400-0.600 之间，说明这四个区域资源投入要素没有得到充分利用，旅游产业发展需求满足能力较弱，技术管理水平较弱，产出效果有待进一步提升。平潭、崇明旅游综合效率水平最低，旅游综合效率平均值介于 0–0.400 之间，说明崇明和平潭旅游投入的综合利用效果最差，旅游投入要素未得到完全利用，产出效果很差，导致旅游综合效率很低。

5.3.2 技术效率分析

技术效率最大值为 2001 年的 0.784，最小值为 2008 年的 0.573。技术效率呈现出与综合效率基本一致的发展趋势（图 5.9），尤其是是 2008 年受全球金融危机的影响，海岛旅游产业对先进技术运用不够充分，导致技术效率水平波动明显。技术效率水平高于综合效率水平，对综合效率提升具有一定的推动作用。2011–2015 年期间，技术效率水平明显高于综合效率水平，在此期间，先进管理技术应用能力在不断提升，对海岛旅游综合效率的推动作用逐步增强，至 2015 年技术效率对综合效率的推动作用几乎与规模效率一致。

将 12 个海岛县（区）2001–2015 年技术效率值制成雷达图，以观察各海岛县（区）技术效率情况。从技术效率方面来看（图 5.11），技术效率平均值最低点是 2008 年的 0.573，最高点是 2001 年的 0.784。具体到各海岛县（区）表现来看，差异依然较大。

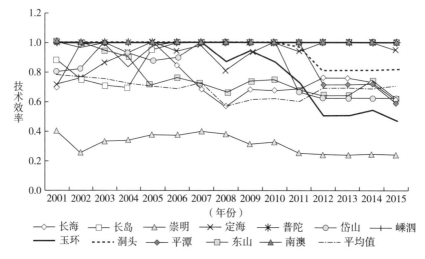

图 5.11 海岛旅游技术效率比较

长海在 2001 年、2007 年、2015 年技术效率值低于海岛平均值，说明这三个年度技术管理水平较低；其他年份技术效率大于海岛平均值，说明长海技术运用能力高于平均水平。长岛仅在 2003-2004 年技术效率在低于平均水平波动，2006-2015 年期间达到最优水平，说明长岛技术运用能力较强。崇明技术效率完全在平均水平以下，技术效率最大值仅为 0.411，距海岛县（区）平均水平还有很大差距，说明崇明先进技术运用能力很差。定海技术效率 2001 年低于平均水平，其他年份高于平均水平波动，部分年份达到 DEA 最优水平，说明定海技术管理能力较强。普陀在整个研究年份中技术效率均达到最优水平，技术效率水平很高。岱山在 2001-2011 年技术效率高于平均水平，2012-2015 年期间超低于海岛县（区）平均水平，说明岱山技术运用能力有所降低。嵊泗技术效率均高于海岛平均水平，而且大多数年份都达到最优效果，说明嵊泗技术运用能力较强。玉环在 2001-2011 年期间，技术效率高于海岛县（区）平均水平，2012-2015 年期间降到平均水平以下，说明玉环技术运用能力逐步下降。洞头 2001-2010 年期间，技术效率达到最优水平，2011-2015 年技术效率稍高于平均水平，说明洞头技术运用能力很强，但呈下降趋势。平潭仅 2015 年技术效率水平低于平均水平，2001-2011 年技术效率达到最优效果，说明平潭对先进技术运用能力在逐步下降。东山 2012-2015 年技术效率值低于平均水平，仅有 2001-2002 年达到 DEA 最优水平，说明东山技术运用能力较强，但逐步降低。南澳技术效率达到保持最优水平，说明南澳技术运用能力很强。

从技术效率角度来看，普陀、南澳保持 DEA 最优水平，先进技术应用效果最好。长岛、定海、嵊泗、洞头、平潭的技术运用能力较强，技术效率水平较高。长海、岱山、玉环、东山技术运用能力相对较弱。崇明技术效率水平很低，距离平均水平差距较大，保持低水平运行。

5.3.3 规模效率分析

海岛旅游规模效率平均水平明显高于综合效率和技术效率水平（图 5.9），对海岛旅游综合效率提升具有决定性作用。规模效率最大值为 2005 年的 0.908，接近于 DEA 最优水平，最小值为 2015 年的 0.743。2001-2010 年期间，规模效率发展较为平缓，波动不大，意味着在此期间旅游投入满足需求的能力比较稳定，基本能够满足旅游产业发展的需要。2011-2015 年期间，规模效率向下波动趋势比较明显，意味着旅游投入满足需求的能力有所下降，资源投入不能完全满足旅游产业发展的需要。在此期间技术效率对综合效率的推动作用明显提升，保障旅游综合效率的平稳发展。

从海岛旅游规模效率方面来看（图 5.12），各海岛县（区）旅游规模效率表现出较大的区域性差异。长海在 2002-2005 年间，规模效率高于海岛平均值，其他年份低于平均值，而且与平均水平差距较大，说明长海资源投入不能满足旅游发展的需求。长岛在 2001-2005 年间规模效率在平均水平上下波动，2006-2015 年间规模效率达到最优水平，说明长岛资源投入满足需求的能力迅速提升，并到达最优效果。崇明规模效率水平较低，一直在平均水平以下波动发展，规模效率距全国平均水平有较大差距，说明崇明资源投入满足旅游需求的能力很弱。定海规模效率水平在平均水平上下波动，说明定海资源投入满足需求能力各年度间存在较大差异。普陀规模效率表现优异，一直保持最优水平，说明普陀旅游发展能力非常好。岱山 2001-2011 年规模效率水平较低，低于全国平均水平。2012-2015 年间，规模效率高于平均水平，说明岱山旅游发展能力逐步增强。嵊泗 2001-2009 年规模效率低于平均水平，2010-2015 年间，规模效率逐步提升，并于 2012 年达到最优效果，说明嵊泗旅游发展能力逐步增强。玉环规模效率水平在平均水平以上波动明显，2008 年受"金融危机"影响降到最低点。洞头规模效率水平波动较大，2006-2007 年达到最优效果，其他年份低于平均水平，总体洞头旅游发展能力较弱。平潭规模效率水平很低，仅 2001 年效率值接近平均水平，其他年份效率水平很低，说明平潭资源投入满足旅游需求的能力较弱。东山规模效率波动起伏明显，2001-2002 年由最优水平下降到 2009 年的最低点，可能原因是受到 2003 年"非典"和 2008 年"金融危机"影响导致旅游发展能力下降。2010-2015 年期间明显回升，由低于平均水平发展到高于平均水平，旅游发展能力逐步增强。南澳规模效率波动明显，由 2001-2005 年高于平均水平，2006-

2015 年规模效率低于全国平均水平，2012 年降到最低点，说明南澳旅游发展能力有待遇进一步提升。

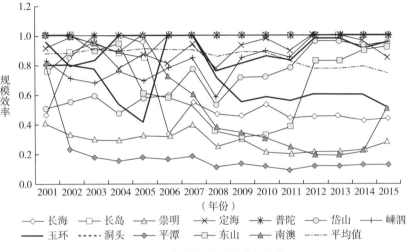

图 5.12　海岛旅游规模效率比较

总体而言，普陀旅游规模效率保持 DEA 最优水平，说明普陀投入获得相应的产业报酬。长岛、定海、玉环、嵊泗旅游规模效率平均水平在 0.900 以上接近于 DEA 最优水平，说明长岛、定海、玉环、嵊泗的旅游发展能力也很强。岱山、东山、洞头旅游规模效率保持较好的发展趋势，旅游发展能力较强。长海、南澳规模效率水平较低，说明长海和南澳旅游发展能力较弱。崇明、平潭规模效率水平处于最低水平，距离平均水平差距很大，说明崇明、平潭旅游发展能力最差。

5.4 小结

本章从自然地理、社会环境、经济环境、资源生态环境四个方面介绍中国 12 个海岛县（区）的基本情况，对 12 个海岛县（区）的旅游绩效进行测度。测度结果表明海岛旅游绩效水平地区间差异较大，不均衡性明显。从海岛旅游业绩水平来看，没有海岛县（区）旅游业绩水平达到很好水平，定海、普陀、岱山、嵊泗、玉环旅游业绩较好；东山、长海、长岛、洞头、南澳旅游业绩一般；平潭、崇明的旅游业绩较差。旅游效率测度结果显示，海岛旅游综合效率平均值较低。其中普陀最优，其次长岛、定海、嵊泗旅游综合效率平均值在 0.800 以上，处于第一梯队；玉环和洞头旅游综合效率平均值在 0.600-0.800 之间，处于第二梯队；长海、岱山、南澳、东山四个海岛县（区）旅游综合效率平均值在 0.400-0.600 之间，处于第三梯队；平潭、崇明旅游综合效率平均水平最低。技术效率角度来看，普陀、南澳保持 DEA 最优水平，先进技术应用效果最好。长岛、定海、嵊泗、洞头、平潭的技术运用能力较强，技术效率水平较高。长海、岱山、玉环、东山技术运用能力相对较弱。崇明技术效率水平很低，距离平均水平差距较大，保持低水平运行。从规模效率角度来看，普陀保持 DEA 最优水平，说明普陀投入获得相应的产业报酬。长岛、定海、玉环、嵊泗旅游规模效率平均水平接近于 DEA 最优水平，说明长岛、定海、玉环、嵊泗的旅游发展能力也很强。岱山、东山、洞头旅游规模效率保持较好的发展趋势，旅游发展能力较强。长海、南澳规模效率水平较低，说明长海和南澳旅游发展能力较弱。崇明、平潭规模效率水平处于最低水平，距离平均水平差距很大，说明崇明、平潭旅游发展能力最差。

6 中国海岛旅游绩效时空特征差异演变

海岛旅游经济是一个复杂的系统，旅游绩效发展水平是旅游业绩和旅游效率共同作用的结果，海岛地区旅游业绩和旅游效率发展水平是海岛旅游绩效水平差异的直接反映。旅游绩效时空差异是学者关注的重点研究内容，如曹芳东等对对长三角城市旅游效率时空特征进行重点研究[264]，而较多学者则从旅游效率角度对旅游绩效时空特征进行分析，如涂玮、陶卓民等对旅游效率空间特征进行深入研究[265-266]。本章基于第五章海岛旅游业绩和旅游效率的测度结果，对海岛旅游绩效时空特征差异演变进行分析。

6.1 海岛旅游绩效的时空差异特征

6.1.1 模型选择

6.1.1.1 赫芬达尔指数

赫芬达尔指数是测量海岛旅游业绩或是旅游效率集中度的综合指数，用各海岛旅游业绩或是旅游效率值比海岛旅游业绩或是旅游效率总和的平方和表示，可以反映海岛旅游业绩或是旅游效率的集中程度，用公式表示为：

$$HHI = \sum_{I=1}^{n} \left(\frac{X_i}{X} \right)^2 \tag{6.1}$$

HHI 越接近于 1，说明某一个或是几个海岛的旅游业绩或是旅游效率明显高于其他海岛；HHI 越接近于 0，说明海岛旅游业绩或是旅游效率越趋于均衡。X_i 表示第 i 个海岛旅游业绩或是旅游效率，X 表示海岛旅游业绩或是旅游效率的总和。

6.1.1.2 变异系数

变异系数是描述标准差与平均数间的比值，反映变量之间的离散程度，可以测算海岛旅游业绩或是旅游效率相对差异的变化情况。运用变异系数计算出海岛旅游业绩或是旅游效率的相对差异值，考察海岛旅游业绩或是旅游效率的相对差异情况。

$$CV = \frac{1}{X}\sqrt{\frac{1}{n}\sum_{i=1}^{n}\left(X_i - \overline{X}\right)^2} \tag{6.2}$$

CV 越趋向于 1，海岛旅游业绩或是旅游效率地区间相对差异越大；反之，CV 越趋向于 0，海岛旅游业绩或是旅游效率地区间相对差异越小。X_i 表示第 i 个海岛县（区）旅游业绩或是旅游效率值，$\overline{X}$ 表示所有海岛县（区）旅游业绩或是旅游效率的平均值。

6.1.1.3 耦合协调度模型

海岛旅游绩效是海岛旅游效率和海岛旅游业绩的统称，海岛旅游效率是对海岛旅游生产过程的评价，海岛旅游业绩是对海岛旅游生产结果的评价。将海岛旅游效率和海岛旅游业绩作为两个评价系统，采用耦合协调度模型评价海岛旅游绩效水平。耦合协调度模型如下：

$$F\left(u_1, u_2\right) = \sqrt{C\left(u_1, u_2\right) \times T\left(u_1, u_2\right)} \tag{6.3}$$

$$C = \left\{\left(u_1 \times u_2\right) / \left[\left(u_1 + u_2\right) \times \left(u_1 + u_2\right)\right]\right\}^{\frac{1}{2}} \tag{6.4}$$

$$T\left(u_1, u_2\right) = \alpha u_1 + \beta u_2 \tag{6.5}$$

F 表示耦合协调度指数，C 表示海岛旅游效率和海岛旅游业绩的耦合度指数，T 表示海岛旅游效率和海岛旅游业绩的综合评价指数，u_1 表示海岛旅游效率系统，u_2 表示海岛旅游业绩系统。α、β 表示两个系统的系数。由于"提质增效"是海岛旅游产业可持续发展的重要目标，因此经过多方征求专家意见，海岛旅游效率和海岛旅游业绩同等重要，两个系数均定为 0.5。计算耦合协调度指数时需要对海岛旅游业绩和海岛旅游效率值进行标准化处理，以消除量纲的影响。当 0<F≦0.4，表示海岛旅游业绩和海岛旅游效率协调程度较低，即海岛旅游绩效水平较低；当 0.4<F≦0.6，表示海岛旅游业绩和海岛旅游效率协调程度一般，即海岛旅游绩效水平一般；当 0.6<F≦0.8，表示海岛旅游业绩和海岛旅游效率协调程度较高，即海岛旅游绩效水平较高；当 0.8<F≦1，表示海岛旅游业绩和海岛旅游效率协调程度很高，即海岛旅游绩效水平很高。

6.1.2 海岛旅游绩效时间变化特征

根据赫芬达尔指数模型，计算出海岛旅游业绩和旅游效率的 HHI 指数，其集中发展趋势观察海岛旅游业绩和旅游效率的时间变化特征（图 6.1）。

从 HHI 值走势来看，海岛旅游业绩、旅游效率地区间总体差异较为均衡，比较稳定。旅游业绩 HHI 比较平缓，最大值为 2015 年的 0.104，最小值为 2008 年的 0.095，说明海岛旅游业绩总体差异较为均衡。2008 年海岛旅游业绩总体空间差异最小，主要受全球金融危机的影响，海岛旅游业绩普遍下降，导致空间特征差异最小。海岛旅游效率 HHI 波动明显，最小值为 2001 年的 0.095，最大值为 2011 年的 0.116。海岛旅游效率在 2001-2008 年间出现明显起伏波动，2003 年海岛旅游效率 HHI 值小幅下降，说明在此期间，海岛各

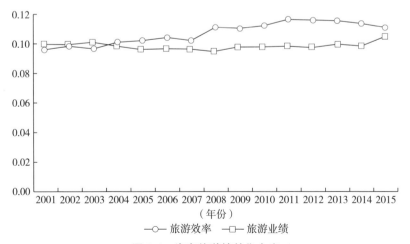

图 6.1 海岛旅游绩效集中度

地区投入产出效果出现明显的地区差异。受 2003 年"非典疫情"的影响，海岛旅游效率产出效果普遍降低。2008 年海岛旅游效率 HHI 值有所抬升，说明受全球金融危机影响，海岛旅游产出效果总体差异变化明显。2009–2011 年海岛旅游效率 HHI 值逐步抬升，说明海岛旅游效率总体差异逐步增强。2012–2015 年 HHI 起伏平缓，海岛旅游效率总体差异趋于一致，说明海岛旅游效率产出效果总体差异不大，海岛旅游效率总体差异保持稳定。

基于第五章海岛旅游业绩和旅游效率的计算结果，根据式 6.2，计算出变异系数，具体情况如图 6.2 所示。从图 6.2 可以看出，海岛县（区）之间旅游绩效相对差异非常明显，地域间旅游绩效水平相差较大。海岛旅游业绩的变异系数最大值为 2015 年的 0.498，最小值为 2008 年的 0.377。说明海岛地区间旅游业绩水平差异明显，地区间差异变化比较平缓。2001–2008 年期间，变异系数在波动中下降，说明各海岛旅游业绩水平地区间差异趋向均衡。2003 年地区间差异最大，主要是受"非典"疫情的影响，各海岛县（区）上岛游客数量差异较大，旅游综合收入差异较为明显，旅游业绩水平不均衡性增加。2009–2013 年，变异系数较为稳定，说明在此期间各海岛县（区）旅游业绩差异趋于稳定。2014–2015 年间，变异系数出现上扬，说明海岛旅游业绩水平地区间差异有扩大化倾向，海岛之间旅游业绩水平不均衡性在增加。

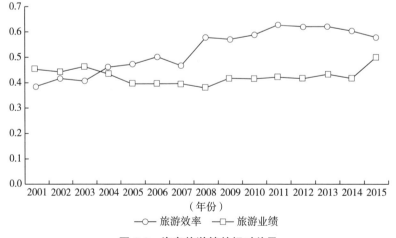

图 6.2　海岛旅游绩效相对差异

从海岛旅游绩效相对差异情况来看，海岛旅游效率变异系数最大值是2011年的0.625，最小值是2001年的0.382。2003年变异系数明显下降，说明2003年受"非典疫情"的影响，上岛游客数量减少，旅游综合收入普遍降低，海岛旅游产出效果地区间差异下降。2008年是关键转折点，变异系数迅速增大，说明2008年受全球金融危机的影响，各海岛地区采取各种措施，不断提高旅游服务质量，完善基础设施建设，吸引游客上岛，海岛旅游产出效果地区间差异增加。海岛旅游效率HHI值走势呈明显的波动趋势，说明各海岛旅游产出效果地区间不均衡，差异明显。

为了进一步考察海岛旅游绩效的时间变化特征，采用四象限分类法，将2001-2005年、2006-2010年、2011-2015年海岛县旅游业绩和旅游效率的平均值作为横轴和纵轴，将海岛旅游绩效空间划分为四种类型：HL型即旅游业绩高水平而旅游效率低水平、HH型即旅游业绩和旅游效率双高水平、LH型即旅游业绩低水平而旅游效率高水平、LL型即旅游业绩和旅游效率双低类型（图6.3）。

2001-2005年期间，定海、普陀、嵊泗、玉环和东山5个海岛县（区）处于HH型，占海岛县总数的41.7%，这5个海岛县（区）属于双高类型。长海、南澳2县旅游绩效属于LH型海岛，占海岛总数的16.7%，属于单高类型。

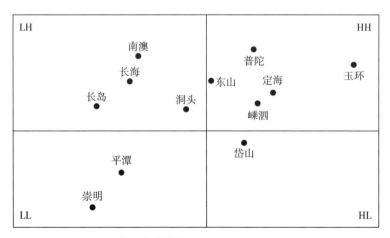

图6.3a　海岛旅游绩效空间类型（2001-2005年）

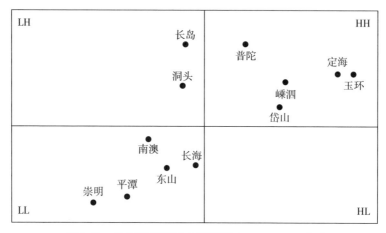

图 6.3b 海岛旅游绩效空间类型（2006–2010 年）

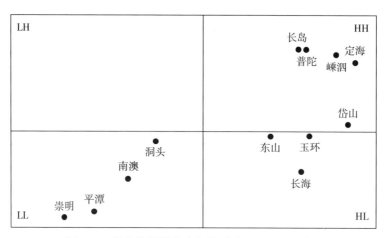

图 6.3c 海岛旅游绩效空间类型（2011–2015 年）

长岛、崇明、洞头、平潭 4 个海岛县（区）属于 LL 型海岛，占海岛总数的 33.3%，属于旅游业绩和旅游效率都较低的双低类型海岛。岱山县属于 HL 型，占海岛总数的 8.3%，属于单高类型。

2006–2010 年期间，定海、普陀、岱山、嵊泗、玉环属于 HH 型，这 5 个海岛县（区）属于双高类型，占总数的 41.7%，总数与十五期间一致。长岛、洞头属于 LH 型，占总数的 16.7%，属于单高类型。长海、崇明、平潭、东山、南澳属于 LL 型，占总数的 41.7%，比十五期间总数增加 1 个海岛县。十一五期间没有海岛处于 HL 型。

2011-2015 年期间，长岛、定海、普陀、岱山、嵊泗属于 HH 型，占海岛总数的 41.7%，与十一五期间与数量一致，保持稳定。其中长岛由 LH 型转移到双高类型，玉环由双高类型转移到 HL 单高类型。崇明、洞头、平潭、南澳属于 LL 型，数量比十一五期间减少 1 个。长海、东山则由十一五期间的双低类型转移到 HL 型的单高类型，HL 型海岛数量总计有 3 个，占海岛总数的 25%。在此期间没有海岛处于 LH 型。

为了更加清晰地观察海岛旅游绩效时间变化特征，将海岛旅游绩效空间类型通过表格展示出来，如表 6.1 所示：

表 6.1 海岛旅游绩效类型

类型	2001-2005	2006-2010	2011-2015
HH 型	定海、普陀、嵊泗、玉环、东山	定海、普陀、岱山、嵊泗、玉环	长岛、定海、普陀、岱山、嵊泗
LH 型	长海、南澳	长岛、洞头	
HL 型	岱山		长海、玉环、东山
LL 型	长岛、崇明、洞头、平潭	长海、崇明、平潭、东山、南澳	崇明、洞头、平潭、南澳

从表 6.1 可以看出，在十五、十一五、十二五三个五年计划期间，海岛旅游绩效空间类型发生了较大的变化，但是总体空间格局基本已定。定海、普陀、嵊泗一直处于 HH 型，而岱山在十五期间由 HL 型发展到 HH 型并稳定下来。玉环由十五和十一五期间的双高类型滑落到十二五时期的 HL 型，类型变化较大。崇明和平潭一直属于 LL 型海岛，长期处于旅游业绩和旅游效率双低水平的发展过程。长岛由十五期间的 LL 型经过十一五期间的 LH 型，稳定在十二五时期的双高类型。南澳在十五期间的 LH 型发展十一五时期的 HL 型，并稳定下来。长海由十五期间的 LH 型滑落到十一五时期的双低类型，十二五期间又恢复到 HL 型。东山旅游绩效类型变化较大，由十五期间的双高类型滑落到十一五期间的双低类型，十二五期间又转移到 HL 型。洞头由十五期间的

双低类型抬升到十一五时期的 LH 型，十二五期间又滑落到双低类型。在三个时期内，双高绩效类型的海岛数量保持 41.7% 的比重，双低绩效类型的海岛数量至少保持 33.3% 的比重，总计双高和双低类型的海岛比重稳定在 75%，仅有 25% 的海岛类型发生变化。

从海岛旅游绩效空间类型来看，海岛旅游绩效空间类型存在明显的俱乐部趋同和贫困陷阱现象，表明海岛旅游绩效发展水平存在明显的两极分化现象。HH 型主要集中于定海、普陀、岱山、嵊泗 4 个海岛县（区），这 4 个海岛县（区）背靠长江三角洲经济圈，区域经济发达，旅游基础设施完善，旅游市场规模庞大，受区域扩散影响，定海、普陀、岱山、嵊泗的旅游业绩和旅游效率水平很高。玉环虽然由长期的双高类型转移到单高类型，但是玉环交通便捷，区位优势明显，仍然是我国重要的海岛旅游目的地。崇明、平潭、南澳稳定在 LL 双低类型，崇明将生态岛建设作为海岛发展重要战略，一定程度上限制旅游产业发展，即使上岛游客数量较多，但是没有带来相应的经济收益，而且崇明旅游效率一直处于低水平发展，导致双低结果。平潭旅游产业开发较晚，2009 年福建省政府批准设立平潭综合试验区，旅游产业迎来发展机遇。但是长期以来的以第一产业为主经济生产方式，旅游基础设施不完善，旅游环境有待遇进一步改善，旅游业绩和旅游效率水平均不高。南澳是中国南部重要旅游目的地，旅游资源特色明显，旅游市场规模虽然增长很快，但是经济收益效果较差。

正是海岛旅游绩效类型存在明显的"俱乐部趋同"现象和"贫困陷阱"现象，导致海岛旅游绩效空间特征随时间变化总体上差异不大，保持较为稳定的空间状态。

6.1.3 海岛旅游绩效空间变化特征

将海岛旅游业绩和旅游效率 2001–2005 年、2006–2010 年、2011–2015 年的平均值分别通过 ARCGIS10.0 软件，采用自然断裂法进行空间可视化处理，将海岛旅游业绩和旅游效率分为高值区、较高区、较低区、低值区 4 个类别，以此观察海岛旅游绩效空间格局相对差异特征，结果如图 6.4、6.5 所示。

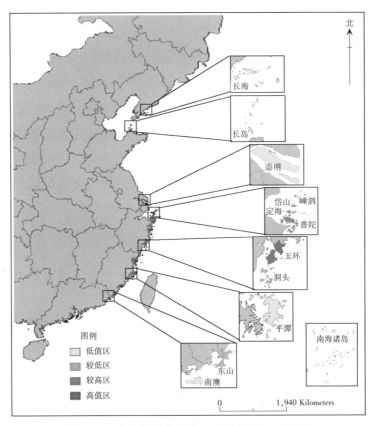

图 6.4a　海岛旅游业绩空间格局（2001–2005）

　　从图 6.4a 海岛旅游业绩分布格局可以看出，2001–2005 年期间，只有玉环旅游业绩处于高值区，定海、普陀、岱山、嵊泗旅游业绩处于较高区，洞头、东山处于较低区，长海、长岛、崇明、平潭、南澳处于低值区。旅游业绩较好和很好的占 41.7%，旅游业绩较差和很差的占 58.3%。旅游业绩较高以上水平的 5 个海岛县（区）全部位于浙江省，浙江省位于我国经济发达的长三角经济带，长三角经济区也是我国旅游市场规模最大的区域之一，海岛旅游受到广泛好评，上岛游客规模庞大，消费水平较高，因此玉环、定海、普陀、岱山、嵊泗的旅游业绩水平远远高于其他海岛地区。

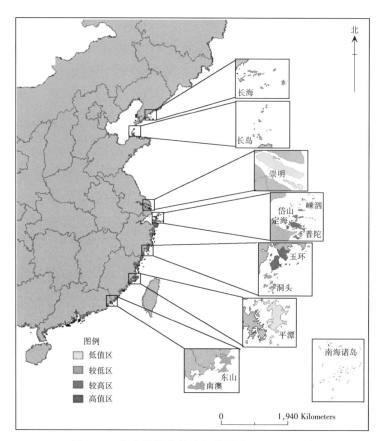

图 6.4b　海岛旅游业绩空间格局（2006-2010）

　　从图 6.4b 海岛旅游业绩分布格局可以看出，2006-2010 年期间，玉环保持在高值区，而定海则由较高区跃升到高值区，普陀、岱山、嵊泗依然保持在较高区。洞头、东山保持在较低区，长海、长岛、南澳由十五时期的低值区提升到较低区，旅游业绩水平由小幅度的提升，崇明和平潭仍然处于低值区。旅游业绩较高区和高值区的海岛数量没有变化，状态改变仍是仅限于十一五期间处于较高区和高值区的海岛内部变化。十二五期间，较高区和高值区的海岛数量占 41.7%，较低区和低值区的海岛数量占 58.3%，与十一五期间一致。

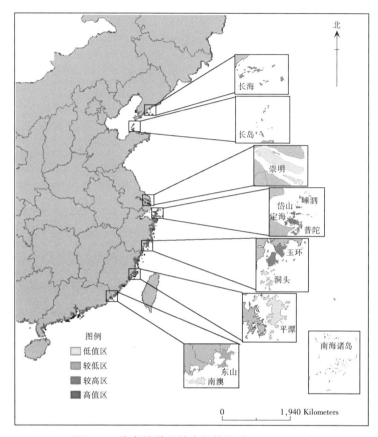

图 6.4c 海岛旅游业绩空间格局（2011-2015）

从图 6.4c 海岛旅游业绩分布格局可以看出，2011-2015 年期间，定海、岱山、嵊泗处于高值区，玉环则由高值区降到较高区，普陀仍然处于较高区。长海、长岛旅游业绩水平提升明显，由较低区提升到较高区。较高区和高值区的海岛数量增加到 7 个，占 12 个海岛县的 58.3%。洞头和东山处于较低区，低值区则有崇明、平潭、南澳三个海岛县（区），低值区和较高区的海岛数量占 12 个海岛县（区）的 41.7%。

从海岛旅游业绩空间格局来看，从 2001-2015 年十五年间，旅游绩空间格局差异明显，但总体格局基本已定，变化不大。其中，定海、普陀、岱山、嵊泗、玉环地处长三角经济带，具有得天独厚的地理区位优势。长三角经济区是我国经济最发达的地区之一，国内旅游市场规模庞大，海岛成为重要的旅游目的地，海岛旅游市场发展迅速，海岛旅游业绩水平较高。同处长三角经济带的崇明因旅游产业规模较小，旅游产业地位薄弱，导致旅游业绩水平很差。长海和长岛地处环渤海经济带，旅游资源丰富，旅游产品特色突出，但是旅游时期较短，影响旅游业绩水平持续提高。平潭、东山、南澳三个海岛县地处海峡西岸经济区，背靠福建、广东，南接珠三角经济区，东临台湾，具备旅游产业发展的雄厚基础。尤其是东山旅游产出效果较好，旅游业绩水平较高。而平潭旅游产业发展较为缓慢，旅游产出效能较差，旅游业绩水平较低。南澳旅游产业规模相对较小，导致旅游业绩水平相对较差。

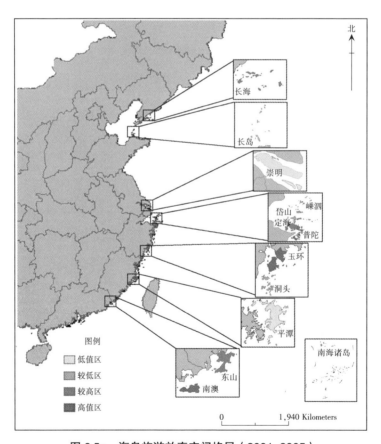

图 6.5a　海岛旅游效率空间格局（2001–2005）

从图 6.5a 海岛旅游效率空间格局来看，2001–2005 年，普陀、玉环、南
澳处于高值区，长海、定海、东山三个海岛县（区）旅游效率水平处于较高区，
长岛、岱山、嵊泗、洞头四个海岛县（区）处于较低区，崇明、平潭处于低
值区。处于高值区和较高区的海岛县（区）数量占海岛总数的 50%，处于较
低区和低值区的海岛县（区）数量占海岛总数的 50%。

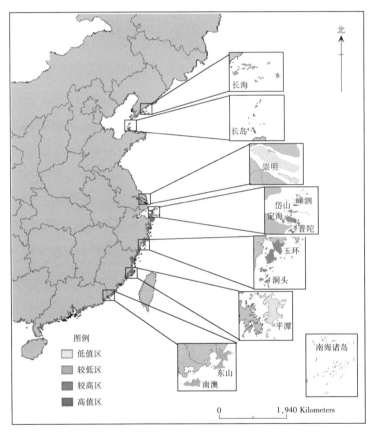

图 6.5b　海岛旅游效率空间格局（2006–2010）

从图 6.5b 海岛旅游效率空间格局来看，2006–2010 年期间，普陀区保持
在高值区，长岛由较低区跃升到高值区，定海保持在较高区，玉环和南澳由
高值区分别滑落到较高区和较低区，岱山、嵊泗、洞头由较低区上升到较高
区。处于高值区和较高区的海岛县（区）数量由 7 个，占海岛县（区）总数

的 58.3%。长海、东山由较高区滑落到较低区，崇明、平潭保持在低值区，较低区和低值区的海岛县（区）数量有 5 个，占海岛总数的 41.7%。

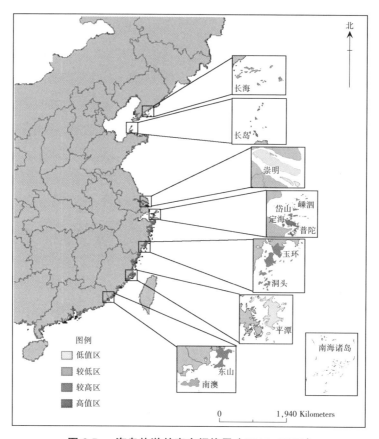

图 6.5c　海岛旅游效率空间格局（2011–2015）

从图 6.5c 海岛旅游效率空间格局来看，2011–2015 年期间，长岛、定海、普陀、嵊泗处于高值区，岱山、玉环、洞头、东山处于较高区，长海和南澳处于较低区，崇明和平潭保持在低值区。高值区和较高区海岛县的数量比 2006–2010 年期间有所提升，达到 8 个，占到海岛县（区）总数的 66.7%，较低区和低值区的海岛县（区）数量占海岛县（区）总数的 33.3%。

从旅游效率空间分布格局来看，旅游效率处于较高区和高值区的海岛数量逐期递增，由十五期间的 6 个提升到十一五期间的 7 个，再提升到十二五期间的 8 个，占比由 50% 上升到 66.7%，说明海岛县区不断提高旅游管理水平，注重海岛旅游发展质量，投入产出效果总体向好。但是崇明、平潭、南澳长期处于较低区或是低值区，说明 12 个海岛县的旅游效率地区相对差异较大，地区间发展不均衡。

12 个海岛县（区）分布广泛，从南至北跨热带、亚热带和温带三个气候带。各海岛县（区）的地理区位、交通区位有着较大的差异。平潭、东山、南澳分布在福建和广东两省，崇明、定海、普陀、岱山、嵊泗、玉环、洞头分布在上海、浙江两个省市，长海、长岛分布在辽宁和山东两个省份。根据海岛县（区）的地理区位、交通区位差异，将海岛划分为南部海岛、中部海岛、北部海岛。南部海岛包括平潭、东山、南澳，中部海岛包括崇明、定海、普陀、岱山、嵊泗、玉环、洞头，北部海岛包括长海和长岛。利用海岛旅游业绩和海岛旅游效率耦合协调度水平从南、中、北的地理区位考察海岛旅游绩效状况，有利于从总体上把握海岛旅游绩效的空间变化特征。

根据式 6.3 计算出 2001–2005 年、2006–2010 年、2011–2015 年三个时期海岛旅游业绩和旅游效率耦合协调度，考察海岛旅游绩效的区域差异特征，计算结果如下：

表 6.2　海岛旅游业绩与旅游效率协调度

区域	2001–2005		2006–2010		2011–2015	
	协调度值	协调程度评价	协调度值	协调程度评价	协调度值	协调程度评价
长海	0.336	较低	0.301	较低	0.509	一般
长岛	0.198	较低	0.736	较高	0.916	很高
崇明	0.003	较低	0.001	较低	0.001	较低
定海	0.702	较高	0.865	很高	0.956	很高
普陀	0.728	较高	0.829	很高	0.928	很高
岱山	0.530	一般	0.652	较高	0.739	较高
嵊泗	0.641	较高	0.752	较高	0.953	很高
玉环	0.974	很高	0.891	很高	0.640	较高

区域	2001-2005		2006-2010		2011-2015	
	协调度值	协调程度评价	协调度值	协调程度评价	协调度值	协调程度评价
洞头	0.435	一般	0.579	一般	0.394	较低
平潭	0.144	较低	0.075	较低	0.063	较低
东山	0.557	一般	0.247	较低	0.581	一般
南澳	0.405	一般	0.325	较低	0.224	较低

　　从表6.2可以看出，在2001-2005年期间，长海、长岛、崇明和平潭等4个区域处于旅游业绩和旅游效率协调度较低，意味着这4个区域旅游绩效水平较低。岱山、洞头、东山、南澳4个区域旅游业绩和旅游效率协调度处于一般水平，说明这4个区域旅游绩效水平一般。定海、普陀、嵊泗3个区域旅游业绩和旅游效率协调度处于较高水平，说明这3个区域旅游绩效水平较高，仅有玉环一个区域旅游绩效水平很高。2006-2010年期间，长海、崇明、平潭、东山、南澳5个区域旅游业绩和旅游效率协调水平较低，即这5个地区旅游绩效水平较低。洞头旅游业绩和旅游效率协调水平一般，即旅游绩效水平一般。长岛、岱山、嵊泗旅游业绩和旅游效率协调水平较高，即

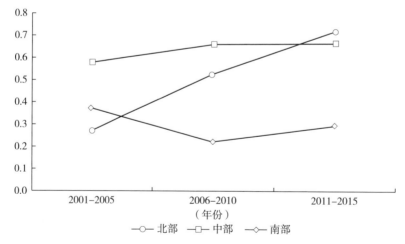

图6.6　海岛旅游绩效空间特征差异

旅游绩效水平较高。定海、普陀、玉环 3 个区域旅游业绩和旅游效率协调水平很高，即旅游绩效水平很高。2011-2015 年期间，崇明、洞头、平潭、南澳旅游业绩和旅游效率协调水平较低，即旅游绩效水平较低。长海和东山旅游业绩和旅游效率协调水平一般，即旅游绩效水平一般。岱山和玉环旅游业绩和旅游效率协调水平较高，即旅游绩效水平较高。而长岛、定海、普陀、嵊泗等 4 个区域旅游业绩和旅游效率协调水平很高，表明这 4 个区域旅游绩效水平很高。

从图 6.6 可以看出，南、中、北三个区域海岛旅游业绩和旅游效率耦合协调度水平都没有达到很高程度。中部海岛旅游业绩和旅游效率耦合协调度水平高于南部和北部海岛，即中部海岛旅游绩效水平优势明显。南部海岛旅游业绩和旅游效率耦合协调度水平较低，北部海岛旅游业绩和旅游效率耦合协调度水平呈一路上扬发展趋势。具体表现来看，北部海岛旅游业绩和海岛旅游效率耦合协调度水平呈明显的提升发展，旅游绩效水平经历较低、一般水平，最终达到较高水平，北部海岛旅游绩效水平上明显升。2011-2015 年期间，北部海岛旅游绩效水平已经超过中部。而中部海岛旅游业绩和海岛旅游效率耦合协调度水平波动比较平缓，提升幅度较小，由一般水平上升到较高水平，并稳定下来，说明中部海岛旅游绩效水平提升速度较为缓慢。南部海岛旅游业绩和海岛旅游效率耦合协调度水平一直处于较低水平，而且波动剧烈，下降趋势明显，上升幅度较小，意味着经过多年发展南部海岛旅游绩效水平依然较低。

总之，从旅游业绩和旅游效率的空间格局来看，12 个海岛县（区）旅游绩效地区间差异非常明显，这种相对差异具有长期的稳定性。定海、普陀、岱山、嵊泗、玉环五个海岛县（区）长期处于较高区和高值区，说明这五个海岛县（区）旅游发展绩效水平较高，地处长三角经济带，这里是中国经济最发达的区域之一，是中国国内旅游市场规模最大的区域之一，腹地浙江、江苏、上海等省市经济发展水平高，休闲度假旅游成为一种时尚，助推海岛旅游长盛不衰。尤其是普陀区"海天佛国"的旅游品牌，享誉国内外，吸引成千上万旅游者上岛，带动周边海岛旅游不断发展。长岛、长海旅游业绩和旅游效率虽有波动，总体发展趋势较好。环渤海经济区经济发展水平的提升，旅游市场发育越来越好，海岛旅游受到市场的热切关注。崇明、平潭、南澳长期处于较低区和低值区，旅游发展绩效水平较低，在新时期，这三个海岛县（区）旅游发展绩效水平仍有较大的提升空间。总体比较，中部海岛旅游绩效水平优于北部和南部海岛，但是北部海岛在最终超过中部海岛，南部海岛旅游绩效水平依然较低。

6.2 海岛旅游绩效时空特征演变

6.2.1 模型选择

6.2.1.1 马尔科夫链

马尔可夫链因安德烈·马尔可夫（A.A.Markov，1856—1922）而得名，他在研究普希金诗歌里元音字母和辅音字母交替出现的规律时提出了 Markov 过程的数学模型，是指数学中具有马尔可夫性质的离散事件随机过程。该过程中，在当前知识或信息已定的情况下，预测将来的状态（即当前以后的未来状态）与过去的状态（即当前以前的历史状态）是没有关联的。

在分析空间分布形态的演化概率时可以采用马尔可夫链进行描述。通过建立转移概率矩阵来检验空间形态的转移概率。马尔可夫链的基本原理是通过研究两种状态即初始状态与未来状态相互转变的可能性，描述两种不同空间状态的转移概率，进而探究出不同空间状态的演变规律。"无后效性"是马尔可夫过程的明显特征，即第 n 次的空间状态仅仅和其第 n–1 次的空间状态有关，而与以前的任何状态都没有关系。马尔可夫链将旅游绩效不同的海岛县（区）空间单元分解成不同的子类别，并对特定时期的转移概率进行检验。首先，构造状态空间矩阵 F_t，赋予 F_t 中每个状态 0–1 的概率值，以存储 t 时刻海岛县（区）相对旅游绩效信息；其次，建立 K×K 维的转移概率矩阵 M，这里 K 代表所有类别的数量，转移概率矩阵中的元素 $m(i,j,t)$ 指某个海岛县（区）在 t 时刻从 i 级别转变为 j 级别的概率；最后，将 t 时刻某海岛县（区）相对旅游绩效等级的概率表示为 K×1 维的状态概率向量 R_t，记为 $R_t = [R_{1,t}, R_{2,t}, \cdots, R_{k,t}]$，方程如下：

$$R_{t+1} = M \times R_t \qquad (6.6)$$

式中：M 指两个状态之间转换的 $K \times K$ 维转移概率矩阵。如果两个类之间转换概率不随时间改变，那么：

$$R_{t+p} = M_p \times R_t \qquad (6.7)$$

式中：p 为状态转移的步数。在不变时矩阵（$t \rightarrow \infty$）的假设前提下，可以进一步检验矩阵的性质，确定用来表明空间状态是否收敛或发散的 R_t 的遍历性分布。

6.2.1.2 地理集中指数

地理集中指数可以用来量度地理现象在空间或时间分布上的集中程度，可反映海岛旅游业绩和旅游效率的地区分布状况和时间变化规律。地理集中指数公式表示为：

$$G = 100 \times \sqrt{\sum_{i=1}^{n} \left(\frac{X_i}{X} \right)^2} \qquad (6.8)$$

G 值越接近 100，海岛旅游业绩、旅游效率越集中于某一个或几个海岛县（区）；反之，G 值越小，海岛旅游业绩、旅游效率越均衡。

6.2.2 海岛旅游绩效时空特征演变概率

运用马尔科夫链分析海岛旅游绩效的时空特征演变规律，以海岛旅游业绩和旅游效率耦合协调度的计算结果为基础，构造马尔科夫转移概率矩阵，探索海岛旅游绩效的时空变化概率。根据海岛旅游业绩和旅游效率协调度的计算结果，将 2001–2005、2006–2010、2011–2015 三个时期海岛旅游绩效水平分为很高、较高、一般、较低四个状态，如表 6.3 所示。

表 6.3　海岛旅游绩效状态

状态	2001–2005	2006–2010	2011–2015
很高	玉环	定海、普陀、玉环	长岛、定海、普陀、嵊泗
较高	定海、普陀、嵊泗	长岛、岱山、嵊泗	岱山、玉环
一般	岱山、洞头、东山、南澳	洞头	长海、东山
较低	长海、长岛、崇明、平潭	长海、崇明、平潭、东山、南澳	崇明、洞头、平潭、南澳

根据马尔科夫链原理，第 n 次状态仅与第 n-1 次状态有关，与以前的状态没有关系。以 2001-2005 年为基期，构建 2006-2010 年、2011-2015 年海岛旅游绩效的马尔科夫概率转移矩阵，分析海岛旅游绩效的动态变化规律（表 6.4）。

表 6.4 马尔科夫转移概率矩阵展示了海岛旅游绩效的动态变化概率。①对角线上的元素的数值并不完全大于非对角线上的数值，某一个海岛县（区）旅游业绩和旅游效率协调状态均有可能发生转移，意味着海岛旅游绩效状态不稳定，四种状态之间存在转移的可能性。②从海岛旅游绩效状态稳定性来看，海岛旅游绩效保持很高状态的最大概率为 100%，最小为 66.7%；海岛旅游绩效较高状态保持稳定的概率为 33.3%；海岛旅游绩效保持一般状态的最大可能性为 20%，最小为 0；海岛旅游绩效状态保持较差状态的概率最高为 75%，最小为 60%。③海岛旅游绩效不同状态之间转移的概率最大为 100%，最小为 25%。海岛旅游绩效向上转移的最大概率为 66.7%，跨状态转移的概率最大为 25%。海岛旅游绩效一般状态向下转移的概率最多达到 100%，向上转移的概率最多为 25%。海岛旅游绩效较高状态向上转移的概率保持 66.7%，向上转移概率很高，不存在向下转移可能性。海岛旅游绩效很高状态向下转移概率增加，达到 33.33%。④对角线上的元素的数值出现 0，而且远离对角线两侧的元素数值不为 0，说明海岛旅游绩效状态存在跨等级转移的可能性，在连续的时间内会出现跨等级转移现象。

表 6.4　海岛旅游绩效马尔科夫转移概率矩阵

t/t+1		较低	一般	较高	很高
2006–2010	较低	0.750	0.000	0.250	0.000
	一般	0.500	0.250	0.250	0.000
	较高	0.000	0.000	0.333	0.667
	很高	0.000	0.000	0.000	1.000
2011–2015	较低	0.600	0.400	0.000	0.000
	一般	1.000	0.000	0.000	0.000
	较高	0.000	0.000	0.333	0.667
	很高	0.000	0.000	0.333	0.667

根据以上分析，海岛旅游业绩和旅游效率协调度状态存在不稳定性，海岛旅游绩效状态存在转移的可能性。但是海岛旅游绩效状态总体发展格局基本稳定，尤其是旅游绩效较差和很高状态保持稳定性的概率较大。说明海岛旅游绩效可能陷入"贫困陷阱"，而且存在明显的"俱乐部趋同"现象。这与海岛地区地理位置和旅游产业发展水平有较大关系。长岛是环渤海经济区重要的旅游目的地，背靠京津地带，经济发展水平很高，旅游市场非常广阔。定海、普陀、岱山、嵊泗、玉环地处经济发达的长三角经济带，旅游市场规模庞大，科技创性能力很强，消费水平较高，旅游绩效水平远远优于其他海岛县（区）。崇明、平潭旅游产业发展规模较小，产业发展定位有所不同，旅游绩效水平较差。南澳旅游市场规模和经济效率规模相对较小，而且旅游效率和旅游业绩水平较低，协调程度较差，导致旅游绩效水平偏低。同时各海岛都在提升旅游管理水平，合理配置旅游要素，发挥旅游资源的最大效应，不断提升旅游产业发展水平，提升海岛旅游产业竞争力，导致海岛绩效水平发生状态转移存在一定的可能性。

6.2.3 海岛旅游绩效时空格局演变趋势

基于海岛旅游效率和旅游业绩的计算结果，利用地理集中指数计算出海岛旅游业绩、旅游效率的绝对差异值，观察海岛旅游绩效时空格局演变趋势（图 6.7 ）。

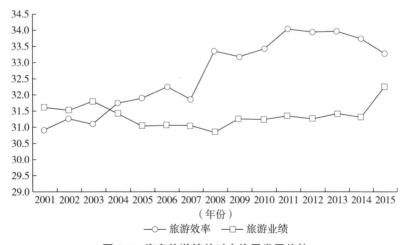

图 6.7 海岛旅游绩效时空格局发展趋势

　　从海岛旅游绩效时空格局发展趋势图可以看出，海岛旅游业绩、旅游效率的集中程度并不高。旅游业绩集中度最大值为 2015 年的 32.245，最小值为 2008 年的 30.846。2001–2005 年海岛旅游业绩集中度出现第一个起伏，主要是 2003 年"非典"的影响，导致不同区域的海岛县（区）上岛游客数量变化较大，旅游业绩总体空间差异增强。2006–2010 年期间处于第二个起伏期，主要是受到 2008 年全球金融危机的影响，海岛旅游产业整体受到影响，总体差异在缩小。2011–2015 年期间处于第三个起伏期，尤其是 2015 年，旅游业绩集中度小幅度抬升，意味着海岛区域旅游业绩总体差异再次增强。旅游业绩地理集中指数波动起伏较小，说明海岛地区旅游业绩虽有差异，但集聚特征不显著。旅游效率

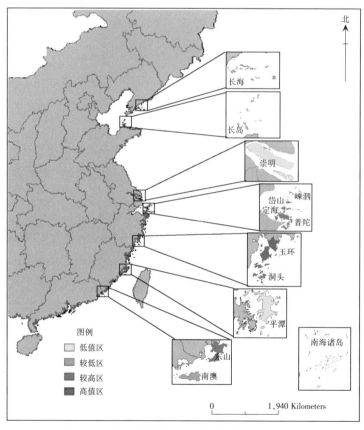

图 6.7a　海岛旅游绩效空间格局（2001–2005）

集中度呈现波动中上升趋势。旅游效率最大值为 2011 年的 34.049，最小值为 2001 年的 30.902。2003 年和 2008 年受"非典"和金融危机影响，出现两次明显的下降趋势。旅游效率时空特征总体差异不大，虽然处于上升趋势，但是总体发展趋势基本稳定。总体而言，旅游业绩和旅游效率的地理集中指数值并不高，远离 100，说明海岛旅游绩效时空格局总体发展趋势比较稳定，在未来很长的一段时间内，海岛旅游时空格局不会发生太大变化，保持当前格局稳定发展趋势。

将 2001–2005 年、2006–2010 年、2011–2015 年海岛旅游业绩和旅游效率的平均值通过组间聚类的方法，采用欧式氏平方距离进行聚类，将旅游绩效分为高值区、较高区、较低区、低值区四类，将聚类结果通过 ARCGIS10.0 空

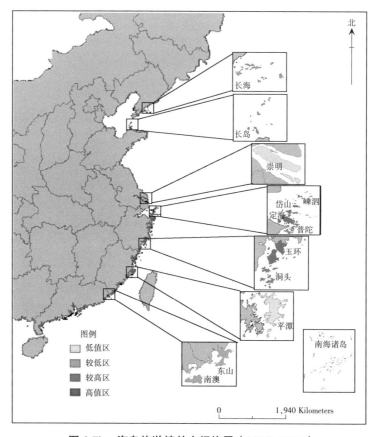

图 6.7b 海岛旅游绩效空间格局（2006–2010）

间可视化，观察海岛旅游绩效空间格局演变变化，结果图 6.7 所示。

从海岛旅游绩效空间格局可以看出，2001–2005 年期间，玉环处于高值区，说明玉环旅游绩效水平最高。定海、普陀、岱山、嵊泗、洞头、东山处于较高区，说明这 6 个海岛县（区）旅游绩效水平较高。长海、长岛、南澳处于较低区，说明这 3 个区域旅游绩效水平较低。崇明、平潭处于低值区，崇明和平潭旅游绩效水平最低。

在 2006–2010 年期间，定海、岱山、嵊泗、玉环处于高值区，与 2001–2005 年期间相比，高值区的海岛数量增加三个，总数达到 4 个。长岛、普陀、洞头处于较高区，比 2001–2005 年期间海岛数量少了 3 个，说明较高区的海

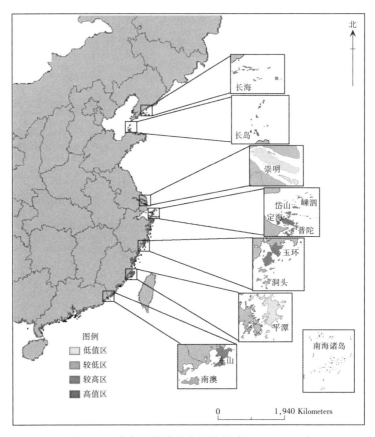

图 6.7c 海岛旅游绩效空间格局（2011–2015）

岛旅游绩效空间格局发生演变,这 7 个海岛县(区)旅游绩效处于较高以上水平。长海、东山、南澳处于较低区,东山空间状态发生变化,由 2001-2005 年期间的较高区转移到较低区。崇明、平潭处于低值区,说明这 5 个区域的旅游绩效处于较低以下水平。

2011-2015 年期间,长岛、定海、普陀、岱山处于高值区,长海、岱山、玉环、东山,处于较高区,较高以上水平的海岛县(区)比 2006-2010 年期间增加 1 个,说明海岛旅游业绩和旅游效率水平有所提升,旅游绩效空间状态发生演变。洞头旅游绩效空间状态发生演变,由较高区落入较低区。南澳仍然处于较低区,崇明、平潭仍然处于低值区,总数依然占到 12 个海岛县(区)的 25%,说明这 4 个海岛县(区)旅游绩效空间状态保持稳定,意味着这 4 个海岛县(区)旅游产业发展水平还有待于进一步提升。

总体而言,在 2001-2015 年期间,海岛旅游绩效相对格局基本稳定。尤其是 2006-2015 年的十年间,长岛、定海、普陀、岱山、嵊泗、玉环 6 个海岛县(区)保持在高值区和较高值区,南澳维持在较低区,崇明和平潭维持在低值区没有变化。其他海岛地区旅游绩效处于波动之中,造成海岛旅游绩效地区间差异有所变化。说明海岛旅游绩效地区间总体时空格局基本已经形成,在较长的时间内不会发生过大变化,发展趋势比较稳定。

虽然海岛地区旅游业绩和旅游效率耦合协调水平有所不同,但是海岛旅游绩效总体呈现出一定的演化规律。海岛旅游绩效总体时空格局演变趋势基本稳定,高绩效和较高绩效区域稳定在长岛、定海、普陀、岱山、嵊泗、玉环 6 个区域,海岛旅游发展绩效呈现"俱乐部趋同"现象。同样,低绩效和较低绩效维持在崇明、平潭、南澳,再次说明海岛旅游绩效空间呈现出非常明显的"贫困陷阱"现象。

6.3 海岛旅游绩效演进模式

通过海岛旅游业绩和旅游效率的组间聚类结果,将 2001-2005 年、2006-2010 年、2011-2015 年海岛旅游发展绩效分为高值区、较高区、较低区、低值区四类,据此将海岛旅游发展绩效的演进模式分为稳定、上升、下降和往复4种发展模式(表6.6),进一步剖析海岛旅游发展绩效的时空演变趋势。

表6.6　海岛旅游发展绩效演进模式

海岛	类型			模式
	2001–2005	2006–2010	2011–2015	
长海	较低	较低	较高	上升发展
长岛	较低	较高	高	上升发展
崇明	低	低	低	稳定发展
定海	较高	高	高	上升发展
普陀	较高	较高	高	上升发展
岱山	较高	高	较高	往复发展
嵊泗	较高	高	高	上升发展
玉环	高	高	较高	下降发展
洞头	较高	较高	较低	下降发展
平潭	低	低	低	稳定发展
东山	较高	较低	较高	往复发展
南澳	较低	较低	低	下降发展

稳定发展模式:12个海岛县(区)当中,有崇明、平潭2个区域保持低水平稳定发展模式,占海岛县(区)总数的六分之一。崇明、平潭由于旅游资源要素配置不够合理,产出效果较差,稳定在低水平上发展。

上升发展模式:海岛旅游绩效由低水平发展到高水平,呈现向上发展趋势。12个海岛县(区)当中,长海、长岛、定海、普陀、嵊泗5个区域属于上升发展模式,而且这5个区域中仅有长岛由较低绩效水平逐步发展到高绩效水平,并稳定下来。定海、普陀、嵊泗则由较高绩效水平发展到高绩效水平,并稳定下来。长海则由较低绩效水平发展到较高绩效水平。说明这5个区域产业结构合理,资源配置科学,能率先自主开发或及时吸收他人先进技术，保持旅游绩效水平上升发展。

下降发展模式：海岛旅游发展绩效呈现向下发展趋势，旅游绩效水平呈现下降趋势。玉环、洞头、南澳三个区域属于下降发展模式，尤其是玉环，旅游绩效水平由高水平突变到较高水平，变化很大。而洞头则由较高绩效水平下降到低绩效水平。南澳由较低绩效水平下降到低绩效水平。这3个区域旅游产业发展不太稳定，容易受到外部环境干扰，常常由于投入不足、突发事件等因素导致旅游绩效呈现向下发展趋势。

往复发展模式：海岛旅游绩效在不同绩效水平状态之间往复发展，岱山和东山属于这种情况。岱山旅游绩效经历较高－高－较高的发展历程，维持较高以上水平。东山旅游绩效经历较高－较低－较高的发展历程，出现向下发展趋势。出现反复主要是由于海岛内部要素的调整和外部因素的变动而导致旅游绩效发生一定波动。

从以上分析可以看出，海岛旅游发展绩效演进模式主要有稳定发展模式、上升发展模式、下降发展模式和往复发展模式四种形式。在较长的时期内，海岛旅游发展绩效的演进模式基本稳定。属于稳定发展模式的海岛旅游发展绩效变化趋势基本稳定，旅游经济欠发达，旅游效率较低，旅游业绩虽有提升，但不够明显，旅游绩效保持较低和低水平发展，崇明、平潭属于这种情况。属于上升发展模式的海岛旅游发展绩效呈现向上发展趋势，旅游绩效水平不断提升。旅游绩效向上发展趋势比较明显，旅游业绩水平较高，旅游产出效果较高，总体上呈增长发展趋势。长海、长岛、定海、普陀、嵊泗属于明显的上升发展模式。下降发展模式的海岛旅游绩效水平呈现向下发展趋势，旅游绩效由于受到海岛产业定位、突发因素等影响导致旅游绩效水平呈现下降趋势。玉环、洞头、南澳三个区域属于下降发展模式，但是玉环仍保持较高的旅游绩效水平。往复发展模式主要是海岛内部要素的调整和外部因素的变动而导致旅游绩效发生一定波动，岱山和东山属于这种情况。

通过以上海岛旅游绩效发展模式分析可以证实，海岛旅游绩效的空间格局趋势基本已定，在较长的时期内不会发生太大变化。属于稳定发展模式和上升发展模式的海岛县（区）有7个，占海岛县（区）总数的58.3%；属于下降发展模式的海岛数量有 3 个，仅占海岛总数的 25%；属于往复发展模式的海岛数量有 2 个，占海岛总数的 16.7%。从各海岛旅游绩效发展模式变化情况来看，具有一定的稳定性。因此海岛旅游发展绩效在未来较长时期内将保持稳定的发展趋势，海岛旅游发展绩效局部区域差异明显，但是总体发展趋势已定，空间特征差异不会出现明显波动。

6.4 小结

本章主要根据海岛旅游绩效的评价结果，采用赫芬达尔指数、变异系数、耦合协调度模型对海岛旅游绩效的时空特征进行描述，海岛旅游绩效时间变化特征总体差异不大，保持较为稳定的空间状态；海岛旅游绩效空间变化特征差异非常明显，这种相对差异具有长期的稳定性。通过马尔科夫链、地理集中指数对海岛旅游绩效的时空特征演变趋势进行刻画，海岛旅游绩效总体时空格局演变趋势基本稳定，存在非常明显"俱乐部趋同"和"贫困陷阱"现象。根据海岛旅游业绩和旅游效率的组间聚类结果，将 2001–2005 年、2006–2010 年、2011–2015 年海岛旅游发展绩效分为高值区、较高区、较低区、低值区四类，据此将海岛旅游发展绩效的演进模式分为稳定、上升、下降和往复 4 种发展模式。

7 中国海岛旅游绩效驱动机制

　　海岛旅游绩效是一个复杂的综合性系统，它是由一些相互联系、相互作用的影响元素组成的具有特定功能、达到某种目的的有机整体。海岛旅游发展绩效的变化及其空间特征的演化，不仅与海岛地区自身生产条件息息相关，而且与外部环境密切相关。

　　国内学者一般先通过对旅游绩效的影响因素进行识别，然后描述旅游绩效空间格局演化的驱动机理。曹芳东通过选取人均 GDP、商品销售总额、入境旅游接待人数 / 第三产业从业人数、人均交通道路面积、开设旅游专业院校占地区高校总数等 5 项指标对泛长三角洲地区城市旅游业绩效影响因素进行分析，并提出经济驱动力、市场驱动力、产业链驱动力、政府驱动力及综合驱动力共同作用于城市旅游业绩效空间格局演化过程[200]。随后其又通过对经济发展水平、市场化程度、交通条件、科技信息水平、资源禀赋、产业结构、制度供给等影响因素进行识别，描述了国家级风景名胜区旅游效率的空间演化机理[141]。林源源则通过对旅游收入、全要素生产率、旅游资源禀赋、旅游从业人员、旅游专业在校大学生数、旅游产业固定资产投资、人均国内生产总值、服务经济相对发展状况、开放程度、市场化、支持性因素、劳动力素质等因素进行识别，探讨旅游产业经济绩效的形成机理[201]。

　　海岛地区生产要素的不断变化，影响着海岛地区旅游绩效水平的发展变化。各种驱动力分别作用于相应的驱动要素，共同影响着海岛旅游绩效的发展变化。因此，本章内容从海岛旅游绩效的驱动要素着手，识别海岛旅游绩效驱动的影响因素，提炼海岛旅游发展绩效的驱动力，籍此进一步分析海岛旅游绩效驱动机制。

7.1 驱动因素选取

根据海岛旅游经济发展的实际情况，结合海岛旅游绩效的测度结果，选取 8 项指标作为影响因素：（1）腹地经济发展水平，腹地是海岛旅游产品的主要客源地，腹地经济发展水平越高，腹地居民收入越多，可支配收入随之增加，旅游需求不断提升，采用各海岛县（区）省级腹地人均 GDP（ingdp）表征。（2）海岛经济发展水平，海岛旅游开发依托于强大的经济后盾，为海岛旅游开发提供物质保障和资本支持，海岛经济发展水平决定了海岛基础设施完善的情况，采用海岛人均 GDP（igdp）表示。（3）海岛产业结构状况，调整海岛产业结构，转变海岛传统的经济生产生活方式，推动海岛旅游产业创新发展，提升海岛旅游产业综合绩效，用海岛旅游总收入 /GDP（stru）表示。（4）海岛交通条件，海岛交通状况好坏直接影响进岛游客交通便捷性，影响游客的旅游体验质量，采用海岛公路密度（tran）表征。（5）海岛旅游服务水平，海岛旅游服务质量对海岛旅游产业发展具有重要作用，优质的旅游服务能够提高旅游者的体验质量，用第三产业从业人数 / 海岛旅游接待人数（serv）表征海岛旅游服务水平。（6）海岛科技信息水平，现代科学技术运用于海岛旅游产业发展中，能够增强海岛旅游管理水平，增强海岛旅游应急事件处理能力，提高旅游者满意度，用海岛邮电业务量占所属市级区域比重（info）表示。（7）海岛生态环境质量，海岛特殊的地理环境，对生态环境保护提出较为严苛的标准。海岛优美的生态环境是吸引旅游者的重要影响因素，用人均绿地面积（envi）表征生态环境质量。（8）海岛城镇化水平，海岛城镇化建设水平是海岛发展的重要衡量指标，城镇化建设过程中，海岛基础设施建设得以完善，为海岛旅游产业发展奠定基础，用海岛人口城镇化水平（urba）表征。

7.2 驱动因素识别

7.2.1 驱动因素检验

在面板数据进行模型设定之前，需要对数据序列进行稳定性检验，以防止出现伪回归现象。将 8 个影响因素作为自变量，海岛旅游业绩和海岛旅游效率分别作为因变量进行平稳性检验。ADF 和 LLC 是数据序列平稳性进行检验的常用方法。ADF 原假设数据序列存在一个单位根，适用于对不同单位根的数据序列进行检验。LLC 原假设数据序列存在一个单位根，适用于对相同单位根的数据序列进行检验。本文采用两种方法对面板数据进行检验，只有两种方法均通过检验标书数据序列稳定。将面板数据以 2001 年为基期，分别以 2005 年、2010 年、2015 年为末期，运用 ADF 和 LLC 两种方法对面板数据进行平稳性检验，检验结果如表 7.1 所示：

从表 7.1a 面板数据平稳性检验（2001–2005）的结果可以看出，ADF 检验结果显示，tran、serv、urba 通过平稳性检验，其他变量没有通过平稳性检验。LLC 的检验结果显示，所有变量均通过平稳性检验。

表 7.1a　面板数据平稳性检验（2001–2005）

	ADF					LLC			
变量	截距或趋势	检验值	概率	结论	变量	截距或趋势	检验值	概率	结论
tp	全含	26.0467	0.3715	不平稳	tp	全含	−29.3024	0.0000	平稳
te	截距	21.9938	0.2323	不平稳	te	截距	−6.4463	0.0000	平稳
igdp	全含	29.3737	0.2064	不平稳	igdp	全含	−14.6082	0.0000	平稳
ingdp	全含	42.9708	0.0100	不平稳	ingdp	全含	−12.5972	0.0000	平稳
stru	截距	24.3904	0.4910	不平稳	stru	截距	−7.6090	0.0000	平稳
tran	截距	54.1311	0.0004	平稳	tran	截距	−70.4132	0.0000	平稳
serv	不含	97.9239	0.0000	平稳	serv	不含	−12.5492	0.0000	平稳
info	截距	54.9173	0.0003	平稳	info	截距	−7.2959	0.0000	平稳
envi	全含	20.3131	0.4385	不平稳	envi	全含	−8.5959	0.0000	平稳
urba	截距	81.4665	0.0000	平稳	urba	截距	−21.5329	0.0000	平稳

表 7.1b　面板数据平稳性检验（2001–2010）

	ADF					LLC			
变量	截距或趋势	检验值	概率	结论	变量	截距或趋势	检验值	概率	结论
tp	全含	28.3095	0.2472	不平稳	tp	全含	−4.5707	0.0000	平稳
te	截距	45.0317	0.0047	平稳	te	截距	−19.3928	0.0000	平稳
igdp	全含	8.5513	0.9984	不平稳	igdp	全含	1.6887	0.9544	不平稳
ingdp	全含	12.9512	0.9669	不平稳	ingdp	全含	−12.5972	0.0039	平稳
stru	全含	23.6703	0.4806	不平稳	stru	全含	−4.3114	0.0000	平稳
tran	全含	12.2163	0.9527	不平稳	tran	全含	−2.8199	0.0024	平稳
serv	不含	99.0629	0.0000	平稳	serv	截距	−4.2674	0.0000	平稳
info	截距	54.9173	0.0003	平稳	info	截距	−7.2959	0.0000	平稳
envi	全含	56.6241	0.0002	平稳	envi	全含	−5.6532	0.0000	平稳
urba	截距	44.1875	0.0000	平稳	urba	截距	−3.9490	0.0000	平稳

从表 7.1b 面板数据平稳性检验（2001–2010）的结果可以看出，ADF 检验结果显示，te、serv、info、envi、ubra 等 5 个变量通过平稳性检验，其他变量没有通过平稳性检验。LLC 的检验结果显示，仅有 igdp 1 个变量没有通过平稳性检验，其他变量均通过平稳性检验。

表 7.1c　面板数据平稳性检验（2001–2015）

	ADF					LLC			
变量	截距或趋势	检验值	概率	结论	变量	截距或趋势	检验值	概率	结论
tp	全含	32.0885	0.1248	不平稳	tp	全含	−1.9409	0.0061	平稳
te	截距	42.2832	0.0019	平稳	te	截距	−16.8063	0.0000	平稳
igdp	全含	34.4676	0.0767	不平稳	igdp	全含	−5.1531	0.0000	平稳
ingdp	全含	22.7327	0.5356	不平稳	ingdp	全含	−2.8487	0.0022	平稳
stru	全含	13.3990	0.9591	不平稳	stru	全含	1.5803	0.9430	不平稳
tran	全含	13.1183	0.9298	不平稳	tran	全含	0.6197	0.7323	不平稳

	ADF					LLC			
变量	截距或趋势	检验值	概率	结论	变量	截距或趋势	检验值	概率	结论
serv	不含	151.682	0.0000	平稳	serv	不含	−12.4634	0.0000	平稳
info	全含	30.9412	0.1555	不平稳	info	全含	−2.0421	0.0206	不平稳
envi	全含	34.2000	0.0812	不平稳	envi	全含	−3.2142	0.0007	平稳
urba	截距	55.9691	0.0002	平稳	urba	截距	−8.6646	0.0000	平稳

从表 7.1c 面板数据平稳性检验（2001–2015）的结果可以看出，ADF 的检验结果显示，te、serv、urba 等 3 个变量通过平稳性检验，其他变量没有通过平稳性检验。LLC 的检验结果显示，tp、te、igdp、ingdp、serv、envi、urba 等 7 个变量通过平稳性检验。

利用 ADF 和 LLC 两种方法对面板数据进行平稳性检验，能够更科学的处理数据。本文为了使回归结果更为贴近实际，采用两种方法均通过平稳性检验，才认为变量之间存在线性关系，对模型识别才更为有效。因此，需要对三个时期的面板数据进行差分处理，进一步检验其稳定性。结果图 7.2 所示：

表 7.2a　数据序列一阶差分检验结果（2001–2005）

	ADF					LLC			
变量	截距或趋势	检验值	概率	结论	变量	截距或趋势	检验值	概率	结论
tp	不含	54.4825	0.0004	平稳	tp	不含	−5.4687	0.0000	平稳
te	不含	50.5312	0.0002	平稳	te	不含	−8.3087	0.0000	平稳
igdp	不含	38.0802	0.0034	平稳	igdp	不含	−11.0170	0.0000	平稳
ingdp	不含	56.4275	0.0002	平稳	ingdp	不含	−12.0045	0.0000	平稳
stru	不含	56.6226	0.0006	平稳	stru	不含	−17.7497	0.0000	平稳
tran	不含	70.2900	0.0000	平稳	tran	不含	−47.4265	0.0000	平稳
serv	不含	41.5692	0.0014	平稳	serv	不含	−15.7130	0.0000	平稳

续表

变量	ADF				变量	LLC			
	截距或趋势	检验值	概率	结论		截距或趋势	检验值	概率	结论
info	截距	62.8713	0.0000	平稳	info	截距	−3.7168	0.0000	平稳
envi	截距	35.9332	0.0057	平稳	envi	不含	−18.8715	0.0000	平稳
urba	不含	90.3699	0.0000	平稳	urba	不含	−20.6645	0.0000	平稳

从表 7.2a 数据序列一阶差分的检验结果来看，2001–2005 年面板数据，经过一阶差分处理后，所有变量的概率值 p 值均小于 0.01，拒绝原假设，不存在单位根，序列平稳，可以建立模型，进行回归分析。

表 7.2b　数据序列一阶差分检验结果（2001–2010）

变量	ADF				变量	LLC			
	截距或趋势	检验值	概率	结论		截距或趋势	检验值	概率	结论
tp	截距	62.3673	0.0000	平稳	tp	截距	−8.5284	0.0000	平稳
te	截距	86.5086	0.0000	平稳	te	截距	−18.6532	0.0000	平稳
igdp	截距	74.9769	0.0000	平稳	igdp	截距	−7.8365	0.0000	平稳
ingdp	全含	76.9017	0.0000	平稳	ingdp	全含	−9.7754	0.0000	平稳
stru	截距	61.5951	0.0000	平稳	stru	截距	−8.4936	0.0000	平稳
tran	截距	54.1147	0.0000	平稳	tran	截距	−8.5201	0.0000	平稳
serv	截距	65.6081	0.0000	平稳	serv	截距	−8.7795	0.0000	平稳
info	截距	50.4298	0.0012	平稳	info	截距	−6.1568	0.0000	平稳
envi	截距	101.555	0.0057	平稳	envi	截距	−8.0380	0.0000	平稳
urba	不含	76.1390	0.0000	平稳	urba	截距	−56.7834	0.0000	平稳

从表 7.2b 数据序列一阶差分的检验结果来看，2001–2010 年面板数据，经过一阶差分处理后，所有变量的概率值 p 值均小于 0.01，拒绝原假设，不存在单位根，序列平稳，可以建立模型，进行回归分析。

表 7.2c　数据序列一阶差分检验结果（2001-2015）

| | ADF | | | | | LLC | | | |
变量	截距或趋势	检验值	概率	结论	变量	截距或趋势	检验值	概率	结论
tp	截距	99.7100	0.0000	平稳	tp	截距	−7.8962	0.0000	平稳
te	截距	106.063	0.0000	平稳	te	截距	−6.6804	0.0000	平稳
igdp	截距	51.2938	0.0010	平稳	igdp	截距	−4.8167	0.0000	平稳
ingdp	截距	65.3904	0.0000	平稳	ingdp	截距	−6.2829	0.0000	平稳
stru	截距	73.3366	0.0000	平稳	stru	截距	−6.0510	0.0000	平稳
tran	截距	71.6475	0.0000	平稳	tran	截距	−8.4176	0.0000	平稳
serv	截距	67.9440	0.0000	平稳	serv	截距	−5.4443	0.0000	平稳
info	截距	101.111	0.0000	平稳	info	截距	−9.7382	0.0000	平稳
envi	截距	137.091	0.0000	平稳	envi	截距	−15.2101	0.0000	平稳
urba	截距	72.4912	0.0000	平稳	urba	截距	−15.7812	0.0000	平稳

从表 7.2c 数据序列一阶差分的检验结果来看，2001-2015 年面板数据，经过一阶差分处理后，所有变量的概率值 p 值均小于 0.01，拒绝原假设，不存在单位根，序列平稳，可以建立模型，进行回归分析。

通过以上的平稳性检验可以看出，数据序列经过一阶差分后由非平稳变为平稳。因此为了避免出现数据分析过程中存在伪回归现象，继续对数据进行协整检验。本文中的被解释变量为 2 个，解释变量为 8 个，采用基于回归残差的协整检验方法进行检验。分别对 te、tp 方程序列进行回归并生成残差后，对残差序列进行单位根检验，以确定真伪。输出结果为如下：

表 7.3　协整检验结果

时期	2001–2005		2001–2010		2001–2015	
方法	ADF	LLC	ADF	LLC	ADF	LLC
te	0.0001	0.0000	0.0034	0.0002	0.0002	0.0000
tp	0.0000	0.0000	0.0000	0.0013	0.0036	0.0000

从表 7.3 的协整检验结果可以看出，te、tp 回归残差的平稳性检验概率值 p 均小于 0.01，故在 1% 水平下，残差不存在单位根，通过协整检验。因此，旅游绩效各个自变量之间存在长期的协整关系，可以进行回归分析。

7.2.2 模型建立

面板数据由众多评价对象的多个时期的数据所构成。面板数据模型将时间和截面空间上的二维样本数据作为变量，分析变量之间的相互作用关系，面板数据模型具有减少共线性、提供更多信息、更多变化、更高自由度和估计效率的诸多优点。面板数据模型主要有变系数面板数据模型、变截距面板数据模型和混合面板数据模型 3 种类型。变系数模型着重考虑时间序列数据的变化，同时兼顾数据自身的个体影响和数据之间的结构差异，变系数模型假设比较复杂，本文研究重点是识别影响因素的作用，此模型主要侧重同一因素不同时间点的变化因此，予以剔除。变截距模型着重考虑指标的个体影响而忽略了指标的结构影响，不考虑系数向量，变截距模型重点考察不同影响因素同一截面的作用效果。混合面板数据模型则对样本变化所造成样本整体的变化趋势进行重点考察，混合面板数据模型经常会缺少对样本之间差异信息的考察，这与本文的研究目的相悖。综合三种模型，结合本文研究需要确定选择变截距模型。

面板数据建立回归模型需要经过 F 检验和 LR 检验确定建立固定效应模型还是混合横截面模型。对 2001–2005 年、2001–2010 年、2001–2015 年面板数据进行 F 检验和 LR 检验结果如下：

表 7.4　F 检验和 LR 检验结果

时期	检验结果	tp	te
	F 统计量	10.3867	2.8999
	伴随概率	0.0000	0.0000
2001–2005	LR 统计量	80.9834	35.1827
	伴随概率	0.0000	0.0000

续表

时期	检验结果	tp	te
2001–2010	F 统计量	6.9814	8.3459
	伴随概率	0.0000	0.0000
	LR 统计量	68.3792	78.1576
	伴随概率	0.0000	0.0000
2001–2015	F 统计量	8.0008	10.7990
	伴随概率	0.0000	0.0000
	LR 统计量	78.8925	99.9507
	伴随概率	0.0000	0.0000

从表 7.4 的检验结果来看，2001–2005 年、2001–2010 年、2001–2015 年三个时期旅游业绩 F 统计量和 LR 的统计量的伴随概率均为 0.0000，小于 0.01，拒绝原假设，因此应建立固定效应模型。旅游效率 F 统计量和 LR 的统计量的伴随概率均为 0.0000，小于 0.01，拒绝原假设，应该建立固定效应模型。

经过 F 检验和 LR 检验后可知，面板数据拒绝建立混合面板数据模型的假设。至于采用固定效应模型还是随机效应模型，还需要采用 Hausman 检验之后确定。Hausman 检验结果如表 7.5 所示：

表 7.5　Hausman 检验结果

时期	检验项目	旅游业绩	旅游效率
2001–2005	统计量	10.9370	16.1902
	伴随概率	0.0000	0.0397
2001–2010	F 统计量	9.4885	41.1857
	伴随概率	0.3028	0.0000
2001–2015	F 统计量	5.0822	17.0246
	伴随概率	0.7488	0.0299

从表 7-5 Hausman 检验结果可知，2001–2005 年，旅游业绩检验统计量为 10.9370，伴随概率为 0.0000，拒绝固定效应模型与随机效应模型不存在系统差异的原假设，应建立固定效应模型。旅游效率检验统计量为 16.1902，伴随概率为 0.0397，无法拒绝固定效应模型与随机效应模型不存在系统差异的原假设，应建立随机效应模型。2001–2010 年，旅游业绩检验统计量为 9.4885，伴随概率为 0.3028，无法拒绝固定效应模型与随机效应模型不存在系统差异的原假设，应建立随机效应模型。旅游效率的检验统计量为 41.1857，伴随概率为 0.0000，拒绝固定效应模型与随机效应模型不存在系统差异的原假设，应建立固定效应模型。2001–2015 年，旅游业绩检验统计量为 5.0822，伴随概率为 0.7488，无法拒绝固定效应模型与随机效应模型不存在系统差异的原假设，应建立随机效应模型。旅游效率检验统计量为 17.0246，伴随概率为 0.0299，同样无法拒绝固定效应模型与随机效应模型不存在系统差异的原假设，应建立随机效应模型。

根据以上分析，本文建立固定效应变截距模型和随机效应变截距模型如下：

固定效应变截距模型：

$$Y_{it} = \alpha_i + \sum_{i=1}^{k} \beta_i x_{it} + \nu_{it} \qquad (7.1)$$

随机效应变截距模型：

$$Y_{it} = \alpha_i + \sum_{i=1}^{k} \beta_i x_{it} + u_i + \nu_{it} \qquad (7.2)$$

7.2.3 驱动因素估计结果分析

根据 Hausman 检验结果，建立固定效应变截距模型和随机效应变截距模型。基于本文研究的需要，分别以采用固定效应和随机效应两个模型对被解释变量的影响因素进行分析。对于影响因素的识别，采用 EVIEWS6.0 软件进行操作，结果如表 7.6 所示：

表 7.6a 海岛旅游绩效影响因素估计结果（2001–2005）

Variable	te				tp			
	Coefficient	Std. Error	t–Statistic	Prob.	Coefficient	Std. Error	t–Statistic	Prob.
C	1.6863	2.6058	0.6472	0.5212	–2.7725	0.8784	–3.1562	0.003
Ingdp（X_1）	–0.8010	0.4401	–1.8198	0.0763	–0.1925	0.1483	–1.2980	0.2017
igdp（X_2）	0.5895	0.3322	1.7742	0.0836	0.1521	0.1120	1.3580	0.1821
stru（X_3）	0.7359	0.4869	1.5115	0.1385	0.4719	0.1641	2.8754	0.0064
tran（X_4）	–0.5764	0.6787	–0.8493	0.4008	0.1230	0.2288	0.5376	0.5938
serv（X_5）	–0.1212	0.2608	–0.4647	0.6447	0.2205	0.0879	2.5082	0.0163
info（X_6）	0.0192	0.2490	0.0770	0.9390	0.0791	0.0839	0.9434	0.3511
envi（X_7）	–2.0921	0.9753	–2.1451	0.0381	0.3944	0.3287	1.1997	0.2373
urba（X_8）	–1.0741	0.6846	–1.5689	0.1245	–0.2764	0.2307	–1.1976	0.2381

R–squared	0.8620		R–squared	0.9665
Adjusted R–squared	0.7965		Adjusted R–squared	0.9506
Mean dependent var	–0.6166		Mean dependent var	–0.1823
S.D. dependent var	0.6955		S.D. dependent var	0.4760
S.E. of regression	0.3136		S.E. of regression	0.1057
Akaike info criterion	0.7804		Akaike info criterion	–1.3942
Sum squared resid	3.9362		Sum squared resid	0.4473
Schwarz criterion	1.4785		Schwarz criterion	–0.6961
Log likelihood	–3.4128		Log likelihood	61.8271
Hannan–Quinn criter.	1.0534		Hannan–Quinn criter.	–1.1211
F–statistic	13.1589		F–statistic	60.8313
Durbin–Watson stat	2.0577		Durbin–Watson stat	2.1588
Prob（F–statistic）	0.0000		Prob（F–statistic）	0.0000

从表 7.6a 2001–2005 年海岛旅游绩效影响因素的估计结果来看，te 的 R^2 为 0.8620，调整后的 R^2 为 0.7965，说明变量 ingdp、igdp、stru、tran、serv、info、envi、urba 等 8 个变量能够解释旅游效率近 80% 的变化，回归方程与数据变量具有良好的拟合度，也就是说解释变量对被解释变量具有较好的解释能力。tp 的 R^2 为 0.9665，调整后的 R^2 为 0.9506，说明变量 ingdp、igdp、stru、

tran、serv、info、envi、urba 等 8 个变量能够解释旅游业绩 95% 的变化，回归方程与数据变量具有很好的拟合度，也就是说解释变量对被解释变量具有较好的解释能力。旅游效率的估计结果显示，海岛生态环境质量通过 5% 的显著性检验，腹地经济发展水平、海岛经济发展水平通过 10% 的显著性检验，表明这三个因素是海岛旅游效率空间特征的主要影响因素。其他变量没有通过显著性检验，表明其他变量对旅游效率没有显著性影响。从各因素的估计系数来看，海岛经济发展水平的系数显著为正，表明海岛旅游经济发展水平对海岛旅游效率具有积极的影响。而腹地经济发展水平、海岛生态环境质量显著为负，表明这两个因素对海岛旅游效率具有明显的约束性作用。旅游业绩的估计结果显示，海岛产业结构通过 1% 的显著性检验，海岛旅游服务质量通过 5% 的显著性检验，表明海岛产业结构和海岛旅游服务质量是海岛旅游业绩的主要影响因素。其他影响因素没有通过显著性检验，表明其他因素对海岛旅游业绩没有显著性影响。从各因素的估计系数来看，海岛产业结构、海岛旅游服务质量的系数显著为正，表明海海岛产业结构和海岛旅游服务质量对海岛旅游业绩具有显著的正向作用。根据回归系数，分别建立 2001–2005 年旅游效率和旅游业绩的解释变量与被解释变量的多元回归模型：

$$Y_{te} = 1.6863 - 0.8010X_1 + 0.5895X_2 - 2.0921X_7 \qquad (7.3)$$

$$Y_{tp} = -2.7725 + 0.4719X_3 + 0.2205X_5 \qquad (7.4)$$

根据式 7.3，腹地经济发展水平每增加一个单位，海岛旅游效率会降低 0.8010。海岛经济发展水平每增加一个单位，海岛旅游效率会提升 0.5895。海岛生态环境质量每增加一个单位，海岛旅游效率会降低 2.0921。意味着海岛经济水平的促进作用较强，腹地经济发展水平和生态环境质量是海岛旅游效率起到明显的约束性作用，而且海岛生态环境质量的约束性强于腹地经济发展水平。根据式 7.4，海岛产业结构每提升一个单位，海岛旅游业绩会提升 0.4719，海岛旅游服务质量每提升 1 个单位，海岛旅游业绩会提升 0.2205。意味着海岛产业结构状况比海岛旅游服务质量更能够促进海岛旅游业绩水平提升。

总体而言，2001–2005 年期间，腹地经济发展水平、海岛经济发展水平、海岛产业结构、海岛旅游服务质量、海岛旅游生态环境等5个因素是海岛旅游绩效的主要影响因素，对海岛旅游绩效的发展变化起到主要作用。其中腹地经济发展水平和海岛生态环境质量对海岛旅游绩效提升起到显著的约束性作用。海岛经济发展水平、海岛产业结构、海岛旅游服务质量对海岛旅游绩效起到积极的推动作用，是海岛旅游绩效发展变化的主要推动力量。

表 7.6b　海岛旅游绩效影响因素估计结果（2001–2010）

Variable	te				tp			
	Coefficient	Std. Error	t–Statistic	Prob.	Coefficient	Std. Error	t–Statistic	Prob.
C	−0.7181	0.4402	−1.6314	0.1059	−0.9327	0.2295	−4.0632	0.0001
lngdp（X_1）	−0.6847	0.1974	−3.4670	0.0008	0.0440	0.1029	0.4276	0.6698
igdp（X_2）	0.4985	0.1772	2.8123	0.0059	0.2828	0.0924	3.0598	0.0028
stru（X_3）	0.6517	0.1871	3.4814	0.0007	0.5423	0.0976	5.5558	0.0000
tran（X_4）	−0.2592	0.1794	−1.4448	0.1516	0.1779	0.0935	1.9016	0.0601
serv（X_5）	−0.0944	0.1561	−0.6046	0.5468	0.5212	0.0814	6.4002	0.0000
info（X_6）	0.3605	0.1026	3.5136	0.0007	0.1935	0.0535	3.6165	0.0005
envi（X_7）	−0.6890	0.2430	−2.8352	0.0055	−0.2818	0.1267	−2.2236	0.0284
urba（X_8）	−0.8640	0.3305	−2.6136	0.0103	−0.3038	0.1723	−1.7622	0.0811

R–squared		0.8759	R–squared	0.9127
Adjusted R–squared		0.8523	Adjusted R–squared	0.8961
Mean dependent var		−0.3108	Mean dependent var	−0.0696
S.D. dependent var		0.3317	S.D. dependent var	0.2062
S.E. of regression		0.1274	S.E. of regression	0.0664
Akaike info criterion		−1.1304	Akaike info criterion	−2.4326
Sum squared resid		1.6255	Sum squared resid	0.4420
Schwarz criterion		−0.6658	Schwarz criterion	−1.9680
Log likelihood		87.8267	Log likelihood	165.9602
Hannan–Quinn criter.		−0.9417	Hannan–Quinn criter.	−2.2440
F–statistic		37.1517	F–statistic	55.0386
Durbin–Watson stat		1.3353	Durbin–Watson stat	1.0081
Prob（F–statistic）		0.0000	Prob（F–statistic）	0.0000

从表 7.6b2001-2010 年海岛旅游绩效影响因素的估计结果中可以看出，te 的 R^2 为 0.8759，调整后的 R^2 为 0.8523，说明变量 ingdp、igdp、stru、tran、serv、info、envi、urba 等 8 个变量能够解释旅游效率 85% 的变化，回归方程与数据变量具有良好的拟合度，也就是说解释变量对被解释变量具有较好的解释能力。tp 的 R^2 为 0.9127，调整后的 R^2 为 0.8961，说明变量 ingdp、igdp、stru、tran、serv、info、envi、urba 等 8 个变量能够解释旅游业绩近 90% 的变化，回归方程与数据变量具有良好的拟合度，也就是说解释变量对被解释变量具有较好的解释能力。旅游效率的估计结果显示，腹地经济发展水平、海岛经济发展水平、海岛产业结构、海岛科技信息水平、海岛生态环境质量等五个因素通过 1% 的显著性检验，而海岛城镇化水平通过 5% 的显著性检验。表明在 2001-2010 年期间，腹地经济发展水平、海岛经济发展水平、海岛产业结构、海岛科技信息水平、海岛生态环境质量、海岛城镇化水平等六个因素是海岛旅游效率的主要影响因素。从估计系数来看，海岛经济发展水平、海岛产业结构、海岛科技信息水平的系数显著为正，说明海岛经济发展水平、海岛产业结构、海岛科技信息水平是海岛旅游效率的正向影响因素，推动海岛旅游效率正向发展。腹地经济发展水平、海岛生态环境质量、海岛城镇化水平的估计系数显著为负，表明腹地经济发展水平、海岛生态环境质量、海岛城镇化水平等三个因素是海岛旅游效率提升的约束性因素。从旅游业绩的估计结果来看，海岛经济发展水平、海岛产业结构、海岛旅游服务质量、海岛科技信息水平通过 1% 的显著性检验，海岛生态环境质量通过 5% 的显著性检验，海岛交通条件和海岛城镇化水平通过 10% 的显著性检验，说明海岛经济发展水平、海岛产业结构、海岛旅游服务质量、海岛科技信息水平、海岛生态环境质量、海岛交通条件、海岛城镇化水平等七个因素对海岛旅游业绩发展起到主要影响作用。腹地经济发展水平没有通过显著性检验，说明腹地经济发展水平对海岛旅游业绩的影响不够显著。从各变量的估计系数来看，海岛经济发展水平、海岛产业结构、海岛科技信息水平的系数显著为正，表明这三个因素对海岛旅游业绩发展起到积极的正向作用。海岛旅游服务质量、海岛生态环境质量、海岛交通条件、海岛城镇化水平等四个因素的系数显著为负，说明这四个因素对海岛旅游业绩的发展起到约束作用。根据回归系数，分别建立 2001–2010 年旅游效率和旅游业绩的解释变量与被解释变量的多元回归模型：

$$Y_{te} = -0.7181 - 0.6847X_1 + 0.4985X_2 + 0.6517X_3 + 0.3605X_6 \\ - 0.6890X_7 - 0.8640X_8 \qquad (7.5)$$

$$Y_{tp} = -0.9327 + 0.2828X_2 + 0.5423X_3 + 0.1779X_4 + 0.5212X_5 \\ + 0.1935X_6 - 0.2818X_7 - 0.3038X_8 \qquad (7.6)$$

根据式 7.5，腹地经济发展水平、海岛生态环境质量、城镇化水平每增加一个单位，海岛旅游效率分别会降低 0.6847、0.6890、0.8604，而海岛经济发展水平、海岛产业结构、海岛科技信息水平每增加一个单位，海岛旅游效率分别会提升 0.4985、0.6517、0.3605。意味着海岛产业结构对海岛旅游效率起到促进作用明显强于海岛经济发展水平和海岛科技信息水平，海岛城镇化水平对海岛旅游效率的约束作用明显强于腹地经济发展水平和海岛生态环境质量。根据式 7.6，海岛经济发展水平、海岛产业结构、海岛交通条件、海岛旅游服务质量、海岛科技信息水平每增加一个单位，海岛旅游业绩分别会提升0.2828、0.5423、0.1779、0.5212、0.1935，而海岛生态环境质量和海岛城镇化水平每增加一个单位，海岛旅游业绩会降低 0.2818 和 0.3038。意味着海岛产业结构对海岛旅游业绩的促进作用强于海岛旅游服务质量、海岛经济发展水平、海岛科技信息水平和海岛交通条件。海岛城镇化水平对海岛旅游业绩的约束作用强于海岛生态环境质量。

总之，2001–2010 年对海岛旅游发展绩效影响作用显著的因素的数量比2001–2005 年间有所增加，投入变量对海岛旅游发展绩效的影响作用不断增强。海岛经济发展水平、海岛产业结构和海岛科技信息水平对海岛旅游绩效发展具有明显的二维推动作用，是海岛旅游发展绩效发展演变的积极因素。海岛交通条件、海岛旅游服务质量对海岛旅游发展绩效起到一维推动作用，而海岛生态环境质量、海岛城镇化水平对海岛旅游发展绩效起到明显的二维约束作用。

表 7.6c 海岛旅游绩效影响因素估计结果（2001-2015）

Variable	te				tp			
	Coefficient	Std. Error	t-Statistic	Prob.	Coefficient	Std. Error	t-Statistic	Prob.
C	−3.2052	0.0639	−50.1043	0.0000	−2.4788	0.0338	−73.2342	0.0000
lngdp（X_1）	−0.5807	0.0168	−34.4852	0.0000	−0.2361	0.0089	−26.5037	0.0000
igdp（X_2）	0.5045	0.0227	22.2204	0.0000	0.4599	0.0120	38.2841	0.0000
stru（X_3）	0.8724	0.0159	54.6280	0.0000	0.5918	0.0084	70.0337	0.0000
tran（X_4）	0.0225	0.0399	0.5651	0.572	0.1359	0.0211	6.4384	0.0000
serv（X_5）	0.4190	0.0174	23.9599	0.0000	0.6220	0.0092	67.2088	0.0000
info（X_6）	−0.0124	0.0115	−1.0787	0.2808	0.0383	0.0060	6.2875	0.0000
envi（X_7）	−0.1093	0.0149	−7.3209	0.0000	−0.0763	0.0078	−9.6677	0.0000
urba（X_8）	−0.3610	0.0207	−17.3876	0.0000	−0.2394	0.0109	−21.7947	0.0000

R-squared		0.8012	R-squared		0.8610
Adjusted R-squared		0.8005	Adjusted R-squared		0.8605
Mean dependent var		−0.7702	Mean dependent var		−0.1745
S.D. dependent var		0.8363	S.D. dependent var		0.5292
S.E. of regression		0.3735	S.E. of regression		0.1976
Sum squared resid		300.11	Sum squared resid		84.0190
F-statistic		1084.208	F-statistic		1666.306
Durbin-Watson stat		0.6630	Durbin-Watson stat		0.5953
Prob（F-statistic）		0.0000	Prob（F-statistic）		0.0000

从表 7-6c2001-2015 年海岛旅游发展绩效影响因素估计结果来看，te 的 R^2 为 0.8012，调整后的 R^2 为 0.8005，说明变量 ingdp、igdp、stru、tran、serv、info、envi、urba 等 8 个变量能够解释旅游效率近 80% 的变化，回归方程与数据变量具有良好的拟合度，也就是说解释变量对被解释变量具有较好的解释能力。tp 的 R^2 为 0.8610，调整后的 R^2 为 0.8605，说明变量 ingdp、igdp、stru、tran、serv、info、envi、urba 等 8 个变量能够解释旅游业绩 86% 的变化，回归方程与数据变量具有很好的拟合度，也就是说解释变量对被解释变量具有较好的解释能力。旅游效率的估计结果显示，腹地经济发展水平、海岛经济发

展水平、海岛产业结构、海岛旅游服务质量、海岛生态环境质量、海岛城镇化水平等六个因素均通过 1% 的显著性检验，说明这六个变量对海岛旅游效率的影响作用在不断增强，是海岛旅游效率发展的主要影响因素。从估计系数来看，海岛经济发展水平、海岛产业结构、海岛旅游服务质量的系数显著为正，说明这三个因素对海岛旅游效率的发展起到积极的推动作用。腹地经济发展水平、海岛生态环境质量、海岛城镇化水平三个因素的系数显著为负，说明这三个因素是海岛旅游效率发展的约束性因素。从旅游业绩的估计结果来看，腹地经济发展水平、海岛经济发展水平、海岛产业结构、海岛交通条件、海岛旅游服务质量、海岛科技信息水平、海岛生态环境质量、海岛城镇化水平八个因素全部通过 1% 的显著性检验，说明这八个因素对海岛旅游业绩发展起到显著的影响。从估计系数来看，海岛经济发展水平、海岛产业结构、海岛交通条件、海岛旅游服务质量、海岛科技信息水平五个因素的系数显著为正，说明这五个因素对海岛旅游业绩发展起到积极的推动作用，而腹地经济发展水平、海岛生态环境质量、海岛城镇化水平的系数显著为负，说明这三个因素是海岛旅游业绩发展约束性因素。根据回归系数，分别建立 2001–2015 年旅游效率和旅游业绩的解释变量与被解释变量的多元回归模型：

$$Y_{te} = -3.2052 - 0.5807X_1 + 0.5045X_2 + 0.8724X_3 + 0.4190X_5 \\ -0.1093X_7 - 0.3610X_8 \tag{7.7}$$

$$Y_{tp} = -2.4788 - 0.2361X_1 + 0.4599X_2 + 0.5918X_3 + 0.1359X_4 \\ +0.6220X_5 + 0.0383X_6 - 0.0763X_7 - 0.2394X_8 \tag{7.8}$$

根据式 7.7，海岛经济发展水平、海岛产业结构、海岛旅游服务质量每增加一个单位，海岛旅游效率分别会提升 0.5045、0.8724、0.4190，而腹地经济发展水平、海岛生态环境质量、海岛城镇化水平每增加一个单位，海岛旅游效率分别会降低 0.5807、0.1093、0.3610。根据式 7.8，海岛经济发展水平、海岛产业结构、海岛交通条件、海岛旅游服务质量、海岛科技信息水平每增加一个单位，海岛旅游业绩分别会提升 0.4599、0.5918、0.1359、0.6220、0.0383，而腹地经济发展水平、海岛生态环境质量、海岛城镇化水平每增加一个单位，海岛旅游业绩水平会降低 0.2361、0.0763、0.2394。意味着海岛产业结构对海岛旅游效率提升的效果优于海岛经济发展水平和海岛旅游服务质量，腹地经济发展水平对海岛旅游效率的约束作用明显强于海岛城镇化水平和海岛生态环境质量。海岛旅游服务质量、海岛产业结构对海岛旅游业绩的促进作用明显强于海岛经济发展水平、海岛交通条件和海岛科技信息水平，海岛城镇化水平对海岛旅游业绩的约束作用略强于腹地经济发展水平，明显强于海岛生态环境质量。

2001-2015年期间影响因素的显著性比2001-2010年期间在持续增强。海岛经济发展水平、海岛产业结构、海岛交通条件、海岛旅游服务质量、海岛科技信息水平五个因素对海岛旅游发展绩效起到积极影响，腹地经济发展水平、海岛生态环境质量、海岛城镇化水平对海岛旅游发展绩效起到二维约束作用。

综上所述，海岛旅游业绩和旅游效率影响因素的数量在逐步增加，最终全部起到作用。海岛经济发展水平对海岛旅游业绩的贡献逐步提升，海岛产业结构和海岛旅游服务质量对海岛旅游业绩的贡献力逐步增强，交通条件和科技信息水平对还海岛旅游业绩的贡献力相对较弱。海岛生态环境质量和海岛城镇化水平对海岛旅游业绩的约束作用逐步减弱，腹地经济发展水平对海岛旅游业绩的约束作用最终显现出来。腹地经济发展水平、海岛生态环境质量、海岛城镇化水平对旅游效率的约束作用明显减弱。海岛经济发展水平对海岛旅游效率保持稳定的推动作用，海岛旅游服务质量对旅游效率的推动作用逐步显现，海岛产业结构对海岛旅游效率的贡献作用越发显要。总体来看，海岛经济发展水平、海岛产业结构、海岛交通条件、海岛旅游服务质量、海岛科技信息水平是海岛旅游绩效的发展的正向推动因素，而腹地经济发展水平、海岛生态环境质量和海岛城镇化水平是海岛旅游绩效的约束性因素。

7.3 动力机制分析

7.3.1 动力系统构成

海岛旅游绩效系统是一个具有综合性、开放性的复杂系统，海岛旅游绩效的发展演变受到多方面因素的影响。从系统论角度考虑，海岛旅游绩效发展状况主要取决于海岛地区内部要素及外部要素的相互作用的程度。根据海岛旅游绩效影响因素的识别结果，腹地经济发展水平、海岛生态环境质量、海岛城镇化水平对海岛旅游绩效起到明显的约束性作用，对海岛旅游绩效发展演变起到基本的支撑保障作用，形成支撑力系统。海岛经济发展水平、海岛产业结构、海岛交通条件、海岛旅游服务质量、海岛科技信息水平对海岛旅游绩效提升起到明显的推动作用，这五个因素是海岛旅游绩效提升的推动力，形成推动力系统。因此，海岛旅游绩效的动力系统由支撑力系统和推动力系统构成（图7.1）。支撑力和推动力通过腹地经济发展水平、海岛旅游经济发展水平、海岛地区产业结构、海岛交通条件、海岛旅游服务水平、海岛科技信息水平、海岛生态环境质量、海岛城镇化建设水平等诸多要素相互作用，推动海岛旅游绩效持续发展，从而形成海岛旅游绩效的驱动系统。两个系统的内部要素相互影响、相互作用促进各自系统的发展和演化，两个子系统共同作用于海岛旅游绩效系统，影响着海岛旅游绩效系统的发展变化。

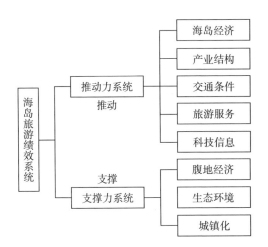

图7.1 海岛旅游绩效驱动系统结构

7.3.1.1 支撑力系统

支撑力是海岛旅游绩效发展的基本保障，是海岛旅游产业赖以发展的基础。腹地经济发展水平、海岛生态环境质量、海岛城镇化水平是支撑力系统的基本组成要素（图7.2）。支撑力通过腹地经济发展水平、海岛生态环境质量、海岛城镇化水平三个要素的相互作用为海岛旅游产业发展起到基本的支撑作用。

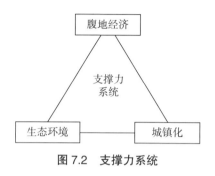

图 7.2 支撑力系统

　　支撑力系统作为海岛旅游绩效的子系统，是海岛旅游绩效发展的基石。海岛旅游发展旅游产业首先具备旅游开发的先决条件，支撑力系统决定了海岛旅游产业发展的基础。海岛优美的自然环境是海岛主要的旅游吸引物，为旅游者提供舒适的旅游环境，是旅游者休闲度假的最佳选择。海岛旅游能够受到市场的热烈追捧，得益于海岛优美舒适的自然生态环境。生态环境成为海岛旅游发展的必要条件，对海岛旅游的发展起到必要的支撑作用。海岛旅游是大众旅游的重要形式之一，腹地经济发展水平是海岛旅游产业发展的需求基础。随着腹地经济实力不断提升，居民可支配收入水平节节攀升，旅游需求旺盛，海岛成为旅游者休闲度假的优先选择。但是随着居民收入水平的提升，旅游消费形式发生改变，为满足更加多样化的旅游需求，旅游者会转向其他旅游消费形式，从而限定海岛旅游绩效的提升。这就需要海岛地区推进旅游产品供给改革，创新旅游产品形式，保证海岛旅游对消费者的吸引力。海岛在旅游开发过程中，城镇化是其重要表现。海岛城镇化建设能够完善海岛旅游基础设施体系，提升旅游接待水平，是海岛旅游产业发展的基础，是海岛旅游绩效提升的重要环节。海岛城镇化建设也会破坏海岛生态环境，损毁海岛地区原有景观，对旅游者影响力下降，进而限制海岛旅游产业发展，对海岛旅游绩效提升起到约束作用。

7.3.1.2 推动力系统

推动力是海岛旅游绩效发展基本动力，海岛经济发展水平、海岛产业结构、交通条件、旅游服务质量、科技信息水平是海岛旅游绩效推动力的基本表征因素，共同组成推动力子系统（图 7.3）。推动力通过作用于这五个因素，推动和影响着海岛旅游绩效系统的发展变化。

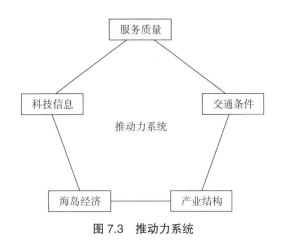

图 7.3 推动力系统

推动力系统是海岛旅游绩效提升的驱动系统，对海岛旅游绩效发展变化起到重要的推动作用。海岛旅游产业发展的动力系统，既包含外部因素也包含内部因素。海岛自身的经济发展水平和产业结构定位，是海岛旅游经济发展的重要推动力。现有的海岛经济生产方式明显不能适应海岛地区发展的需要，集约化、节约化的经济生产方式是海岛经济发展的基本方向，旅游经济成为推动海岛经济发展的重要引擎。全球范围内兴起的海岛旅游热潮，为海岛地区旅游经济发展注入活力，进而推动海岛经济发展。海岛旅游经济的发展，需要优质的旅游服务质量作为保障，旅游服务是海岛旅游的基本"软件"，是海岛旅游发展水平的重要衡量标准。优质的旅游服务不仅能够提升旅游者的消费体验，也能够提高海岛旅游的影响力，提升海岛旅游绩效水平。不断改善的岛内外交通设施，为旅游者提供了便捷通行的条件，推动海岛旅游产业的发展，提升海岛旅游绩效水平。更为重要的是，现代化信息技术运用到海岛旅游发展过程中，为海岛旅游发展插上腾飞的翅膀，为海岛和旅游者之间架起一道沟通的桥梁。既方便游客出行，扩大了海岛口碑效应，由提升了海岛旅游服务与管理的水平，推动海岛旅游经济快速发展，推动提升海岛旅游绩效水平。

7.3.2 驱动模型

海岛旅游绩效驱动机制通过作用于海岛旅游绩效系统中的各个构成要素，实现支撑力子系统和推动力子系统的发展与变化，两个子系统共同驱动海岛旅游绩效系统内外部因素不断进行调整和优化，建立最优运行秩序，形成循环发展系统，促进海岛旅游绩效系统的发展与演变（图 7.4）。

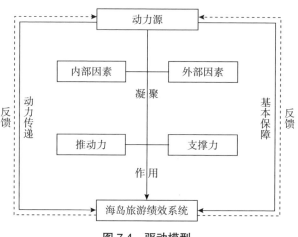

图 7.4　驱动模型

海岛旅游绩效系统的影响因素不是独立存在、互不干涉的，而是处于同一系统内，共同发展、共同作用。虽然每一个影响因素都有其发展规律，但是在统一的海岛旅游绩效系统内，各影响因素遵循海岛旅游绩效的运行规律，共同发展变化，作用于海岛旅游绩效系统。通过对内外部影响因素的识别，将影响因素凝聚于不同的运行体系，建立支撑力和推动力系统，两个系统既相互影响相互作用，又自成体系遵循各自系统的运行规律，共同作用于海岛旅游绩效系统。海岛旅游绩效系统在发展演变的过程中，内外部因素会不断调整优化，调整优化信息会及时反馈到动力源，动力源根据海岛旅游绩效系统的反馈也会及时调整，促进海岛旅游绩效系统达到最优状态，最终形成海岛旅游绩效系统的动力模型。

7.3.3 驱动机理

根据海岛旅游绩效系统的构成，海岛旅游绩效的驱动机理可以从支撑力和推动力两个方面进行分析。支撑力包括腹地经济支撑力、生态环境支撑力、城镇化支撑力，驱动力包括海岛经济驱动力、产业驱动力、交通驱动力、旅游服务驱动力、科技驱动力。支撑力和驱动力共同作用于海岛旅游绩效，驱动海岛旅游绩效发展与演化（图7.5）。

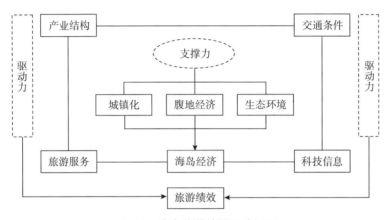

图7.5 海岛旅游绩效驱动机理

7.3.3.1 支撑力

（1）腹地经济支撑力

海岛分布具有一定的地理区位差异，所依托的省级腹地经济发展水平差异较大，但均是经济发展水平较高的区域。海岛地区经济体量一般较小，需要依靠腹地经济的强力支撑，腹地经济发展水平是海岛旅游产业发展的原始动力。腹地以其固有的雄厚实力，为海岛地区发展提供资本来源，海岛地区基础设施建设、先进技术引进、旅游产品创新、开拓客源市场、资源要素升值等，都离不开腹地经济发展的支撑。海岛所处地理区位差异，腹地经济发展水平具有一定的地域差异，对海岛旅游发展支撑作用具有一定的差异性。腹地经济发展水平的提升，提高腹地居民的生活水平，腹地居民的对物质和文化的追求不断提升，旅游消费能力逐步提高。海岛地区为了满足游客的需求，加大旅游开发力度，旅游资本投入不断提高，增强海岛地区旅游产业竞争力，进而促进海岛旅游绩效的提升。

旅游活动作为现代生活重要的休闲方式之一，市场需求强烈。随着腹地经济综合实力的提升，腹地居民可支配收入水平不断提升，旅游需求趋向多样化、高端化。海岛作为休闲度假的重要目的地，依然深受市场的追捧。旅游者的选择越发多样化，近距离的海岛休闲度假已经不能满足腹地居民不断提升的旅游需求。腹地居民的旅游消费会转向其他目的地，导致海岛旅游收入进入缓慢发展时期，约束海岛旅游绩效水平的提升。

（2）生态环境支撑力

生态系统理论是海岛旅游发展的基石，是海岛旅游实现可持续发展的重要保障。海岛生态系统是一个特殊的生态系统，兼具陆域和海域生态的特点。海岛生态环境对旅游产业发展至关重要，在旅游开发过程中不仅要关注经济效益，更要关注环境效益。良好的生态环境不仅是海岛重要的旅游吸引性要素，更能够提升海岛旅游综合吸引力。良好的生态环境为海岛建设与发展起到保障作用，为旅游产业发展奠定基础，为旅游产业健康发展保驾护航，推动海岛旅游产业实现可持续发展，提高海岛旅游竞争力，进而提升海岛旅游竞争力。

生态环境脆弱是海岛的重要特征，生态环境又是海岛旅游产业发展的重要基础。海岛在发展旅游业的过程中，大量游客涌入海岛，由此产生的生活污水、生活垃圾以及旅游者的足迹活动，势必会不同程度的破坏海岛的生态环境。旅游活动是海岛生态环境破坏的重要诱因，也是海岛生态环境破坏的直接因素，海岛生态环境一旦遭到破坏，恢复较为困难，而且恢复周期较长，从而对海岛旅游绩效的提升起到约束性作用，影响海岛旅游产业发展。

（3）城镇化支撑力

城镇化是海岛旅游绩效支撑力系统的重要影响因素，是海岛旅游绩效提升的重要基础。海岛进行城镇化建设是当前我国海岛开发的重要举措。海岛城镇化建设是海岛城乡统筹发展的必要途径，是建设现代化海岛的重要形式。海岛城镇化建设能够促进资源要素合理流动和配置，是旅游经济发展的重要推动力。海岛城镇化建设通过人口和产业的空间集聚，推动旅游与创意产业、文化产业等产业的深度融合，推进海岛旅游业规模扩大和升级发展，推动海岛旅游品牌建设。海岛城镇化建设过程中，基础设施建设投资力度不断加大，海岛旅游接待能力不断提升。交通设施、住宿接待、游客服务中心、商业中心等接待服务设施不断完善，旅游活动更加便捷，旅游者消费领域不断拓展，促进旅游消费水平的提升。海岛城镇化建设，拓展旅游产业发展空间，有助于推进海岛旅游产业实现可持续发展。海岛城镇化建设是海岛旅游产业发展的重要基础，为旅游产业发展提供助力，为海岛旅游发展绩效提升提供保障。

海岛城镇化建设是海岛发展重要手段，但是海岛城镇化建设需要符合海岛发展的实际，尤其是海岛旅游产业发展的现状。过度的城镇化建设会损坏海岛原生态景观，导致海岛的旅游吸引力下降，影响海岛旅游产业发展。因此海岛城镇化建设是海岛旅游发展的必要手段，同时也对海岛旅游产业发展起到限制性作用。

7.3.3.2 驱动力

（1）海岛经济驱动力

海岛旅游绩效发展演化受到本地区经济发展水平的强烈影响，本地区经济发展水平对产业定位和功能转型起到主导性作用，对旅游发展模式起到重要作用。经济发展水平作为海岛旅游发展的奠定坚实的经济基础，为旅游业发展提供强有力的资金支持，完善海岛旅游基础设施建设，提高人力资源的培养力度。旅游产业已经成为海岛地区经济发展的重要引擎，受到社会各界的高度关注。海岛经济生产活动相对单一，发展旅游经济成为海岛经济转型的重要途径。海岛旅游经济的发展，促进海岛地区资源要素合理配置，旅游服务设施越发完善，提高经济生产效率，促进海岛地区经济又好又快的发展。在旅游经济快速发展的新时期，旅游市场需求趋向多样化、高级化，海岛地区可以利用经济区位优势，引进腹地先进的技术手段，提高旅游资源开发层次，丰富旅游资源类型，提高旅游资源品质，创新旅游产品的研发与设计，丰富海岛旅游产品体系。同时完善旅游基础设施建设，提高旅游服务功能，提升自身旅游竞争力，推动区域旅游经济又好又快地发展。同时海岛地区地理区位优势突出，腹地经济发达，腹地居民消费水平较高，购买能力较强，旅游消费的动机越发强烈，促进海岛旅游经济的发展，进而推动海岛旅游绩效水平提升。

（2）产业驱动力

产业状况是波特"钻石模型"的重要条件之一，是海岛旅游竞争力的重要影响因素。海岛地区产业结构转型升级发展是当前海岛地区实现可持续发展面临的重要任务，旅游产业具有关联性强、覆盖性广的综合性特点，对相关产业发展带动性很强。海岛由于地域特殊性，传统的渔业生产一直是主要生产方式，这种传统的生产方式与现代海岛建设目标明显不符。海岛地区产业结构的合理化，能够促进经济产业要素的集聚，也能促进经济要素的合理流动，形成"外部经济性"。海岛地区充分利用产业结构转型升级的发展过程，推进资源要素合理集聚，完善海岛地区基础设施建设，实现美丽海岛、生态海岛的建设。旅游产业由于其本质上的特殊性，与众多产业具有很强的关联性，在海岛产业结构转型升级发展过程中，能够起到引擎作用，带动海岛经济产业又好又快地发展。因此，海岛地区在加大旅游资源开发投资力度的过程中，逐步突出旅游产业在海岛经济产业中的突出地位，广泛引进先进的管理技术，不断更新产业发展理念，带动旅游产业效率的提高，进而提升海岛旅游发展绩效水平。

（3）交通驱动力

交通条件是海岛旅游绩效系统的重要推动因素。交通的便利程度对海岛旅游产业发展具有举足轻重的作用，是旅游产业发展的先决条件，对海岛旅游资源开发、旅游服务质量提升等方面具有重要意义。交通便捷的海岛往往能够获得较大的发展空间。交通条件便捷程度对海岛地区空间经济联系的广度和深度具有非常重要的影响作用，对海岛地区政府管理部门、旅游经营者的决策都会产生重要影响。旅游交通是旅游产业的重要组成部分，海岛交通的便捷程度对游客的旅游动机也会产生重要影响，具备跨海大桥、空运、海运等交通区位优势的海岛，能够大大缩短游客的心理距离和空间距离，更容易使潜在的游客转化为实际的旅游者。交通区位的变化也会影响到旅游活动区位的空间变化，旅游投资者更加青睐交通区位优越的海岛，从而降低投资成本，提高旅游经济效益。交通对海岛旅游经济发展具有重要作用，便捷的交通条件有利于提升海岛旅游绩效水平。

（4）旅游服务驱动力

旅游服务是海岛旅游绩效系统的"隐形"因素，是衡量海岛旅游经济发展水平的重要标准。旅游服务质量是旅游经济发展水平的重要体现，旅游服务水平是旅游者旅游体验的重要内容，是旅游产品价值的重要组成部分。旅游服务质量是海岛旅游发展绩效的重要影响因素和可靠的基本保障。海岛地区旅游服务水平的提升，重点在于旅游接待设施包括酒店、餐馆、旅游厕所、旅游标示、停车场管理、游客服务中心等硬件设施的建设与完善。旅游基础设施不断完善，旅游者直接体验水平得以提升，扩大海岛旅游的影响力，提升海岛旅游的社会声誉。

旅游服务事宜硬件条件为基础，无形的服务则需要旅游从业者提供。海岛旅游从业者是海岛旅游服务直观载体，旅游从业者的素质决定了旅游服务质量的优劣。海岛地区通过加强对旅游从业者的培训，提高旅游从业者的职业化能力，提升旅游服务水平。通过引进高层次旅游人才，提升海岛旅游管理水平，发挥海岛旅游管理的最大效应，提升海岛旅游管理效率，进而提高海岛旅游效率水平。旅游服务质量提升依靠现代化的互联网信息技术，互联网信息技术融入到海岛旅游发展过程中，通过建立以互联网为基础的互动平台，搭建快捷、高效的服务与管理平台，塑造海岛旅游良好的品牌形象，打造独特的海岛旅游品牌，提升海岛旅游者的旅游体验水平，为提升海岛旅游绩效水平提升注入动力源泉。

（5）科技驱动力

科技信息建设与发展受到各行业的高度重视，科技信息对旅游经济发展具有越来越重要的作用。科技信息与旅游产业的完美融合，已经为旅游产业发展注入新的活力。以互联网为代表的信息技术应用于旅游产业开发与建设，有力地推动旅游产业创新发展。海岛作为特殊属性的旅游目的地，将先进的科技信息技术应用于海岛旅游产业，为海岛旅游产业发展插上腾飞的翅膀，为海岛旅游产业发展提供创新发展的能力。先进的科技信息技术提高海岛旅游管理水平，旅游管理信息系统的广泛应用，有助于提高海岛旅游管理的专业化水平，节省大量的人力、物力、财力，快速准确地完成各项任务。海岛应用先进的科技信息技术，能够借助信息平台，为旅游者提供准确及时的服务信息，为旅游者顺利进行各项海岛旅游活动提供便利。引进先进的科技信息技术能够促进海岛区域循序掌握旅游市场的变化情况，提早做好各项准备工作，增强对旅游市场变化的应对能力，使各项组织决策能够及时融入到旅游经营管理过程之中，基于旅游市场的需求推动海岛旅游产品创新，提高海岛旅游产品的品质，进而提高海岛旅游发展绩效水平。

7.4 小结

本章主要揭示海岛旅游绩效的驱动机制。首先选取海岛旅游绩效的影响因素，并采用 EVIEWS6.0 软件对海岛旅游绩效的影响因素进行识别，分析海岛旅游绩效影响因素的显著性。根据海岛旅游绩效影响因素的识别结果，建立海岛旅游绩效动力系统结构，海岛旅游绩效系统由推动力和支撑力两个子系统构成，支撑力子系统包括腹地经济发展水平、海岛生态环境质量、海岛城镇化水平，推动力子系统包括海岛经济发展水平、海岛产业结构、交通条件、旅游服务质量、科技信息水平。根据海岛旅游绩效的驱动模型，深入剖析了海岛旅游绩效的驱动机理。

8 中国海岛旅游绩效优化路径

　　海岛旅游绩效提升是海岛旅游竞争力水平的重要体现。提高海岛旅游发展绩效水平，有助于海岛旅游经济更好更快的发展，推进海岛经济转型发展。根据第七章海岛旅游绩效驱动因素的识别结果，提出海岛旅游绩效提升的宏观路径。结合 2011-2015 年海岛旅游业绩和旅游效率聚类的结果，针对不同等级的海岛提出相应的对策。

8.1 海岛旅游绩效优化的宏观路径

8.1.1 加强海岛生态环境保护

8.1.1.1 加强海岛生态系统保护

　　生态系统是一个由自然要素和人文要素共同组成的开放的复合系统，通过与外界的物质和能量交换实现更新交替。海岛地区远离大陆，与外界的能量和物质交换过程缓慢，生态系统独特性很强。海岛旅游生态系统具有复合性、复杂性、脆弱性、多样性等特点，自然环境是保持海岛生态系统稳定的基础和前提，自然环境一旦受到破坏，自身恢复能力较弱，因此加强海岛地区生态系统保护成为海岛社会经济建设首要任务。首先要强化生态系统防护体系，构建海岛生态系统安全格局。制定海岛地区生态系统保护红线方案，坚守生态系统保护的红线。把保护海岛生态系统的完整性、系统性作为发展的首要前提，合理开发利用海洋资源，对重点生态功能区、生态环境敏感区和脆弱区等实行严格保护。对海岛生态系统的基本现状、存在的问题要有清醒的认识，建立科学的生态系统评价方法，为海岛生态系统保护提供科学依据。对海岛经济生产活动过程中的能源消耗、污染物排放、周边海域环境质量等情况进行 24 小时监测，及时处理可能出现的潜在问题。

高度重视海岛生态保护工程，加强海岛防护林建设，推进海岛绿化工程，扩大海岛森林覆盖率，严厉惩处破坏生态环境的恶劣行为。严格控制生活污水、工业废水废料以及建筑垃圾等污染物的排放，实行污染物总量控制，从源头上消除破坏生态环境的隐患。2015 年，崇明加快推进污染减排重点项目。关闭 4 个国家重点减排项目，对 13 家重点企业实现 24 小时在线监控，重点企业主要污染物排放情况得到有效控制。2015 年，全县工业化学需氧量（COD）、氨氮（NH3-N）、二氧化硫（SO_2）、氮氧化物（NOx）4 个主要污染物排放量分别为 4403.52 吨、133.47 吨、1008.19 吨、395.81 吨，全面完成"十二五"规划控制目标。普陀则实施重点企业刷卡排污，成效显著。

加强海岛生态系统整治修复，实施受损生态系统恢复重建、宜林地植树造林等工程。强化海岛绿地系统建设，大力推进城乡绿化一体化。长海县累计投资 1.34 亿元对海岛生态系统进行恢复，生态系统整治修复工程覆盖所有乡镇，实现了乡乡有项目、村村有工程的历史突破。经过多年的建设，长海县的基础设施不断改善，垃圾污水处理能力逐步增强，水土治理保护工程取得实效，同时在再生能源利用、岸线沙滩恢复、岛体自然景观修复和植被绿化保护等方面取得了明显的效果，海岛生态环境明显改善，开创了海岛社会和谐、生态环境健康、经济快速发展的新局面。其中海洋岛整治修复与保护项目，整治泄洪和排污通道 13 处，达 5542 延长米，配套绿化植树千余株，改造安装环保太阳能路灯 270 盏，并且实施了南坨子海岛保护工程。

8.1.1.2 广泛应用新能源、新技术

推进海岛地区新能源、新技术的广泛使用，是保护海岛生态环境的重要途径。海岛地区要倡导绿色服务业，鼓励发展低碳经济，坚决杜绝高碳企业入驻海岛。推进太阳能、风能、海洋能、地热能的综合利用，重点推进 LNG（液化天然气）和分布式能源利用，倡导企业和个人使用新兴能源、清洁能源，

减少碳排量。

目前，我国一些海岛已经积极引进新能源、新技术，保护海岛地区生态环境。长海县逐步建立清洁型能源结构，降低一次能源中煤、油的比例，进一步优化能源结构，提高风能、太阳能及海洋能等可再生能源的比重，充分利用海岛的海水资源优势，推广海水热泵供热技术，逐步取代燃煤供暖的传统供热方式，减少煤炭用量和电力传输费用，减少环境污染，实现清洁供热和制冷的目的。利用丰富的风能资源，在大、小长山岛、獐子岛建成风电场，年发电量 10.2 兆瓦，折合每年节约 6290 吨标准煤。积极引进先进技术挖掘利用海洋热能资源，从海水中提取浅层低温地热，獐子岛已建成海水源热泵采暖试点工程，供热面积 5 万平方米，效果很好。南澳完成南亚 3.3 万千瓦风电技术改造项目，2015 年风力发电 3.74 亿千瓦时，创造产值 2.3 亿元，分别比"十一五"期末增长 17.9% 和 18%。崇明 2015 年完成 190 台燃煤锅炉和工业窑炉清洁能源替代任务。

随着海岛经济的发展，各类经济生产活动对海岛生态环境的影响越来越大，污水、固废等污染物排放量日益增多。海岛地区污水主要来源于厕所污水、厨房污水、洗浴污水、海产品养殖和加工废水等，有的海岛地区还会产生工业废水。海岛地区固体废物主要包括厨房垃圾、厕所垃圾、海产品贝壳等下脚料，有的海岛地区还会产生建筑垃圾、医疗垃圾等。由于海岛分布较为分散，污染物处理能力相对大陆比较非常薄弱，而已建成的污染物处理设施又共享困难。因此推进先进的污染物处理技术对海岛生态环境保护具有重要意义。

加快建设固体废弃物处理设施，改进垃圾处理技术与方法，减少固体废弃物对海岛地区的污染。推进生活垃圾科学化处理，逐步向无害化、资源化、减量化、安全化转化。海岛地区自然环境和社会经济环境尤其自身的独特性，污染物处理设施与大陆常规需求差异较大。海岛经济综合实力相对较弱，交通便捷程度较低，空间狭小，需要适合海岛的经济实用的污染物处理技术和设施，这就需要政府部门出台相关政策、拨出专项资金鼓励污染处理设施的研发和应用。同时污染物处理设施企业要主动与海岛地区联络，加强沟通，能够研发和生产出适合海岛需要的污染物处理设施。

8.1.2 科学利用海岛空间

海岛陆地面积极为有限，发展空间受到限制。秉承可持续发展的理念，科学规划海岛空间，优化海岛城镇和经济产业空间格局，解决空间争夺的矛盾，协调海岛人地关系，推动海岛地区旅游经济健康发展。

8.1.2.1 优化海岛城镇空间格局

海岛城镇化是建设美丽海岛的重要途径，海岛地区新型城镇化建设并非将海岛农村一拆到底，而是要做到有规划、有步骤、有保留，既要建设美丽的生态海岛，又要保留部分海岛景观。首先要严格执行土地利用总体规划和土地利用年度计划，严格控制新增建设用地占用土地数量，进一步做好土地利用的各项工作。其次要统筹农村土地制度改革，把农村建设用地与城镇化建设用地联系起来，实现土地保护、居民增收、城镇化发展的有机统一。大力推进农村土地确权流转，促进农村土地规模化、集约化经营。加强宅基地的整理改造，引导农村居民有序退出宅基地，可以缓解土地资源的紧缺问题，推进海岛县域经济的发展。制定措施激励农村居民将不再需要的宅基地由乡镇统一收回，由乡镇统一安排宅基地整理，增加生产用地，改变利用方式，提高利用效益，实现海岛经济的规模发展。

依据"节约用地、盘活存量、土地增值"的原则，合理使用土地资源，进一步加强土地管理和房地产市场的引导和调控，提高土地利用效率。施行"大岛建、小岛迁"，将海岛居民集中搬迁居住，建设现代化新型居民社区，完善公共服务体系，丰富居民的文化生活，让海岛居民享受到社会经济发展带来的红利。

8.1.2.2 优化海岛经济产业空间格局

海岛经济产业主要以渔业生产和加工为主，长期以来海岛经济发展严重依赖第一产业，海岛经济产业空间以第一产业为主。随着我国经济发展进入新常态，海岛经济需要实现转型发展，改变以第一产业为主的经济生产格局。第三产业发展成为区域经济发展的排头兵，旅游产业作为第三产业的主要组成部分，由于其相关性强，带动作用明显，成为区域经济发展的引擎。

海岛旅游产业的蓬勃发展，出现与其他产业发展争夺海岛本来有限空间的趋势。科学规划海岛经济产业空间，推动海岛经济实现健康发展，成为当前急需解决的现实问题。长海县为了实现产业创新发展，清除海岸线两公里以内的浮筏养殖，为海岛旅游产业发展拓展空间，为海岛旅游产业空间优化拓展思路。

8.1.3 推进海岛全域旅游建设

全域旅游是指在一定区域内，旅游业作为区域优势产业，通过对区域内经济各种社会资源诸如旅游资源、相关产业、生态环境、公共服务、体制机制、政策法规、文明素质等进行全方位、系统化的优化提升，有机整合区域内各种资源要素，促进区域产业融合发展、社会共建共享，发挥旅游产业的带动作用，促进经济社会协调发展的一种新的区域协调发展理念和模式。海岛全域旅游建设要推崇共享共赢，要用共建共享、协调发展的理念，优化配置海岛资源，提升海岛旅游发展绩效，进而提高海岛旅游的竞争力。

8.1.3.1 完善海岛旅游公共服务体系

全域旅游强调通过发展旅游产业带动区域内旅游资源、生态环境、文明素质等经济社会资源全方位、系统化的优化提升。全域旅游强调海岛旅游整体的优化建设，海岛旅游产业发展的基础条件是旅游公共服务的完善程度。根据《"十三五"全国旅游公共服务规划》，完善旅游公共服务体系是"十三五"期间我国旅游公共服务建设的主要任务之一[267]。海岛地区由于经济条件、交通条件等诸多原因导致旅游接待设施不够完善。

全域化视角下海岛旅游公共服务建设的关键点在于：首先是增加旅游公共服务有效供给过程中，要将旅游公共服务建设有机融入区域的公共服务建设规划中去，以"多规合一"的机制促进旅游开发建设与其他公共服务建设的有机融合、优化公共资源配置；其次是旅游公共服务建设要成为景区之间的有效衔接、有机过渡，要充分挖掘自身的审美价值，打破景区内外的界限，使交通网络建设、旅游配套设施等旅游公共服务设施能充分配合景区的主体和风格，成为具有观赏价值的一部分；最后，中国海岛众多，围绕海岛面积小、人口少、分布散、公共设施共享性差等特点，构建有海岛特色的旅游公共服务体系，包括推广移动终端支付技术、建立智慧型海岛旅游安全保障体系、推进海岛旅游行政服务、建设运营机制有弹性的海陆空联动旅游交通网、完善海岛旅游互联网信息推送平台等方面内容。

8.1.3.2 提升海岛旅游管理水平

海岛旅游资源丰富，旅游产品特色明显。海岛旅游产业规模越来越大，受到旅游市场的热烈追捧。在海岛旅游产业蓬勃发展的过程中，海岛旅游管理水平不高的劣势越来越明显。海岛旅游管理水平提升可从以下几个方面着手：一是依托腹地先进技术，尤其是互联网技术的快速发展，完善旅游官方网站内容体系，在各个景区景点安装智能管理信息系统，通过智能管理信息系统使景点景区设备设施、游客行为、旅游资源、服务质量等要素能够实现实时互动，提升旅游者的体验水平，促进旅游产业创新发展。二是提高海岛旅游从业者素质，海岛旅游从业者多是当地渔民转化而来，旅游服务意识不强，旅游管理能力较弱。可以通过岗位培训，明确岗位责任意识，提高服务水平。加快引进高素质旅游管理人才的步伐，充实到旅游从业者队伍，提高旅游管理水平。

海岛旅游产业发展过程中要积极采用先进技术，尤其是互联网技术与旅游产业的融合发展，有助于提升海岛旅游管理水平。提升旅游从业者的素质，引进高水平的旅游管理人才有助于提升海岛旅游服务的质量。海岛旅游产品虽然具有明显的特色，但是旅游服务质量是海岛旅游产业发展的关键因素。因此旅游管理部门应从提升旅游者素质角度入手，提升海岛旅游的服务质量，为海岛旅游产业持续发展提供保障。

8.1.4 推进海岛旅游产品供给结构改革

随着社会经济的发展，旅游者消费水平越来越高，审美观念发生翻天覆地的变化。旅游者对高水平旅游产品的需求越来越多，旅游产品能否对旅游者产生吸引力，关乎旅游产业的可持续发展。当前旅游供给的不平衡不充分已经成为满足旅游需求的重要障碍性因素。因此积极推进海岛旅游产品供给侧结构改革，提高海岛旅游产品供给质量，推进海岛旅游经济优化升级，增强海岛旅游的竞争力。

8.1.4.1 做精基础观光体验产品

现阶段，海岛旅游的主要内容依然是以观光为主，阳光、大海、沙滩是海岛旅游产品的基础组成部分，也是具有保障作用的旅游产品。海岛基础性旅游产品对广大旅游者具有很强的吸引力。同时海岛旅游产业在发展过程中，形成了自身旅游产品特色。比如长岛的"海上仙山"、嵊泗的"碧海奇礁、金沙渔火"、普陀的"海天佛国"、岱山的"燕窝石笋"等等，海岛地区秀美的自然风光、良好的生态环境、奇异的海岛礁石受到旅游者的青睐。

因此在海岛旅游产业供给侧改革过程中首先要基于海岛旅游供给现状，完善海岛基础旅游产品体系，做精做强基础观光旅游产品，为旅游者提供完美的、原生态的海岛旅游体验。

8.1.4.2 挖掘海岛旅游文化底蕴

文化是海岛旅游产品差异化、品牌化的基石，是海岛旅游产品创新发展的根源，也是海岛旅游形成独特竞争力的重要体现。海岛旅游要实现差异化发展，提升竞争实力，要基于海岛文化的基础，根据消费者的需求层次创新旅游产品研发与设计，将文化与旅游完美融合，让旅游产品带有文化的"灵性"，既扩大海岛文化的影响力，又实现海岛文化的持续传承，实现创新发展。

具体操作当中，要重点打造"渔家风情"、"海岛民俗"、"海岛遗迹"等旅游精品，让海岛旅游产品具有文化底蕴。比如长海县的小珠山遗址，既是历史考古学家的研究领域，又是海岛文物专项旅游的重点内容。普陀具有"海天佛国"美誉，浓郁的宗教人文景观，深受旅游者的追捧。通过特色渔船、渔俗、民间游艺习俗、民间渔民服饰等具有海岛特点和时代特色的渔俗民风，开展海岛民俗节庆活动，打造海岛节事旅游项目，延伸海岛旅游产业链。海岛的海珍美食对旅游者具有独特的吸引力，经过多年的发展，海岛形成了区域特色的美食品牌。应进一步挖掘海鲜美食烹饪的文化内涵，不断开发出高品质、利健康的海鲜美食，凸显海岛美食文化特色，增强海岛美食的影响力。

进一步拓展海岛"渔家乐"的文化内涵，利用海岛渔家的建筑、生活习俗，结合现代社会的时尚元素，打造现代化的海岛"渔家乐"，让游客身临其境体验海鲜捕捞、海鲜烹饪、海鲜品尝的乐趣，打造海岛"渔家乐"品牌。同时要加强对"渔家乐"经营者、从业人员的培训，提高服务质量，提升接待层次。

8.1.4.3 推进"旅游+"与相关产业融合

旅游产业具有很强的产业关联性，与众多产业关系密切。海岛旅游产品创新，需要要充分发挥"旅游+"的作用，将旅游产业与相关产业密切结合，促进海岛各项经济产业协调发展。将"旅游+"与相关产业融合能够突破海岛观光产品的单一性。近几年海岛体育活动受到热烈欢迎，如海岛自行车、蹦极、海上冲浪、帆船等体育项目吸引诸多目光，海岛地区良好的自然环境和丰富的生态资源成为开展海岛体育活动的有力支撑，广泛开展海岛体育旅游项目，能够增加海岛旅游的趣味性，丰富海岛旅游产品体系，拓宽海岛旅游产品渠道。基于海岛旅游观光的需求，可以结合航空产业，利用热气球、动力滑翔机、水翼飞机等低空飞行设施，开发海岛低空旅游产品，打造空中观光、空中婚礼、空中交通等旅游产品，让游客体验海岛空中旅游的刺激与乐趣。同时可以结合邮轮产业，打造海岛度假产品，让海岛地区成为世界闻名的度假疗养胜地，提高海岛旅游产品层次和品质。

8.1.5 树立旅游观念，鼓励发展旅游产业

旅游产业已经成为世界规模最大的产业之一，受到各国和地区的高度重视。海岛地区长期以来的经济生产方式主要是以第一产业为主，传统的渔业生产和加工是主导产业，以第一产业为主、第二产业为辅的生产格局，限制了海岛第三产业的发展。旅游产业虽然具有很强的产业关联性，对诸多产业发展具有引擎作用，但是旅游产业是一项长期产业，回报周期长。海岛地区政府主管部门为了保持海岛经济发展，基本仍坚持传统的经济发展模式，一定程度上限制海岛旅游产业规模的扩大和发展。

各海岛县（区）由于资源禀赋、交通区位、社会环境等方面因素影响，旅游经济发展状况存在较大差异，旅游产业在国民经济中的地位有所差异，

海岛地区旅游经济发展不均衡。从 2001 年、2005 年、2010 年、2015 年四个
年份旅游综合收入占地区生产总值比重情况来看，南澳、嵊泗、普陀占比较
大，发展优势明显。洞头、东山、长岛、岱山、定海占比也较高，发展速度
比较快。而长海、崇明、玉环、平潭旅游产业占比较小，提升速度比较缓慢。

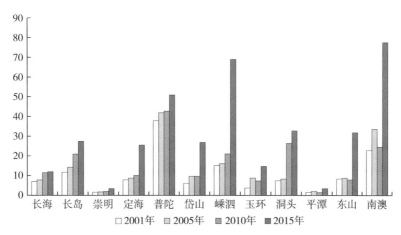

图 8.1　12 个海岛县（区）旅游综合收入占地区生产总值比重情况（%）

各海岛地区应充分认识到旅游产业发展的大趋势，认识到旅游产业的综
合性作用，充分发挥旅游产业的引擎作用。各海岛地区应根据实际情况编制
海岛旅游发展规划，为指导海岛旅游产业发展奠定基础。在海岛地域空间有
限的条件下，协调三次产业发展，尤其是要调和旅游产业与渔业生产之间的
矛盾，尽可能为旅游产业发展提供开放、广阔的空间环境。逐步调整海岛地
区产业结构，使第三产业成为海岛地区经济发展的主导产业，发挥海岛旅游
产业的引擎作用，实现海岛经济转型升级，促进生态、美丽、富饶、宜游、
宜居的现代化休闲海岛建设。

8.2 提升海岛旅游发展绩效的具体对策

根据第六章海岛旅游旅游业绩和旅游效率的聚类结果，海岛旅游绩效可
以分为高值区、较高区、较低区、低值区四个等级。基于 2011-2015 年的等

级划分情况，高值区包括长岛、定海、普陀、嵊泗，较高区包括长海、岱山、玉环、东山，较低区包括洞头、南澳，低值区包括崇明、平潭。结合海岛旅游绩效的等级划分、海岛旅游业绩和旅游效率的测评结果，提出海岛旅游绩效的提升对策。

8.2.1 高值区——维持性措施

高值区的海岛县（区）包括长岛、定海、普陀、嵊泗等 4 个区域，这 4 个区域的旅游效率和旅游业绩均属于高值区，旅游发展绩效水平较高，这 4 个区域旅游产业重在保持现有发展势头，维持旅游产业良好的发展趋势。对于高值区的海岛县（区）来说，旅游业绩和旅游效率处于高水平，在未来的发展中，应充分利用现有条件，挖掘旅游产品的文化内涵，创新旅游产品研发与设计，保持自身优势，不断促进旅游产业转型升级发展。

长岛地处渤海咽喉之地，在长达亿万年的地质演化变迁过程中，形成丰富多样的旅游资源。长岛天蓝海碧、滩洁礁奇、林秀崖险、风光旖旎，自古便有"海上仙山"的美誉，这里具有典型的海蚀地貌和海积地貌等地质景观，海岛生物景观更是新奇多样，海豹、海鸥、候鸟为海岛旅游资源增添活力与情趣，具有极高的观赏价值和科学价值。长岛县先后荣获国家级风景名胜区、国家级自然保护区、国家森林公园、国家地质公园、国家海洋公园等荣誉，并被评为国家 AAAA 级旅游景区，在 2017 年成功获批全国首个海上 3A 旅游景区。长岛风景区主要有九丈崖景区、月牙湾景区、峰山国家森林公园景区、望福礁景区、仙境源景区、林海景区、庙岛显应宫等，以及高山岛、钓鱼岛"海上游"、渔家风情游等集休闲观光于一体的一批旅游新项目。长岛坚持中国北方旅游度假岛的建设目标，大力发展以旅游服务业为主导的海洋优势产业。完善旅游基础设施建设，提升旅游服务功能，加强与周边蓬莱、龙口区域合作，探索传统与现代的营销模式，提升长岛旅游的吸引力。长岛县旅游产业发展要从以下几方面着手：一是要加强海岛环境保护，处理好海岛的人地关系，解决海水侵蚀对环境的影响。引进污水处理系统、生活垃圾分类处理系统，推广新能源船舶，减少对海岛和海洋的污染。二是要改善旅游接待设施，完成旅游车辆更换、客运船舶改造升级，引进抗风能力强的运输船只，提高运营能力，提升海岛旅游整体接待水平，提高旅游接待档次，吸引高端游客进岛，增加旅游收入，加快旅游产业升级步伐。三是积极打造各项节庆活动，以"国际游艇节"、"世界小姐之旅"、"海岛经济论坛"、"国际生态海岛摄影大赛"、"长岛海鲜节"、"秧歌会"、"金秋海岛钓鱼节"、"妈祖文化节"、"渔家乐"民俗文化节等节庆活动为载体，积极进行营销，调整品牌定位，扩大长岛旅游知名度，争创"国际休闲度假岛"。

定海 2011 年固定资产投资额 220.30 亿元，共接待国内外游客 458.5 万人次，旅游总收入 44.89 亿元，全区有星级宾馆（饭店）12 家，旅行社 41 家，AA 级旅游景区 1 个，A 级旅游景区 4 个，农（渔）家乐项目 160 家。2015 年全区固定资产投资 531.7 亿元，共接待国内外游客 811.41 万人次，旅游总收入 115.64 亿元，全区有星级宾馆（饭店）7 家，旅行社 44 家，AA 级旅游景区 1 个，A 级旅游景区 4 个，农（渔）家乐项目 87 家。定海旅游业绩一直处于高水平状态，投入产出效果较好。定海区依托丰富的旅游资源，实施旅游项目优惠措施，对落户开业的高星级酒店前五年予以 50% 的税收补贴；对新开业景区全部予以补助；交通设施得以完善，新投资的交通项目予以一定的补贴。未来发展应进一步完善旅游产品体系，整合山、海、城三大特色旅游资源，融合海岛文化、海防文化、渔文化、中西合璧等文化体系，集海洋休闲、康体养生、商务会议、文化体验、风情人居、都市休闲、海洋游乐、时尚运动于一体的复合型海岛旅游度假景区，提高旅游产品质量，打造旅游品牌，注重提质增效，推动旅游产业升级发展。

普陀 2015 年地区生产总值达 352.15 亿元，同比增长 9.1%。拥有星级宾馆 25 家，三星级以上酒店达到 16 家，同时拥有各级各类旅行社 67 家，2015年上岛游客达 2388 万人次。普陀不断彰显"海天佛国"的品牌影响力，大力推进"五水共治"、"三改一拆"、"四边三化"工程，提升海岛环境质量；加大空气污染整治力度，提升海岛空气质量，海岛旅游环境进一步优化提升。普陀保持旅游绩效高水平发展，应抓住进入国家全域旅游示范区创建名录的契机，完善旅游基础设施建设，大力推进景点旅游向全域旅游发展模式转变。

在"海天佛国"品牌效应下，整合各项旅游资源，大力发展海洋特色休闲旅游，提升普陀旅游品质。提升桃花、东极、白沙等主题海岛开发质量，提高海港渔都游、滨海城市景观游影响力。广泛开展海岛特色的文化体育活动，促进旅游产业与商业、体育、文化等产业的融合发展，以文化为基础，以旅游聚人气，以商业、体育添活力，基于全域旅游发展的新格局，推动三次产业协调发展，提高海岛旅游绩效水平，提升海岛旅游竞争力。

嵊泗县远离大陆，周边海岛旅游竞争激烈。但是嵊泗依然按照"大品牌、大旅游、大产业"的发展目标，坚持"统一规划、明确定位、整体推进、分步实施"的发展战略，推进嵊泗列岛海洋旅游一体化发展，旅游绩效发展取得显著成效。嵊泗未来旅游产业发展应坚持走出一条适合本地特色的旅游之路，不能局限于低层次、低收的观光游层面，应积极向休闲度假的高端旅游发展。根据《舟山群岛新区发展规划》，建立免税商店，为旅游者提供高端的购物体验，打造"离岛·微城·慢生活"的嵊泗旅游品牌，凸显嵊泗的旅游特色，与周边海岛错位发展。同时提升客船的档次，建立舒适、快捷的交通体系，提高旅游者的旅行体验。

8.2.2 较高区——变革性措施

较高区的海岛县区包括长海、岱山、玉环和东山等 4 个海岛区域，属于旅游业绩水平较高而旅游效率水平较低的区域，对于这四个海岛县主要在于合理配置旅游资源，引进先进管理技术，提高旅游效率。对于这四个区域而言，主要保持旅游业绩的高水平发展，注重旅游资源要素配置，提升旅游效率水平，提高投入产出效果。

长海是中国最北部的海岛县，是中国唯一的海岛县，是中国北方地区重要的海岛旅游目的地。长期以来，长海县坚持旅游发展、规划先行，严格按照《大连长山群岛旅游度假区总体规划》的要求，努力将长山群岛建设成为全国第一个群岛性旅游度假区和世界闻名的旅游胜地；以重点项目带动旅游产业发展，加快旅游精品项目建设，大力发展渔事体验、海岛垂钓、生态观光、健身养生等体验产品，丰富旅游产品供给，提升海岛旅游品质。长海县进一步提升旅游绩效水平，应立足"两区"建设的旅游工作重点，紧密围绕"省级旅游度假区"和"省级生态旅游示范区"规划，加强海岛环境质量监督与治理，提高旅游服务与管理水平，全力推进"七个一"和"六海"产品体系的开发与建设，通过引进先进技术设施，完善垃圾分类处理体系，提高旅游基础设施档次，促进海岛旅游产业实现转型升级发展，做大做强具有国际知名度的海岛旅游避暑胜地。

岱山 2015 年完成固定资产投资 145.66 亿元，拥有旅行社 7 家，星级宾馆 6 家，客房数 517 间，床位数 946 张，星级宾馆入住率为 37.6%，全年接待国内外游客 396 万人次，实现旅游总收入 56.18 亿元。岱山县虽然地形狭小，产业结构单一，但是通过加快打造宜居宜业的海岛生态环境，建成了一批度假型酒店，发展海岛特色民宿，旅游接待质量稳步提升；海岛旅游节事品牌声誉外展，千人宴、听海季、滑泥节等节事活动品牌效应显现，旅游产业发展势头强劲。旅游业绩在 2011–2015 年期间处于最高水平，旅游客流质量很高，旅游效率高于海岛平均水平。应进一步加强基础设施的建设和改造，尤其是加强旅游景点的基础设施建设和改造，包括酒店旅馆的客房、厨房及厕所的改造，营造优美、舒适的海岛旅游环境。拓宽融资渠道，积极吸引社会资本和民营资本投入海岛建设，提高产出效能。引进先进的管理模式，加强软环境建设，加强旅游从业职培训，提高海岛旅游服务质量和水平，为旅游者提供整洁、优美、生态、舒适的海岛自然环境。

玉环旅游绩效水平较高，现已经形成比较完善的旅游发展机制。2002 年的《玉环县旅游发展总体规划》为海岛旅游产业发展提出框架，随后《大鹿岛省级风景名胜区总体规划》、《玉环鹰捕吞传统渔业风情区规划设计》、《楚门东西村农家乐旅游规划》专项旅游规划陆续出台并实施。同时利用对台贸易优势，将文化、旅游、休闲要素融入海岛发展，取得明显的成效。经过多年的发展与建设玉环先后被列为浙江省海岛统筹发展试验区、海洋生态旅游岛，旅游产业在地区经济产业中的地位逐步提升。玉环应以生态环境建设为主线，高度重视高新技术的应用，建设海岛生态房和垃圾处理房，建设村庄、山体、滩涂为中心的海岛生态模式，建立生物多样性植物园、湿地公园等，以生态海岛为基础，构建海岛特色旅游品牌。重点挖掘渔文化为主的旅游资源，采用互联网、微博、微信等现代化推介方式，提高玉环旅游品牌的知名度。同时要提高投入产出效果，注重旅游产业内涵发展，保障旅游产业健康发展。

东山有优美的自然环境，丰富的水产资源，深厚的文化底蕴，而且对台区位优势明显，具备发展旅游的天时、地利、人和的先决条件。通过拆除渔场违规建筑，拓展海岛发展空间；率先建立海岛生态保护红线制度，推进富美乡村建设，整治村容村貌，美化海岛生态环境；推进旅游与体育、农业等产业融合，创新旅游发展模式，海岛旅游产业蓬勃发展。未来东山要充分利用资源优势吸引台湾游客进行寻亲拜祖游览，扩大国内客源市场，保持海岛旅游业绩的持续发展。整合马銮湾、关帝庙、东门屿、风动石等旅游资源，优化组合旅游产品，利用多种媒体扩大海岛旅游知名度，吸引更多游客上岛，提高海岛旅游业绩水平。推动全域旅游示范区创建工程，创新海岛旅游产品形式，推出局域地域特色的潮剧、昆曲表演等新型旅游项目，合理配置旅游要素，运用先进管理技术，提高旅游产出效果。

8.2.3 较低区——激励性措施

2011-2015 年期间，较低区的海岛县（区）包括洞头和南澳两个区域，较低区的海岛县（区）旅游业绩和旅游效率均较低。对于这种类型的海岛而言，一是要提高旅游效率水平，不断引进先进的技术，提升海岛旅游管理水平，提升海岛旅游从业者综合素养，提高旅游服务质量。同时要坚持科学、合理配置资源要素，满足旅游产业发展的需要，提高旅游产业发展的能力，进而提升海岛旅游经济的产出效果，实现海岛旅游产业内涵式发展。二是要加强旅游市场开发，突出海岛自身特色，不断创新海岛旅游产品，深度挖掘海岛特色旅游产品，延长旅游产业链，推动海岛旅游产品供给质量的提升。充分利用"互联网＋旅游"的推广性能，做响海岛旅游品牌，树立海岛旅游的良好声誉，在旅游客源地形成良好的目的地形象，吸引游客。三是要加强海岛基础设施建设，完善海岛公共服务体系，提高海岛旅游接待能力，为旅游者提供完善的硬件设施和软件服务，提高旅游者的海岛旅游体验。根据两个海岛的具体情况，提出如下对策：

洞头是浙江省海岛综合开发与保护试验区、旅游综合改革试点区，是浙江省海洋经济发展的先行先试地区，是"中国羊栖菜之乡"、"浙江省紫菜之乡"。洞头海岛生态环境优美，是浙江省第一个国家海洋公园、全国唯一以县名命名的国家 4A 级旅游景区、全国著名的海钓基地，入选首批国家生态保护与建设示范区和国家海洋生态文明建设示范区，先后创成国家卫生县城、国家生态县、省级森林城市、省级园林城市。洞头具有"岛屿奇、礁石美、岸线长、海域宽"的旅游综合优势，并且人文旅游资源丰富，先锋女子民兵连及海霞文化激励着海岛民众创新发展。洞头坚持以政府为主导、以规划为范本，按照"一核一湖二带多点"的空间发展格局，有序推动重大旅游项目落地生根。同时不断提高旅游接待实施水平，挖掘新型旅游资源；创新营销模式，提升旅游形象。但是洞头丰富的自然和人文旅游资源优势并未完全挖掘出来，在以后的发展中，应注重红色旅游资源与自然旅游资源完美融合。首先要全力推进海岛全域旅游建设，完善景区设施，努力创建国家 5A 景区和国家红色旅游经典景区。其次要拓展旅游产品的深度和广度，提高"一轴两环三岛"美丽乡村精品线路的品质，推进特色小镇规划建设，积极开发海钓帆船、邮轮游艇、低空飞行等特色旅游产品，推动渔旅、文旅、体旅、军旅有效融合，构建具有洞头特色的旅游产业优势。最后要大力实施旅游发展激励计划，利用各种媒体扩到旅游品牌效应，培育旅游消费市场，提高旅游消费水平，合理配置资源要素，提高旅游投入产出比。

南澳环境清幽，具有典型的热带、亚热带风光特色，景色迷人。南澳植被覆盖率很高，自然资源、人文资源丰富，沙细水清的青澳湾、"天然植物园"和"海上天然氧吧"黄花山国家森林公园以及历史悠久的总兵府、南宋古井、太子楼遗址等，形成南澳蓝天、碧海、绿岛、金沙、白浪的旅游主题，构建出"海、史、庙、山"的立体旅游产品体系。2015 年，南澳大桥正式通车，海岛旅游产业进入腾飞发展的快车道。长期以来紧紧围绕"国际知名旅游海岛"的发展定位，完善旅游基础设施，发挥旅游产业的联动作用，加强资源整合，促进旅游与渔农林业、生态种养、人文历史、宗教民俗、海鲜美食等相互融合发展，创新旅游产品体系，打造海岛旅游品牌，延伸海岛经济产业链，塑造一个全新的具有潮汕文化韵味、生态环境友好、海岛特色鲜明、产业高度融合的滨海旅游产业园。未来发展中，要坚持科学规划、科学发展，以《滨海旅游产业园区总体规划》为蓝图，加快东海岸旅游区、无人岛、乡村旅游等发展规划编制与实施，为海岛旅游发展提供科学保障；加快旅游基础设施建设，提高青澳湾、云澳镇的接待设施水平，完善环岛景观平台设施，提升游客旅游体验；发挥旅游产业的引擎作用，围绕旅游产业打造海岛旅游产业集群；规范旅游市场管理秩序，优化旅游服务软环境，树立海岛诚信文明的旅游形象；整合旅游资源，丰富旅游产品供给，打造国际闻名的海岛旅游品牌。

8.2.4 低值区——培育性措施

低值区包括崇明、平潭两个海岛县（区），这 2 个区域旅游业绩和旅游效率水平都很低，对于这 2 个海岛县（区）主要在于培育良好的旅游市场，提高旅游产出效果。同时要开发深度旅游产品，提高旅游者消费体验，增加海岛旅游收入。虽然这 2 个海岛县（区）的旅游业绩和旅游效率水平较低，但是区位优势明显，市场需求旺盛，海岛旅游产业发展前景广阔。低值区的海岛旅游产业由很大的发展空间，重在逐步培育旅游市场，增加旅游收入。同时调整投入产出模式，建立科学的资源要素配置机制，优化旅游产业结构，不断提高海岛旅游效率。

崇明是中国第三大岛屿，由崇明岛、长兴岛和横沙岛等冲击岛群组成。崇明生态旅游资源和人文旅游资源非常丰富。十多年来，崇明的生态岛建设渐入佳境。坚持生态立岛不动摇，严格按照《崇明生态岛建设纲要（2010-2020年）》，稳步推动综合生态岛建设，绿色产业体系逐步完善，生态旅游集聚功能显著。崇明是上海"十三五"期间重点打造"三圈三带一岛"的水陆联动、全域发展大旅游空间格局的关键环节。崇明应以"生态引领、创新发展"为主线，在全域旅游示范区的基础上，全面实施"生态＋"发展战略，积极探索生态优势向产业优势转化的路径和模式，重点发展生态休闲旅游业，推进海岛全域旅游建设。全力实施"旅农融合、旅体融合、旅林融合、旅水融合"的"旅游 +"计划，丰富旅游产品供给，提升海岛旅游产品的品质，拓展旅游消费的领域，增加旅游收入。与腹地上海做好无缝衔接，依托上海的优势资源和全国旅游智库资源，建设崇明岛旅游创意创新平台基地和旅游企业孵化平台基地，充分利用高新技术，推动崇明旅游转型升级、提质增效，保持旅游业持续向好的发展态势。

平潭素有"千礁岛县"之称，是中国大陆距离台湾岛最近的地方，地理区位特殊。平潭旅游资源类别众多，拥有旅游资源 6 大类、36 种基本类型，各类景物 217 个。早在 1994 年国务院批准平潭的"半洋石帆"、君山、"东海仙境"、坛南湾、南寨石景、凤凰山黄金海岸、瑗风顶（"一片瓦"）、"海坛天神"等八大景区为国家重点风景名胜区，另外新石器时代壳丘头遗址、金门镇总兵江继芸墓等省级文物保护单位及三十六脚湖等名胜古迹同样闻名退迩。平潭旅游产业发展起步虽晚，但是发展速度很快。交通体系不断完善，海峡大桥复桥交付使用，基本形成"两纵两横"路网格局，交通条件进一步改善；充分利用对台区位优势，扩展台湾旅游市场；智慧海岛建设初见成效，海岛智慧行平台功能不断丰富，提升平潭旅游形象，增强游客体验水平。平潭应立足"一岛两窗三区"发展定位，充分利用"综合实验区 + 自贸试验区 + 国际旅游岛"政策优势，促进旅游产业迈进新的发展阶段。其次要创新两岸旅游合作模式，打造两岸旅游产业合作示范区。借鉴国内外成功经验，探索适合本岛的旅游开发模式，提升平潭的国际声誉，将平潭打造成世界闻名的国际海岛休闲度假旅游胜地。第三要整合各类旅游资源，以海岛文化文基础，设计和研发具有本地特色的旅游产品，推进旅游与文体、健康医疗、购物等产业融合，培育旅游新业态。最后要扎实推进全域旅游开发，建设全域旅游示范区，加快建设旅游配套设施，引进先进的旅游监管模式，完善旅游服务体系，提高旅游服务标准，达到国际先进水平，促进旅游产业快速转型发展。

8.3 小结

本章根据海岛旅游绩效影响因素的识别结果，从生态环境保护、海岛空间利用、全域旅游建设、旅游产品供给改革、旅游产业发展观念等五个方面提出海岛旅游绩效优化的宏观路径。并基于 2011-2015 年的海岛旅游绩效等级划分情况，提出具体对策，高值区采取维持型措施，重在保持现有发展势头，维持旅游产业良好的发展趋势；较高区主要采取变革性措施，注重旅游资源要素配置，提升旅游效率水平，提高投入产出效果；较低区采取激励性措施，提高旅游业绩水平和效率水平；低值区采取培育性措施，培育旅游产业快速发展，提高旅游产出效果。

9 结论与展望

　　海岛旅游绩效是海岛旅游经济发展的重要衡量标准，从旅游业绩和旅游效率两个方面对海岛旅游绩效进行评价，关注海岛旅游产业生产过程的"质"和结果的"量"协调发展。借助 2001-2015 年海岛旅游指标相关数据构建海岛旅游绩效评价体系，利用旅游业绩指数、DEA 模型对海岛旅游绩效进行评价。采用赫芬达尔系数、变异系数、耦合协调度模型、马尔科夫链、地理集中指数、系统聚类分析法及 ARCGIS10.0 软件，对海岛旅游绩效的时空特征、演化趋势进行分析，并运用 EVIEWS6.0 软件对海岛旅游绩效的 8 个影响因素进行识别，揭示海岛旅游绩效发展的驱动机制，在此基础上提出海岛旅游绩效优化的宏观路径及具体建议。

9.1 主要结论

　　（1）界定了海岛旅游绩效概念体系

　　在总结绩效、旅游绩效概念的基础上，提出海岛旅游绩效的概念。即海岛旅游绩效是对海岛旅游业生产活动的过程和结果的综合评价，是海岛旅游业绩和海岛旅游效率的统称。海岛旅游绩效从海岛旅游业绩和海岛旅游效率两方面进行界定，为后续研究奠定坚实的理论基础。

　　（2）构建海岛旅游绩效评价指标体系

　　海岛旅游绩效是海岛旅游业绩和海岛旅游效率的统称，本文从海岛旅游业绩和海岛旅游效率两个方面分别构建评价指标体系。借鉴国内外研究状况，海岛旅游业绩评价指标体系由旅游综合收入、旅游接待人数及旅游总收入、旅游接待总人数 4 项指标构成，海岛旅游效率评价指标体系由固定资产投资、第三产业从业人数、旅游综合吸引力 3 项投入指标和旅游综合收入 1 项产出指标构成。

（3）测度海岛旅游绩效发展水平

基于 2001–2015 年的数据，采用旅游业绩指数模型测度了海岛县（区）旅游业绩发展水平，采用 DEA 模型测度海岛旅游效率水平。海岛旅游绩效水平地区间差异较大，不均衡性明显。从海岛旅游业绩水平来看，没有海岛县（区）旅游业绩水平达到很好水平，定海、普陀、岱山、嵊泗、玉环旅游业绩较好；东山、长海、长岛、洞头、南澳旅游业绩一般；平潭、崇明的旅游业绩较差。旅游效率测度结果显示，海岛旅游综合效率平均值较低。其中普陀最优，其次长岛、定海、嵊泗旅游综合效率平均值在 0.800 以上，处于第一梯队；玉环和洞头旅游综合效率平均值在 0.600–0.800 之间，处于第二梯队；长海、岱山、南澳、东山四个海岛县（区）旅游综合效率平均值在 0.400–0.600 之间，处于第三梯队；平潭、崇明旅游综合效率平均水平最低。技术效率角度来看，普陀、南澳保持 DEA 最优水平，先进技术应用效果最好。长岛、定海、嵊泗、洞头、平潭的技术运用能力较强，技术效率水平较高。长海、岱山、玉环、东山技术运用能力相对较弱。崇明技术效率水平很低，距离平均水平差距较大，保持低水平运行。从规模效率角度来看，普陀保持 DEA 最优水平，说明普陀投入获得相应的产业报酬。长岛、定海、玉环、嵊泗旅游规模效率平均水平接近于 DEA 最优水平，说明长岛、定海、玉环、嵊泗的旅游发展能力也很强。岱山、东山、洞头旅游规模效率保持较好的发展趋势，旅游发展能力较强。长海、南澳规模效率水平较低，说明长海和南澳旅游发展能力较弱。崇明、平潭规模效率水平处于最低水平，距离平均水平差距很大，说明崇明、平潭旅游发展能力最差。

（4）分析海岛旅游绩效的时空特征

以海岛旅游业绩和旅游效率的测度结果为基础，分析海岛旅游绩效的时空格局演遍。海岛旅游绩效总体差异不大，但是相对差异比较明显。从海岛旅游业绩和旅游效率的空间格局来看，定海、普陀、岱山、嵊泗、玉环五个海岛县（区）长期处于较高区和高值区，崇明、平潭、南澳长期处于较低区和低值区。海岛旅游业绩和旅游效率协调度状态存在不稳定性，海岛旅游绩效状态存在转移的可能性，但是总体发展格局基本稳定，海岛旅游绩效可能陷入"贫困陷阱"，而且存在明显的"俱乐部趋同"现象。

（5）揭示了海岛旅游绩效驱动机制

根据海岛旅游业绩和海岛旅游效率的测度结果，选取腹地经济发展水平、海岛经济发展水平、海岛产业结构状况、海岛交通条件、海岛旅游服务水平、海岛科技信息水平、海岛生态环境质量、海岛城镇化水平等 8 个指标作为海岛旅游业绩和旅游效率的影响因素，并运用 EVIEWS6.0 软件对影响因素进行识别，据此揭示海岛旅游绩效时空演化的形成机理。各种驱动力通过影响因素作用于海岛旅游绩效，腹地经济、生态环境、城镇化是海岛旅游绩效的支撑力，海岛经济、产业结构、交通条件、旅游服务、科技信息是海岛旅游绩效的驱动力，支撑力和驱动力共同推动海岛旅游绩效发展、变化。

（6）提出海岛旅游绩效提升的宏观路径及具体对策

根据海岛旅游业绩和旅游效率的实际测度结果及海岛旅游绩效影响因素的识别结果，提出海岛旅游绩效提升的宏观路径。基于旅游旅游业绩和旅游效率的聚类结果，将海岛旅游绩效分为高值区、较高区、较低区、低值区四个等级，针对各海岛县（区）的实际分别提出维持性措施、变革性措施、激励性措施、培育性措施。

9.2 不足与展望

（1）文章仅从旅游业绩和旅游效率角度对中国海岛县旅游绩效进行测评，缺乏对旅游绩效进行综合性评价。对海岛旅游绩效进行综合评价，能够更为全面的反映海岛旅游综合绩效的发展情况。在后续研究中应进一步加强对海岛旅游综合绩效的研究，更加全面的衡量海岛旅游绩效发展状况。

（2）对于海岛县旅游绩效驱动因素分析考虑陆岛一体化建设较少，海岛旅游绩效的发展与提升，需要依靠腹地的强大实力，陆岛一体化发展是海岛旅游绩效提升的关键所在，这是今后应该继续深入研究的重点。

（3）由于资料收集的难度，旅游效率评价仅考虑期望产出，没有考虑到非期望产出。旅游产业发展过程中，不仅能带动海岛经济发展，同样会对海岛生态环境产生破坏作用，后续研究应密切关注旅游效率的负面影响，保障海岛旅游产业健康发展，旅游绩效水平不断提升。

参考文献

[1] Milne S. Tourism and development in South Pacific microstates[J]. Annals of Tourism Research, 1992, 19(2): 191–212.

[2] Ivanovic S, Katic A, Mikinac K. Cluster as a model of sustainable competitiveness of small and medium entrepreneurship in the tourist market. [J]. Utms Journal of Economics, 2010, 1(2): 45–54.

[3] Vodeb K. Competitiveness of Frontier Regions and Tourism Destination Management[J]. Managing Global Transitions, 2012, 10(1): 51–68.

[4] Miral C. a case study of ethnic minorities as tourism entrepreneurs:their involvement in sustainable tourism development[M]. University of Novi Sad; Department of Geography; Tourism and Hotel Management, 2013.

[5] SZABO R. The economic performance of tourism in northern Hungarian region, with special regard to HEVES County[J]. Applied Studies in Agribusiness and Commerce, 2012(6): 99–102.

[6] Henderson J C. Tourism destination development: the case of Malaysia[J]. Tourism Recr–eation Research, 2008, 33(1): 49–57.

[7] Chienchiang L, Chang C P. Tourism development and economic growth: a closer look at panels. [J]. Tourism Management, 2008, 29(1): 180–192.

[8] Melville Saayman, Andrea Saayman. Regional development and national parks in South Africa: lesson learned[J]. Tourism economics: the business and finance of tourism and recreation, 2010, 16(4): 1037–1064.

[9] Carmichael B A, Senese D M. Competitiveness and Sustainability in Wine Tourism Regions: The Application of a Stage Model of Destination Development to Two Canadian Wine Regions[M]. The Geography of Wine. Springer Netherlands, 2014:159–178.

[10] Carlsen J, Dowling R. Regional Wine Tourism:A Plan of Development for Western Austr−alia[J]. Tourism Recreation Research, 2015, 26(2): 45−52.

[11] Olabode OT, Oluwafunmike OJ, Olaleye OA. The Performance of Tourism Sector and Economic Growth in Nigeria (1996−2010)[J]. International Journal of Engineering and AppliedSciences, 2015, 2(12): 49−53.

[12] Sparrowhawk J, Holden A. Human development:the role of tourism based NGOs in Nepal. [J]. Tourism Recreation Research, 1999, 24(2): 37−43.

[13] Croes RR. Value as a measure of tourism performance in the era of globalization: conceptual considerations and empirical findings[J]. Tourism Analysis, 2004, 9(4): 255−267.

[14] EK VorobeiEV Kirdyapkin. On the Role of Special Tourism/Recreation Economic Zones in the Development of the Tourism Industry. Tourism Education Studies and Practice, 2014, 4(4): 177−184

[15] Assaf A G, Tsionas E G. Incorporating destination quality into the measurement of tourism performance: A Bayesian approach[J]. Tourism Management, 2015(49): 58−71.

[16] Granger C. Dwelling in Movement:Panorama, Tourism and Performance[J]. Contemporary Music Review, 2015, 34(1): 54−66.

[17] Jeffrey D, Hubbard N J. Foreign tourism, the hotel industry and regional economic performance[J]. Regional Studies, 1988, 22(4): 319−329.

[18] Zajicek M, Wheatley B, Winstone−Partridge C. Improving the Performance of the Tourism and Hospitality Industry in the Thames Valley[R]. Oxford Brookes University, 1999.

[19] Marcolajara B, Clavercort és E, ÚbedaGarc í a, M, et al. Hotel performance and agglomeration of tourist districts[M]. From empire to nation:Beacon Press, 1960:1−20.

[20] Koksal CD, Aksu AA. Efficiency evaluation of A−group travel agencies with data envel−opment analysis (DEA): A case study in the Antalya region, Turkey[J]. Tourism Management, 2007, 28(3): 830−834.

[21] Darja Topolsek, Dejan Dragan. Integration of Travel Agencies with other Supply Chain Members: Impact on Efficiency[J]. Logistics & Sustainable Transport, 2016, 7(1): 1−17.

[22] Ng CK, Seabright P. Competition, Privatisation and Productive Efficiency: Evidence From the Airline Industry[J]. The Economic Journal, 2001, 111(473): 591–619.

[23] Dana JD, Orlov E. Internet Penetration and Capacity Utilization in the US Airline In–dustry[J]. Social Science Electronic Publishing, 2014(6): 106–37.

[24] Moore SA. Environmental performance reporting for natural area tourism: Contributions by visitor impact management frameworks and their indicators[J]. Journal of Sustainable Tourism, 2003, 11(4): 348–375.

[25] Sun Y Y, Pratt S, Yeoman I S, et al. The economic, carbon emission, and water impacts of Chinese visitors to Taiwan:eco–efficiency and impact evaluation[J]. Journal of Travel Research, 2014(53): 733–746.

[26] Nunthasiriphon S. Application of sustainable tourism development to assess community–based tourism performance[J]. Kasetsart Journal Social Sciences, 2015(36)577—590.

[27] Stumpf TS, Reynolds D. Institutional conformance and tourism performance:an efficiency analysis in developing Pacific Island countries[J]. Tourism Planning & Development, 2016, 13(4): 1–20.

[28] Lucock M, Yates Z, Martin C, et al. THE RELATIONSHIPS AMONG BUSINESS STRATEGIES, ORGANISATIONAL PERFORMANCE AND ORGANISATIONAL CULTURE IN THE TOURISM INDUSTRY[J]. South African Journal of Economic & Management Sciences, 2013, 16(5): 1–8.

[29] Fernandez BMC, Gonzalez RCL, Lopez L. Historic city, tourism performance and developme–nt:The balance of social behaviours in the city of Santiago de Compostela (Spain)[J]. Tourism&Hospitality Research, 2016, 16(3): 282–293.

[30] Canals P. Performance auditing of tourism websites:France, Spain, and Portugal[M].
Emerald Group Publishing Limited, 2010.

[31] Woodside AG, Canals P. Performance auditing of tourism websites: France, Spain, and Portugal[J]. Advances in Culture Tourism & Hospitality Research, 2010(4): 59–68.

[32] Hope K R. The Caribbean tourism sector:recent performance and trends[J].

International Journal of Tourism Management, 1980, 1(3): 175–183.

[33] Teas R K. Expectations, performance evaluation, and consumers' perceptions of quality[J]. Journal of Marketing, 1993, 57(4): 18–34.

[34] Hailin Qu, Nelson TSang. Service quality gap in China's hotel industry:a study of tourist expectations. Journal of Hospitality and Tourism Research, 1998, 22(3): 252–267.

[35] Lee C. The comparison of selected aviation factors and level of tourism for international travelers in selected states[D]. Warrensburg:Central Missouri State University, 2001.

[36] Prideaux B. Factors affecting bilateral tourism flows[J]. Annals of Tourism Research, 2005, 32(3): 780‐801.

[37] Jachmann H, Blanc J, Nateg C, et al. Protected Area Performance and Tourism in Ghana[J]. South African Journal of Wildlife Research, 2009, 41(Apr 2011): 95–109.

[38] Frederick LLGJR. Medical Tourism in Singapore: A Structure–Conduct–Performance Anal–ysis[J]. Journal of Asia–Pacific Business, 2011, 12(2): 141–170.

[39] Tomic N, Gavrilov M B, BozIc S, et al. The impact of hurricane Katrina on the United States tourism industry[J]. European Researcher, 2013, 51(5–4): 1581–1590.

[40] Traianovidiu C. Impact Of Information Organization On Performance In Tourism[J]. Journal of Biological Chemistry, 2014, 287(2): 1600–1608.

[41] Gossling S. New performance indicators for water management in tourism[J]. Tourism Management, 2015(46): 233–244.

[42] Akmese H, Aras S, Akmese K. Financial Performance and Social Media:A Research on Tourism Enterprises Quoted in Istanbul Stock Exchange(BIST)[J]. Procedia Economics&Finance, 2016(39): 705‐710.

[43] Day J, Chin N, Sydnor S, et al. Weather, climate, and tourism performance:A quantitative analysis[J]. Tourism Management Perspectives, 2013(5): 51–56.

[44] Sirakaya E, Uysal M, Toepper L. Measuring tourism performance using a shift–share analysis:the case of South Carolina. [J]. Journal of Travel Research, 1995, 34(2): 55–61.

[45] Tseng M L, Chiu A S F, Mai P N V. Evaluating the tourist's demand to develop Vietnamese tourism performance[J]. Procedia–Social and Behavioral Sciences, 2011, 25(3): 311–326.

[46] Warnken J, Bradley M, Guilding C. Eco–resorts vs. mainstream accommodation providers:an investigation of the viability of benchmarking environmental performance[J]. Tourism Management, 2005, 26(3): 367–379.

[47] Sufrauj SB. Islandness and Remoteness as Resources:Evidence from the Tourism Performance of Small Remote Island Economies (SRIES)[J]. Annals–Economy Series, 2011, 1(1): 29–66.

[48] Anderson R I, Fish M, Xia Y, et al. Measuring efficiency in the hotel industry: A stochastic frontier approach[J]. International Journal of Hospitality Management, 1999, 18(1): 45–57.

[49] Shiuhnan H, Chang T Y. Using data envelopment analysis to measure hotel managerial efficiency change in Taiwan[J]. Tourism Management, 2003, 24(4): 357–369.

[50] Barros C P. Evaluating the efficiency of a small hotel chain with a Malmquist produ–ctivity index[J]. International Journal of Tourism Research, 2005, 7(3): 173–184.

[51] Barros C P, Dieke P U C. Technical efficiency of African hotels[J]. International Journal of Hospitality Management, 2008, 27(3): 438–447.

[52] Chen C F. Applying the stochastic frontier approach to measure hotel managerial eff–iciency in Taiwan[J]. Tourism Management, 2007, 28(3): 696–702.

[53] Assaf A G, Agbola F W. Modelling the performance of Australian hotels:a DEA double bootstrap approach. [J]. Tourism Economics, 2011, 17(1): 73–89.

[54] Huang Y H, Mesak H I, Hsu M K, et al. Dynamic efficiency assessment of the Chinese hotel industry[J]. Journal of Business Research, 2012, 65(1): 59–67.

[55] Aissa S B, Goaied M. Determinants of Tunisian hotel profitability: the role of managerial efficiency[J]. Tourism Management, 2016(52): 478–487.

[56] Barros C P, Alvaro Matias. Assessing the efficiency of travel agencies with a stochastic cost frontier:a Portuguese case study[J]. International Journal of Tourism Research, 2006, 8(5): 367–379.

[57] Barros C P, Dieke P U C. Analyzing the total productivity change in travel agencies[J]. Tourism Analysis, 2007, 12(1–2): 27–37.

[58] Köksal C. D, Aksu, A. A. Efficiency evaluation of A–group travel agencies with data envelopment analysis (DEA): a case study in the Antalya region, Turkey[J]. Tourism Management, 2007, 28(3): 830–834.

[59] Fuentes R. Efficiency of travel agencies: A case study of Alicante, Spain[J]. Tourism Management, 2011, 32(1): 75–87.

[60] Maria R, Rodriguez G, S á mper R M. AN ANALYSIS OF THE EFFICIENCY OF SPANISH TRAVEL AGENCIES[J]. Electronic Journal of Applied Statistical Analysis, 2012, 5(1): 60–73.

[61] Ramírez–Hurtado J M, Contreras I. Efficiency of travel agency franchises: a study in Spain[J]. Service Business, 2017(11): 1–23.

[62] Sellersrubio R, Nicolaugonz á lbez J L. Assessing performance in services:the travel agency industry[J]. Service Industries Journal, 2009, 29(5): 653–667.

[63] Anderson R I, Lewis D, Parker M E. Another Look at the Efficiency of Corporate Travel Management Departments[J]. Journal of Travel Research, 1999, 37(3): 267–272.

[64] Ng C K, Seabright P. Competition, Privatisation and Productive Efficiency: Evidence From the Airline Industry[J]. Economic Journal, 2001, 111(473): 591–619.

[65] Thompson K, Schofield P. An investigation of the relationship between public transport performance and destination satisfaction[J]. Journal of Transport Geography, 2007, 15(2): 136–144.

[66] R. Ivče, I. Jurdana, I. Rudan. A contribution to the efficiency of Ro–Ro passenger traffic by applying services of mobile telecommunication networks in the Primorsko–goranska County[J]. Pomorstvo Scientific Journal of Maritime Research, 2011, 25(2): 445–460.

[67] Duval D T, Schiff A. Effect of air services availability on international visitors to New Zealand[J]. Journal of Air Transport Management, 2011, 17(3): 175–180.

[68] Brida J G, Deidda M, Pulina M. Tourism and transport systems in mountain environments: analysis of the economic efficiency of cableways in South Tyrol[J]. Journal of Transport Geography, 2014, 36(2): 1–11.

[69] Currie C, Falconer P, Lohmann G, et al. Maintaining sustainable island destinations in Scotland:the role of the transport-tourism relationship. [J]. Journal of Destination Marketing & Management, 2014, 3(3): 162-172.

[70] Bosetti V, Locatelli G. A data envelopment analysis approach to the assessment of natural parks' economic efficiency and sustainability. The case of Italian national parks[J]. Sustainable Development, 2006, 14(4): 277-286.

[71] Ma X L, Ryan C, Bao J G. Chinese national parks:Differences, resource use and tourism product portfolios[J]. Tourism Management, 2009, 30(1): 21-30.

[72] Xu J, Wei J, Zhao D. Influence of social media on operational efficiency of national scenic spots in china based on three-stage DEA model[M]. Elsevier Science Publishers B. V. 2016.

[73] Gössling S, Peeters P, Ceron J P, et al. The eco-efficiency of tourism[J]. Ecological Economics, 2005, 54(4): 417-434.

[74] Cracolici M F, Nijkamp P, Rietveld P. Assessment of tourism competitiveness by analysing destination efficiency[J]. Ssrn Electronic Journal, 2006, 3(2): 325-342.

[75] Kytzia S, Walz A, Wegmann M. How can tourism use land more efficiently?A model-based approach to land-use efficiency for tourist destinations[J]. Tourism Management, 2011, 32(3): 629-640.

[76] Marrocu E, Paci R. They arrive with new information. Tourism flows and production efficiency in the European regions[J]. Tourism Management, 2011, 32(4): 750-758.

[77] Medina L F, G ó mez I G, Marrero S M. MEASURING EFFICIENCY OF SUN & BEACH TOURISM DESTINATIONS[J]. Annals of Tourism Research, 2012, 39(2): 1248-1251.

[78] Hadad S, Hadad Y, Malul M, et al. The economic efficiency of the tourism industry:a

global comparison[J]. Tourism Economics the Business & Finance of Tourism & Recreation, 2012, 18(5): 931-940.

[79] Soteriades M, Ünalan, D. Tourism destination marketing:approaches improving effectiveness and efficiency[J]. Journal of Hospitality & Tourism Technology, 2013, 3(2): 107-120.

[80] Barisic P, Vukovic D. The performance audit as a function for increasing tourism efficiency[C]// International Conference; 2nd, Corporate governance; Proceedings of the 2nd International OFEL Conference on Governance, Management and Entrepreneurship; Inside And Outside Of Managerial Mind:Building the bridges between disciplines. Hrvatska znanstvena bibliografija i MZOS–Svibor, 2014.

[81] Zurutuza M, Ortiz F R, Gerrikagoitia J K, et al. Obtaining the efficiency of Tourism Destination website based on Data Envelopment Analysis[C]//Icsim 20124–, International Conference on Strategic Innovative Marketing. 2014:58–65.

[82] S. Burak, E. Dogan, C. Gazioglu. Impact of urbanization and tourism on coastal environment[J]. Ocean and Coastal Management, 2004, 47 (9): 515–527.

[83] Philip Feifan Xie, Vishal Chandra, Kai Gu. Morphological changes of coastal tourism: A case study of Denarau Island, Fiji[J]. Tourism Management Perspectives, 2013, 5(1): 75–83.

[84] Victor B Teye. Land transportation and tourism in Bermuda[J]. Tourism Management, 1992, 13(4): 395–405.

[85] Andrew Holden. Tourism and the Green Economy: A Place for an Environmental Ethic? [J]. Tourism Recreation Research, 2013, 38 (1): 3–13.

[86] Agarwal S. Restructuring and local economic development:Implications for seaside resort regeneration in Southwest Britain. [J]. Tourism Management, 1999, 20(4): 511–522.

[87] Shida Irwana Omar, Abdul Ghapar Othman, Badaruddin Mohamed. The tourism life cycle: an overview of Langkawi Island, Malaysia[J]. International Journal of Culture, Tourism and Hospitality Research, 2014, 8(3): 272–289.

[88] DEMROES J. Gutenberg–Universitat. Tourism resources and their development in Maldive Islands[J]. Geojournal, 1985(10): 119–122.

[89] KLINT LM, WONG E, JIANG M, et al. Climat Change adaptation in Pacific Island tourism sector: analysing the policy environment in Vanuatu[J]. Current Issues in Tourism, 2012, 15(3): 247–274.

[90] Yumi P, David N. Relationship between destination image and tourists' future behavior: Observations from Jeju Island, Korea[J]. Asia Pacific Journal of Tourism Research, 2010, 30(1) : 1–20 .

[91] BIRINCHI CHOUDHURY, CHANDAN GOSWAMI, PH. D. COMMUNITY PARTICIPATION IN MINIMIZING LEAKAGE: A CASE STUDY IN MANASNATIONAL PARK [J]. International Journal of Marketing and Technology, 2012(2): 132–147.

[92] Tracy Berno. When a guest is a guest: Cook islanders view tourism[J]. Annals of Tourism Research, 1999, 26(3): 656–675.

[93] Carla Guerrón Montero. Tourism, cultural heritage and regional identities in the Isle of Spice[J]. Journal of Tourism and Cultural Change, 2015, 13(1): 1–21.

[94] Riaz Shareef, Suhejla Hoti. Small island tourism economies and country risk ratings[J]. Mathematics and Computers in Simulation, 2005, 38(4): 557–570.

[95] Craigwell R. Tourism Competitiveness in Small Island Developing States[J]. Wider Working Paper, 2007, 20(4): 502－525.

[96] Girish P, Kiran D R, Mootoo M. Hotel development and tourism impacts in Mauritius: Hoteliers' perspectives on sustainable tourism[J]. Development Southern Africa, 2010, 27(5): 697－712.

[97] Martna R. Structural Change and economic growth in small islandtourism countries[J]. Tourism Planning & Development, 2008, 26(4): 1–12.

[98] Deborah K, Kelly B. Exploring Fijian's sense of place after exposure to tourism development[J]. Journal of Sustainable Tourism, 2009, 17 (6) :691–708.

[99] Riaz S. Small island tourism economies and country risk ratings[J]. Mathematics and Computers in Simulation, 2005, 38(3): 557－570.

[100] Schittone J. Tourism vs. commercial fishers:Development and changing use of Key West and Stock Island, Florida[J]. Ocean & Coastal Management, 2001, 44 (3): 15–37.

[101] 文艳，郑向敏．中国西部省际旅游竞争力评价—基于熵权 TOPSIS 法 [J].旅游论坛，2012，5（5）：38–45.

[102] 徐嘉蕾，李悦铮．中国首批最佳旅游城市旅游经济发展对比研究—以大连、杭州、成都为例 [J].旅游论坛，2010，3（04）：418–422.

[103] 方法林，尹立杰，张郴．城市旅游综合竞争力评价模型建构与实证研究—以长三角地区 16 个城市为例 [J].地域研究与开发，2013，32（01）：92–97.

[104] 李瑞，殷红梅．民族县域旅游发展定量综合评价—以黔东南苗族侗

族自治州 16 个民族县域为例 [J]. 地理科学进展，2010，29（10）：1263–1272.

[105] 董观志，班晓君. 旅游上市公司业绩测评体系研究 [J]. 旅游科学，2006，20（6）：65–70.

[106] 张慧，周春梅. 我国旅游上市公司经营业绩的评价与比较—基于因子分析和聚类分析的综合研究 [J]. 宏观经济研究，2012，（03）：85–92。

[107] 张玉凤，裴正兵，吴泰岳. 酒店及餐饮类上市公司企业价值与财务业绩的实证研究 [J]. 旅游学刊，2011，26（7）：30–35.

[108] 汪宇明，吕帅. 长江流域 12 省区旅游形象绩效评估研究 [J]. 旅游科学，2008，22（1）：15–21.

[109] 罗盛锋，黄燕玲. 滇桂黔石漠化生态旅游景区扶贫绩效评价 [J]. 社会科学家，2015（9）：97–101.

[110] 姚云浩. 旅游产业集群网络及创新绩效研究 [D]. 中国农业大学，2015.

[111] 黎洁，连传鹏. 基于投入产出表和社会核算矩阵的 2002 年江苏旅游乘数的比较研究 [J]. 旅游学刊，2009，24（3）：30–35.

[112] 康蓉. 旅游卫星账户与中国旅游经济测度研究 [D]. 西北大学，2006.

[113] 庞丽，王铮，刘清春. 我国入境旅游和经济增长关系分析 [J]. 地域研究与开发，2006，25（3）：51–55+128.

[114] 王良健，袁凤英，何琼峰. 针对我国省际旅游业发展与经济增长间关系的空间计量方法应用 [J]. 旅游科学，2010，24（2）：49–54.

[115] 曹芳东，黄震方，周玮，等. 转型期城市旅游经济时空变异及其异质性模拟—以泛长三角地区为例 [J]. 旅游学刊，2013，28（11）：24–31.

[116] 高维全，李悦铮. 长山群岛旅游产业与城镇化耦合协调度研究 [J]. 资源开发与场，2016，32（1）：96–98+102.

[117] 高维全，王玉霞. 长山群岛旅游产业与生态环境协调发展研究 [J]. 地域研究与开发，2017，36（3）：103–107.

[118] 方叶林，黄震方，王坤，等. 基于 PCA–ESDA 的中国省域旅游经济时空差异分析 [J]. 经济地理，2012，32（8）：149–154+35.

[119] 李振亭. 中国西部典型区域入境旅游流关联度及经济协调度研究 [D]. 陕西师范大学，2011.

[120] 王洪桥，袁家，孟祥军. 东北三省旅游经济差异的时空特征分析 [J].

地理科学，2014，34（2）：163-169.

[121] 赵金金．中国区域旅游经济增长的影响因素及其空间溢出效应研究—基于空间杜宾面板模型 [J].软科学，2016，30（10）：53-57

[122] 王坤，黄震方，余凤龙，等．中国城镇化对旅游经济影响的空间效应—基于空间面板计量模型的研究 [J].旅游学刊，2016，31（5）：15—25.

[123] 郝俊卿，曹明明．基于时空尺度下陕西省旅游经济差异及形成机制研究 [J].旅游科学，2009，23（6）：35-39.

[124] 骆泽顺，林璧属．河南省旅游经济差异演化特征及收敛性研究 [J].干旱区资源与环境，2015，29（5）：197-202.

[125] 余菲菲，胡文海，荣慧芳．中小城市旅游经济与交通耦合协调发展研究—以池州市为例 [J].地理科学，2015，35（9）：1116-1122.

[126] 杨立勋，陈晶，程志富．西北五省区旅游产业绩效影响因素分析—基于面板数据分位数回归 [J].旅游学刊，2013，28（8）：94-101.

[127] 王坤．泛长江三角洲城市旅游绩效空间格局演变及其影响因素 [J].自然资源学报，2016，31（7）：1149-1163.

[128] 李向农，延军平，薛东前．中国旅行社业生产效率影响因素研究—基于数据包络和灰色关联方法 [J].资源开发与市场，2014，30（7）：870-873.

[129] 胡志毅．基于 DEA-Malmquist 模型的中国旅行社业发展效率特征分析 [J].旅游学刊，2015，30（5）：23-30.

[130] 赵海涛，高力．中国旅行社业经营效率的动态变化—基于 Malmquist 指数法的分析 [J].企业经济，2013（2）：114-117.

[131] 孙景荣，张捷，章锦河，等．中国区域旅行社业效率的空间分异研究 [J].地理科学，2014，34（4）：430-437.

[132] 彭建军，陈浩．基于 DEA 的星级酒店效率研究—以北京、上海、广东相对效率分析为例 [J].旅游学刊，2004，19（2）：59-62.

[133] 陈浩，薛声家．酒店企业相对效率的定量评价方法 [J].商业研究，2005（12）：181-183.

[134] 董卫，唐德善．基于 DEA 模型的酒店经营效率分析 [J].商业研究，2006（24）：149-151.

[135] 吴向明，赵磊．浙江省高星级酒店效率测度——基于非参数 DEA-Malmquist 指数的实证分析 [J].旅游论坛，2013，6（6）：79-87.

[136] 谢春山，王恩旭，朱易兰 . 基于超效率 DEA 模型的中国五星级酒店效率评价研究 [J]. 旅游科学，

2012，26（1）：60–71.

[137] 张洪，程振东 . 基于数据包络分析的中国星级酒店效率评价及区域差异分析 [J]. 资源开发与市场，2014，30（10）：1207–1212.

[138] 侯莲莲，郑向敏 . 我国星级酒店市场结构、效率与绩效的关系基于"共谋假说"和"效率假说"的实证检验 [J]. 资源开发与市场，2016，32（6）：712–717.

[139] 朱桃杏，陆军 . 高速铁路背景下旅游经济发展空间与效率特征研究 [J]. 铁路运输与经济，2014，36（7）：1–8.

[140] 郭伟，王凤娇，张铁宏，等 . 高铁背景下京津冀旅游效率的空间分析 [J]. 燕山大学学报（哲学社会科学版），2017，18（1）：1–8.

[141] 曹芳东，黄震方，余凤龙，等 . 国家级风景名胜区旅游效率空间格局动态演化及其驱动机制 [J]. 地理研究，2014，36（6）：1151–1166.

[142] 曹芳东，黄震方，吴江，等 . 国家级风景名胜区旅游效率测度与区位可达性分析 [J]. 地理学报，

2012，67（12）：1686–1697.

[143] 杜鹏，韩增林，王利，等 . 辽宁省国家级风景名胜区旅游效率与可达性研究 [J]. 辽宁师范大学学报（自然科学版），2015，38（2）：248–255.

[144] 黄秀娟 . 基于 DEA 方法的福建省国家级森林公园旅游效率测算 [J]. 福建论坛·人文社会科学版，2014（11）：128–131.

[145] 方琰 . 基于 DEA 的中国森林公园旅游发展效率特征分析 [J]. 北京第二外国语学院学报，2014（11）：51–58.

[146] 虞虎，陆林，李亚娟 . 湖泊型国家级风景名胜区的旅游效率特征、类型划分及其提升路径 [J]. 地理科学，2015，35（10）：1247–1255.

[147] 王淑新，何红，王忠锋 . 秦巴典型景区旅游生态效率及影响因素测度 [J]. 西南大学学报（自然科学版），2016，38（10）：97–103.

[148] 杨璐，章锦河，钟士恩，等 . 山岳型景区酒店碳足迹效率及影响因素分析 [J]. 生态经济，2015，31（3）：126–130.

[149] 梁流涛 . 中国旅游业技术效率及其分解的时空格局—基于 DEA 模型的研究 [J]. 地理研究，2012，31（8）：1422–1430.

[150] 王凯 . 中国旅游产业集聚与产业效率的关系研究 [J]. 人文地理，2016，31（2）：120-127.

[151] 张广海 . 我国旅游产业效率测度及区域差异分析 [J]. 商业研究，2013（5）：101-107.

[152] 吕志强 . 我国旅游产业发展效率及其演化的时空特征分析 [J]. 资源开发与市场，2015，31（10）：1259-1264.

[153] 邓洪波，陆林 . 基于 DEA 模型的安徽省城市旅游效率研究 [J]. 自然资源学报，2014，29（2）：313-323.

[154] 梁明珠，易婷婷 . 广东省城市旅游效率评价与区域差异研究 [J]. 经济地理，2012，32（10）：158-164.

[155] 李会琴，王林，闫晓冉 . 基于 DEA 分析的湖北省旅游效率评价 [J]. 统计与决策，2016，（2）：65-67.

[156] 张雍华，白永平，郭芳艳，等 . 甘肃省城市旅游效率发展态势研究—基于 2005 — 2012 年甘肃省 14 个市州的面板数据 [J]. 环境与可持续发展，2014，39（6）：160-162.

[157] 王松茂 . 新疆旅游产业效率及影响因素研究 [J]. 新疆大学，2015.

[158] 方杏村，陈浩，王晓玲 . 基于 DEA 模型的资源枯竭型城市旅游效率评价 [J]. 统计与决策，2015（7）：55-57.

[159] 马晓龙，金远亮 . 张家界城市旅游发展的效率特征与演进模式 [J]. 旅游学刊，2015，30（2）：24-32.

[160] 杨春梅，赵宝福 . 中国著名旅游城市旅游业的效率研究 [J]. 旅游科学，2014，28（1）：65-75.

[161] 姚治国，陈田 . 旅游生态效率模型及其实证研究 [J]. 中国人口·资源与环境，2015，25（11）：113-120.

[162] 李志勇 . 低碳经济视角下旅游服务效率评价方法 [J]. 旅游学刊，2013，28（10）：71-80.

[163] 翁钢民，王婷 . 基于 DEA 的秦皇岛市旅游资本利用效率研究 [J]. 企业经济，2012（2）：136-139.

[164] 王耀斌，孙传玲，蒋金萍 . 基于三阶段 DEA 模型的文化旅游效率与实证研究—以甘肃省为例 [J]. 资源开发与市场，2016，32（1）：125-128.

[165] 江燕玲 . 重庆市乡村旅游运营效率评价与空间战略分异研究 [J]. 资源

科学，2016，38（11）：2181-2191.

[166] 吴芳梅，曾兵. 环境约束下民族地区旅游经济效率及其影响因素研究 [J]. 经济问题探索，2016（7）：177-185.

[167] 张广海，龚荷. 江浙沪地区旅游发展不一致现象及旅游资源效率定量研究 [J]. 资源开发与市场，2015，31（9）：1131-1137.

[168] 李亮，赵磊. 中国旅游发展效率及其影响因素的实证研究—基于随机前沿分析方法（SFA）[J]. 经济管理，2013，35（2）：124-134.

[169] 杨春梅，赵宝福. 基于数据包络分析的中国冰雪旅游产业效率分析 [J]. 干旱区资源与环境，2014，28（1）：169-174.

[170] 冯学钢. 嵊泗列岛"桥—港—景"旅游联动发展模式与对策 [J]. 地域研究与开发，2004，23（3）：78-81.

[171] 张志宏，李悦铮. 长山群岛旅游业深度开发研究 [J]. 海洋开发与管理，2008，25（9）：110-114.

[172] 刘伟，李悦铮. 长山群岛旅游开发与布局模式研究 [J]. 辽宁师范大学学报（社会科学版），2009，32（3）：49-51.

[173] 李悦铮，杨新宇，黄丹. 群岛旅游开发的吉美模式研究 [J]. 海洋开发与管理，2011，28（7）：100-103.

[174] 王恒，李悦铮. 国家海洋公园的概念、特征及建设意义 [J]. 世界地理研究，2012，21（3）：144-151.

[175] 张耀光，刘锴，刘桂春，等. 中国海南省三沙市行政建制特点与海洋资源开发 [J]. 地理科学，2014，34（8）：971-978.

[176] 王辉，朱宇巍，王亮. 辽宁省无居民海岛"陆岛联动"旅游开发模式构建 [J]. 北京第二外国语学院学报，2012（9）：59-65.

[177] 张志卫. 无居民海岛生态化开发监管技术体系研究 [D]. 中国海洋大学，2012.

[178] 杨洁，李悦铮. 国外海岛旅游开发经验对我国海岛旅游开发的启示 [J]. 海洋开发与管理，2009，26（1）：38-43.

[179] 李悦铮，李欢欢. 基于利益相关者理论的海岛旅游规划探析——以大连长山群岛旅游度假区规划为例 [J]. 海洋开发与管理，2010，27（7）：108-112.

[180] 任淑华，王胜. 舟山海岛旅游开发策略研究 [J]. 经济地理，2011，31

（2）：322–326，345.

[181] 龙江智，李恒云 . 基于气候舒适性视角的辽宁海岛旅游开发策略 [J].
资源科学，2012，34（5）：981–987.

[182] 李悦铮，俞金国，鲁小波，等 . 海岛旅游开发规划——理论探索与
实践 . 旅游教育出版社，2011.

[183] 李悦铮，李鹏升，黄丹 . 海岛旅游资源评价体系构建研究 [J]. 资源科
学，2013，35（2）：304–311.

[184] 游长江，侯佩旭，邓灿芳，等 . 西沙群岛海岛旅游资源综合评价 [J].
热带地理，2015，35（6）：926–933.

[185] 李泽，孙才志，邹玮 . 中国海岛县旅游资源开发潜力评价 [J]. 资源科
学，2011，33（7）：1408–1417.

[186] 王恒，李悦铮，杨金桥，等 . 基于认知心理学的海岛型旅游资源开
发潜力研究——以大连广鹿岛为例 [J]. 资源科学，2010，32（5）：886–891.

[187] 刘宏明 . 海岛文化旅游开发的对策研究—以嵊泗为例 [D]. 浙江大学，
2004.

[188] 熊兰兰，汪思茹，张一帆，等 . 发掘海岛文化，打造文化旅游品
牌——以徐闻大汉三墩四岛为例 [J]. 海洋信息，2014（2）：37–41.

[189] 张耀光 . 中国北方海岛县经济区及其划分的初步研究 [J]. 地理研究，
1998，17（3）：56–65.

[190] 张耀光 . 中国海岛县经济类型划分的研究 [J]. 地理科学，1999，19
（1）：56–63.

[191] 张耀光，王国力，肇博，等 . 中国海岛县际经济差异与今后产业布
局分析 [J]. 自然资源学报，2005，20（2）：222–230.

[192] 江海旭 . 长山群岛与塞浦路斯休闲旅游业合作探讨 [J]. 世界地理研
究，2010，19（1）：130–137.

[193] 王辉，张萌，石莹，等 . 中国海岛县的旅游经济集中度与差异化 [J].
地理研究，2013，32（4）：776–784.

[194] 王辉，石莹，武雅娇，等 . 海岛旅游地"陆岛旅游一体化"的测度
与案例实证 [J]. 经济地理，2013，33（8）：153–157.

[195] 张艳玲，李悦铮，曹威威 . 基于低碳视角的我国海岛旅游发展初探
[J]. 国土与自然资源研究，2011，135（6）：48–50.

[196] 王明舜 . 中国海岛经济发展模式及其实现途径研究 [J]. 中国海洋大学，2009.

[197] 朱德洲 . 中国海岛县生态经济协调开发模式研究 [J]. 海洋开发与管理，2012，29（1）：116–124.

[198] 向宝惠，王灵恩 . 中国海洋海岛旅游发展战略探讨 [J]. 生态经济，2012（9）：141–145.

[199] BRUMBRACH A. Performance Management[M]. London:The Cromwell Press，1998.

[200] 曹芳东，黄震方，吴江，等 . 转型期城市旅游业绩效评价及空间格局演化机理——以泛长江三角洲地区为例 [J]. 自然资源学报，2013，28（1）：148–160.

[201] 林源源 . 我国区域旅游产业经济绩效及其影响因素研究 [D]. 南京：南京航空航天大学，2010.

[202] 蕾切尔·卡逊 . 寂静的春天 [M]. 许亮，译 . 北京理工大学出版社，2015.

[203] Cater E. Environmental Contradictions in Sustainable Tourism[J]. Geographical Journal, 1995, 161(1): 21–28.

[204] Tepelus C M，C ó rdoba R C. Recognition schemes in tourism—from "eco" to "sustainability" ?[J]. Journal of Cleaner Production，2005，13（2）：135–140.

[205] Haukeland J V. Tourism stakeholders' perceptions of national park management in Norway. [J]. Journal of Sustainable Tourism，2011，19（2）：133–153.

[206] 李悦铮 . 沿海地区旅游系统分析与开发布局——以辽宁沿海地区为例 [M]. 地质出版社，2002.

[207] 唐承财，钟林生，成升魁 . 我国低碳旅游的内涵及可持续发展策略研究 [J]. 经济地理，2011，31（5）：862–867.

[208] 吴国琴 . 豫南大别山区旅游可持续发展能力评价 [J]. 地域研究与开发，2015，（04）：95–98.

[209] 王佳 . 我国沿海地区旅游环境承载力预警研究 [D]. 中国海洋大学，2014.

[210] 蔡晓明 . 生态系统生态学 [M]. 北京：科学出版社，2000.

[211] 千年生态系统状况评估项目组 . 生态系统与人类福祉：综合报告 [R]. 赵士洞，张永民，译 . 北京：中国环境科学出版社，2007.

[212] Edington J M，Edington M A. Ecology，recreation and tourism[M]. Ecology，recreation，and tourism. Cambridge University Press，1986.

[213] Liddle M J. Recreation ecology: Effects of trampling on plants and corals[J]. Trends in Ecology & Evolution，1991，6(1): 13.

[214] Liddle M. Recreation Ecology[M]. Springer Netherlands，2009.

[215] 郭来喜.中国生态旅游——可持续旅游的基石 [J]. 地理科学进展，1997，16（4）：3–12.

[216] 吴楚材，吴章文，郑群明，等 . 生态旅游概念的研究 [J]. 旅游学刊，2007，22（1）：67–71.

[217] 张灿，魏晓平.河北生态旅游开发对策研究 [J]. 河北学刊，2014，34（2）：206–208.

[218] 于立新，孙根年 . 深层生态旅游开发与新世外桃源建设 [J]. 人文地理，2007，（02）：63–67.

[219] 王煜琴，王霖琳，李晓静，等 . 废弃矿区生态旅游开发与空间重构研究 [J]. 地理科学进展，2010，29（7）：811–817.

[220] 迈克尔·波特.《国家竞争优势》[M]. 中信出版社，2012.

[221] Go F M，Govers R. Integrated quality management for tourist destinations: a European perspective on achieving competitiveness[J]. Tourism Management，2000，21（1）：79–88.

[222] 苏伟忠，杨英宝，顾朝林 . 城市旅游竞争力评价初探 [J]. 旅游学刊，2003，18（3）：39–42.

[223] 易丽蓉，李传昭 . 旅游目的地竞争力五因素模型的实证研究 [J]. 管理科学与工程，2007，21（3）：105–110+120.

[224] 张洪，张燕 . 基于加权 TOPSIS 法的旅游资源区际竞争力比较研究——以长江三角洲为例 [J]. 长江流域资源与环境，2010，19（5）：500–505.

[225] 李鹏升，李悦铮，江海旭 . 中国海岛县旅游综合实力研究 [J]. 资源开发与市场，2013，（06）：666–668.

[226] 徐喆，李闯，李悦铮 . 吉林省城市旅游发展竞争力定量评价研究 [J]. 世界地理研究，2011，（01）：159–165.

[227] 包军军，严江平 . 旅游屏蔽理论定量研究——基于景区系统种群竞争模型 [J]. 地域研究与开发，2015，34（2）：115–119.

[228] Von Th ü nen J H. Der Isolierte Staat[M]. 2nd edit. Stuttgar: Gustav Fischer，1966.

[229] Weber A. Theory of the location of industries[M]. Chicago: University of Chicago Press，1909.

[230] 沃尔特·克里斯塔勒．德国南部中心地原理 [M]. 常正文，译．商务印书馆，1998.

[231] Crampon，L. J. Gravitational model approach to travel marketanalysis. Journal of Marketing，1966，30:27–31

[232] 牛亚菲．论我国旅游资源开发条件的地域性 [J]. 国外人文地理，1988（1）：47–51.

[233] 王瑛，王铮．旅游业区位分析—以云南为例 [J]. 地理学报，2000，55（3）：346–353.

[234] 吴必虎．区域旅游规划原理 [M]. 北京：中国旅游出版杜，2001.

[235] 贾铁丽，郑国．旅游区位非优区的旅游业发展研究—以山西运城为例 [J]. 旅游学刊，2002，17（05）：58–61.

[236] 王铮，王莹，李山，等．贵州省旅游业区位重构研究 [J]. 地理研究，2003，22（3）：313–323.

[237] 马继刚，李飞，周彬学，等．旅游集散地:区位合理性与功能提升—以云南昆明为例 [J]. 经济地理，2014，34（2）：174–179

[238] 郭建科，王绍博，王辉，等．国家级风景名胜区区位优势度综合测评 [J]. 经济地理，2017，37（1）：187–195.

[239] 常绍舜．从经典系统论到现代系统论 [J]. 系统科学学报，2011，19（3）：1–4.

[240] 钱学森等．论系统工程 [M]. 长沙:湖南科学技术出版社，1982.

[241] 杨振之．旅游资源的系统论分析 [J]. 旅游学刊，1997（3）48–52+61.

[242] 吴必虎．旅游系统:对旅游活动与旅游科学的一种解释[J]. 旅游学刊，1998（1）：20–24.

[243] 张树民，钟林生，王灵恩．基于旅游系统理论的中国乡村旅游发展模式探讨 [J]. 地理研究，2012，31（11）：2094–2103.

[244] 虞虎，刘青青，陈田，等．都市圈旅游系统组织结构、演化动力及发展特征 [J]. 地理科学进展，2016，35（10）：1288–1302.

[245] 刘军胜，马耀峰. 基于发生学与系统论的旅游流与目的地供需耦合成长演化与驱动机制研究——以西安市为例 [J]. 地理研究，2017. 36（8）：1583-1600.

[246] 魏权龄，卢刚. DEA 方法与模型的应用 - 数据包络分析（三）[J]. 系统工程理论与实践，1989（3）：67-75.

[247] 李芳，龚新蜀，黄宝连，等. 基于 DEA 分析法的干旱区绿洲产业结构优化评价 - 以新疆为例 [J]. 生态经济，2012（12）：36-39.

[248] 王蕾，薛国梁，张红丽. 基于 DEA 分析法的新疆北疆现代物流效率分析 [J]. 资源科学，2014，36（7）：1425-1433.

[249] 廖虎昌，董毅明. 基于 DEA 和 Malmquist 指数的西部 12 省水资源利用效率研究 [J]. 资源科学，2011，33（2）：273-279.

[250] 陈浩，陆林，郑嬗婷. 珠江三角洲城市群旅游空间格局演化 [J]. 地理学报，2011，66（10）：1427-1437.

[251] 秦伟山，张义丰，李世泰. 中国东部沿海城市旅游发展的时空演变 [J]. 地理研究，2014，33（10）：1956-1965.

[252] 王恩旭，武春友. 城市旅游经营效率评价模型研究 [J]. 当代经济管理，2010，32（4）：39-42.

[253] 李向农，延军平，薛东前. 中国旅行社业生产效率影响因素研究——基于数据包络和灰色关联方法 [J]. 资源开发与市场，2014，30（7）：870-873.

[254] 钟敬秋，韩增林. 中国滨海旅游业效率评价及时空演变分析 [J]. 海洋开发与管理，2016，33（8）：8-16.

[255] Yong K. Suh, Hong J. Hyun and Gwang H. Koh. Development of Evaluation Index for Competitiveness of Island Tourism Destination[EB/OL]. http://www.wbiconpro.com/243-Suh，Y%20&%20Others. pdf.

[256] Lim C C，Cooper C. Beyond sustainability: optimising island tourism development. [J]. International Journal of Tourism Research，2010，11（1）：89-103.

[257] Priskin J. Assessment of natural resources for nature-based tourism: the case of the Central Coast Region of Western Australia. [J]. Tourism Management，2001，22（6）：637-648.

[258] 李悦铮. 辽宁沿海地区旅游资源评价研究 [J]. 自然资源学报，2000，15（1）：46-50.

[259] 张耀光，刘锴，江海旭. 海岛旅游资源评估与竞争力空间结构分析——以中国 12 个海岛（县）为例 [J]. 海洋经济，2012，2（05）：34-42.

[260] 刘伟. 海岛旅游环境承载力研究 [J]. 中国人口. 资源与环境，2010，20（S2）：75-79.

[261] 林明太. 旅游型海岛景观生态修复与优化研究 [D]. 陕西师范大学，2011.

[262] 张玉. 基于 DPSIR 框架的旅游海岛生态安全评价 [D]. 大连理工大学，2014.

[263] 成刚. 数据包络分析方法与 MaxDEA 软件 [M]. 北京：知识产权出版社，2014.

[264] 曹芳东，黄震方，吴江，等. 城市旅游发展效率的时空格局演化特征及其驱动机制——以泛长江三角洲地区为例 [J]. 地理研究，2012，31（8）：1431-1444.

[265] 涂玮，黄震芳，方叶林，等. 入境旅游发展效率时空格局演化及驱动因素—以浙江为例 [J]. 华东经济管理，2013，27（12）：14-20.

[266] 陶卓民，献伟，晶晶. 基于数据包络分析的中国旅游业发展效率特征 [J]. 地理学报，2010，5（8）：1004-1012.

[267] 何建民. 从十方面加快建设旅游公共服务体系 [N]. 中国旅游报，2017-03-27（003）.